主办：江苏师范大学哲学范式研究院
原中共中央编译局江苏师范大学发展理论研究中心

当代中国马克思主义哲学研究

Marxist Philosophical Researches in
Contemporary China

/2024

主　编／曹典顺
副主编／冯建华（执行）　张丽霞

【总第 11 辑】

中央编译出版社
Central Compilation & Translation Press

《当代中国马克思主义哲学研究》

学术委员会：（按姓氏笔画排列）

丰子义　王南湜　杨金海　李景源　吴晓明

汪信砚　欧阳康　郝立新　贺　来　唐正东

学术顾问： 任　平
主　　编： 曹典顺
副 主 编： 冯建华（执行）　张丽霞
编 委 会： 曹典顺　冯建华　张丽霞　马丽娟　卞伟伟
本期执行编辑： 卞伟伟

主办单位： 江苏师范大学哲学范式研究院
　　　　　　原中共中央编译局江苏师范大学发展理论研究中心

江苏师范大学哲学范式研究院

研究院顾问

任平，教授，哲学博士，博士生导师，江苏师范大学前校长。中央"实施马克思主义理论与建设工程"专家，江苏省社科名家，国家哲学社会科学基金项目评审专家，中国辩证唯物主义研究会副会长、中国马哲史学会马恩哲学思想研究分会会长，中国社会科学评价研究院马克思主义理论期刊评价专家委员会主任。

研究院院长

曹典顺，教授，哲学博士，博士生导师，江苏师范大学哲学范式研究院院长，国家万人计划哲学社会科学领军人才、中宣部全国四个一批理论人才、江苏省333工程一层次中青年首席科学家，江苏省重点学科（哲学）带头人，江苏省有突出贡献专家，中国马哲史学会马恩哲学思想研究分会副会长。

研究院简介

江苏师范大学哲学范式研究院，成立于2018年，其前身为江苏师范大学哲学范式研究中心（成立于2011年）。研究院学术顾问为任平教授，院长为曹典顺教授，常务院长为冯建华教授，执行院长为张丽霞教授。哲学范式研究院拥有校内和校外研究人员36人。哲学学科以哲学范式研究院为依托，已成为江苏省哲学研究重镇，连续获得江苏省十三五、十四五重点学科。研究院团队获批江苏高校哲学社会科学优秀创新团队。

哲学范式研究院立足于"中国马克思主义哲学"的范式建设研究，围绕马克思主义哲学研究范式创新、唯物史观与中国特色社会主义道路、唯物史观出场史等领域，展开了广泛而深入的研究。获批国家社科基金重大项目、领军人才项目、重点项目、一般项目、后期资助项目20余项。在《中国社会科学》《哲学研究》《马克思主义研究》《马克思主义与现实》等刊物发表了一系列高水平学术成果。学术成果获得教育部人文社科优秀成果二、三等奖多项，江苏省哲学社科成果一、二、三等奖多项。

哲学范式研究院一方面立足于已有基础，继续发挥既有特色优势，争取建立当代中国马克思主义哲学研究的"评价中心"，另一方面，进一步拓宽研究思路与视野，更新研究方法与观念，加强与哲学界的交流，争取成长为有一定影响力、特色鲜明的马克思主义哲学"交流中心"。

哲学范式研究院举办了"中国马克思哲学高峰论坛（2011）""中国马克思哲学高峰论坛（2013）""中国马克思哲学高峰论坛（2015）暨中美哲学家论坛""中国马克思哲学高峰论坛（2017）""中国马克思哲学高峰论坛（2019）""中国马克思哲学高峰论坛（2022）""中国马克思哲学高峰论坛（2023）"。国内外众多知名专家学者云集论坛，《光明日报》理论版、《中国社会科学报》《哲学动态》刊登论坛研究综述或专题报道。论坛在国内外产生重要的学术影响。

中国马克思主义哲学范式建设的规范性学术创新

——《当代中国马克思主义哲学研究 2024》序

本辑的编撰及成书适逢中国式现代化建设进入一个崭新阶段，数字信息传播不仅让中华文化走上高速发展道路，而且在深刻地改变着人们的认知习惯。这种新的社会发展，要求哲学工作者继往开来，对时代精神做出准确、系统的凝练，使之能够在更大范围内发挥思想引领作用。在这一时代语境下，开展中国马克思主义哲学范式建设研究，从问题导向、精神价值、人格构成、集体沉淀等方面入手，深化关于中国马克思主义哲学范式建设经验要素及其协同实践机制的整体把握，既是巩固中国马克思主义哲学范式学派建构目标的思想前提，也是中国马克思主义哲学范式研究认识和参与构建中国特色哲学社会科学学科体系、学术体系和话语体系的应然选择。从这个视角审视中国马克思主义哲学，由此开展中国马克思主义哲学范式建设及其实践的研究，需要理论的规范性努力，以中国马克思主义哲学范式的理念把握时代发展的脉搏，为中国式现代化的建设提供指导。

作为当代中国马克思主义哲学范式建设研究的参与者和见证者，我们深深感受到从规范性维度坚持守正创新的必要性和挑战，也非常欣喜地发现，对于中国式现代化和中国道路发展问题的关注，在不断驱动学界对中国马克思主义哲学范式的深度探索。就研究现状而言，关于中国马克思主义哲学范式的原创性贡献及其影响日趋明显，且成为中国马克思主义学派进一步走向成熟的重要标志。本辑的出版，正是以中国马克思主义哲学范式建设的问题意识为总揽，以五个专题栏目聚焦基础理论创新和中国道路研究，从规范性维度呈现学界关于当代中国马克思主义哲学范式建设的前沿成果。

  本辑重点文章为《中国马克思主义哲学范式建设的理论创新》，文章以系统解释新时代中国特色社会主义道路建设为基本面向，全面梳理和总结中国马克思主义哲学范式建设的创新成果，着力揭示实现其理论规范性价值所需的思想前提。作者以哲学建筑术的方式把握范式建设，从问题意识、认知逻辑、内容构成、实践逻辑等四个方面，系统地总结中国马克思主义哲学范式建设的理论创新；从现实品格、现实基础、理论呈现及其方法等方面把握中国马克思主义哲学范式建设的问题意识，以此为背景概括当代中国马克思主义哲学范式建设在经验要素及其实践机制方面的最新成果。该文是作者接续其中国马克思主义哲学创新视域下中国道路研究的最新探索，文中既有经验要素的深度凝练，也有以经验研究奠基规范性应用研究的深度思考，因而具有深化中国马克思主义哲学范式建设研究的原创性理论意义。

  在"范式专题"栏目编发7篇文章，以探究中国马克思主义哲学范式建设的现实旨趣开篇，从文本文献与党的历史观、文化传承、人学等领域的交叉研究入手，通过问题意识引领、理论溯源和方法论原则的追问，分别呈现关于中国马克思主义哲学范式建设研究的创新进展，阐释中国马克思主义范式建设的理论特质与整体趋势。冯建华的文章以中国马克思主义哲学范式建设的视角解读马克思早期政治哲学，他从马克思经济哲学转向和政治立场的开启入手，论证历史唯物主义的必然性，对中国马克思主义哲学范式建设何以接续和引证马克思主义经典理论，做出了值得鉴赏的尝试；张丽霞和李根的文章以关切现实问题的理论自觉把握文本文献研究，回答了文本文献研究何以是中国马克思主义哲学范式建设的基础部分；于桂凤的文章主要关注中国马克思主义哲学范式建设的部门哲学意蕴，她追溯恩格斯晚年关于唯物史观应用的探索，从三个方面把握新时代中国马克思主义部门哲学范式建设的着力点，在马克思主义哲学范式建设经验要素方面做出了值得肯定的探索；孟献丽与张钰莹的文章主要述介"反思的问题学"理论范式响应时代发展的努力，在此基础上呼吁从时代问题出发推进中国马克思主义哲学范式建设创新；马丽娟的文章从文化人类学角度发掘中国马克思主义哲学范式建设的基本要素，她将中国马克思主义哲学范式建设分为三个阶段，围绕"人性""人道主义""社会主义有无异化"等主题，分别阐释马克思主义人学的实践哲学形态，展望其响应和指导中国道路建设的实践旨趣；胡海龙的文章回顾了当代中国马克思主义哲学研究的基本范式，提出从学术、文本、历史与现实等方面把握马克思主义哲学范式的演进，反映出其关于当代中国马克思主义哲学范式建设基本维度的独立思考；范云的文章关注"研究范式"研究到"范式建设"研究的转向，主张在新全球化的语境下探究中国马克思主义哲学范式建设的方法论取向，其关于坚持问题导向性原则、实践生成性原则和批判性对话原则的思考，可以为中国马克思主义哲学范式建设的动态性、开放性和包容性的研究提供一定的启示或借鉴。

"专家评论"栏目以中国马克思主义哲学范式建设的现实问题关切为基本主题，就中国式现代化的改革开放观和马克思哲学阐释的再阐释，推出2篇力作。文章均兼有中国马克思主义哲学范式建设经验与规范性的思考。任平的文章《中国式现代化的改革开放观：方向抉择、重大使命与历史超越》，回应了中国马克思主义范式建设关切中国改革开放经验的问题，回答了改革开放观何以是深化改革推进中国式现代化的方法论自觉，论证了深化改革观必须坚持守正创新的重大意义和基本要求，并从7个方面系统阐释作为"时代新篇"的中国式现代化改革开放观的方向抉择与创新使命。该文从时代社会发展主题的角度系统呈现中国马克思哲学范式建设对自身经验要素的应有把握，并在运用中国化马克思主义哲学范式思维技术优势方面做出了原创性贡献。方杲的文章

《方法、视域与价值："马克思哲学阐释"的再阐释》，从述介于桂凤的《恩格斯晚年的马克思哲学阐释研究》入手，从成果方法、视域和价值三个维度，分别阐释恩格斯晚年对马克思哲学的阐释。该文以发掘马克思哲学文本文献的哲学范式意蕴为整体视域，从方法论特色角度发掘对马克思哲学的再阐释，在此基础上区分马克思主义哲学自我发展与创新发展的历史，反思马克思哲学之于中国马克思主义哲学生成与建设的范式意义。这篇文章致力于提供理解和解释马克思哲学的新范式，可以为探寻中国马克思主义哲学的生成逻辑与建设逻辑提供一个结合经典文本的新视角。

"学术观点"栏目选编2篇文章，聚焦中国马克思主义哲学范式建设的经验要素创新，研究主题分别涉及马克思分配观的范式澄清和中国马克思主义哲学范式建设的美学意蕴。贾丽民和郑诗琴的文章关注马克思对拉萨尔分配观的批判，回应学界对马克思分配正义思想的质疑，他们区分马克思分配正义思想的在场方式与运用路径，以结合经验发掘与规范性应用的理论自觉，追问马克思分配正义思想之于启迪解决我国当代社会分配问题的范式意义。卞伟伟和唐涵宁的文章关注中国马克思主义哲学范式建设的美学要素及其协同实践，通过反思对中国特色美学理论和美学体系概括，清理对当下中国人民审美价值体系的表征，凝练中国马克思主义哲学范式建设中的美学逻辑。该文从美学学科、审美视域、自然美保护、对美好生活的向往等方面，系统论证了中国马克思主义哲学范式建设关于美学基础理论问题、美学主体观、美学自然观和美学人生观的应有立场。

"发展理论"栏目刊登2篇反映中国马克思主义哲学范式建设规范性思考的文章。张存建的文章《中国马克思主义哲学范式在重大理论问题融合研究中的引领作用》，以中国马克思主义哲学范式建设的现实基础和思维方式为基本视域，论证中国马克思主义哲学范式在重大理论问题融合研究中的引领作用。该文主张中国马克思主义哲学范式建设应当关切现实，以中国道路为基本面向，以世界眼光为基本视域，并主张立足文化实践认识和提升人的思维方式习惯,以此增进中国马克思主义哲学范式建设发挥规范引领作用。张景的文章《中国传统自然观三重境界与马克思和习近平自然观的契合与实践》,从解析中国古代自然观的基本理路入手,从辩护自然、爱护自然、人与自然一体等三个方面,分别阐释马克思自然观在中国马克思主义哲学范式建设方面的经验特质与规范性。该文对中国古代自然观的解读饱含着辩证思维,可以为中国马克思主义哲学范式关于生态自然观的研究提供一个纵向比较视野。

"中国道路"栏目面向探究中国马克思主义哲学范式建设的现实根基,刊出2篇文章,内容聚焦中国式现代化的基本原则与实践阐释。谢江平和顾圆圆的文章《"中国式的现代化"的四个原则》关注中国式现代化的生成逻辑,提出并论证将中国化原则、社会主义原则、独立自主原则与和平发展原则作为中国式现代化的基本原则。该文强调中国式现代化应当以中国所处的历史方位为依据,通过解析符合中国国情的现代化道路、反对左和右的干扰的社会主义道路发展,以及借鉴先进经验基础上的独立自主与和平崛起等主题的研究,展示中国马克思主义哲学范式建设所需关注的现实规范性维度。覃世艳的文章《现代性的话语纷争及其叙事创新》,以中国式现代化为基本视角展开对现代性话语纷争的批判性反思。在回顾近现代中国反复接纳与拒绝西方现代性话语的基础上,她提出中国式现代化实践所需关注的基本问题,并通过对问题的定性分析及相应的要素发掘,论证中国式现代化何以蕴含现代性的中国叙事创新,进而从主体性自觉和本土转化的角度解析中国式现代化的实践,论证当代中国何以在新现代性意义上开创了人类文明新形态。该文以实践阐释综合哲学语义学与中国马克思主义哲学研究,可以为拓展中国马克思主义哲学范式建设提供一个多领域交叉研究的工作思路。

对于应该如何推进中国马克思主义哲学范式建设及研究,本辑主要从规范性的角度给出了一些回答。本辑的出版,既是对于江苏师范大学哲学范式研究院团队承担的国家社科基金哲学社会科学领军人才项目

("新时代中国马克思主义哲学的范式建设研究")研究成果的介绍，也是想通过展示中国马克思主义哲学范式建设研究上的学术成果以满足读者的学术需要。在编撰本辑的过程中，我们深深感受到学识的无涯，因此，殷切希望本辑的出版能够为中国马克思主义范式建设研究走上信息高速公路做出些许贡献，希望它能够为相关研究产生更多的原创性发现提供一定的学术基础与认知逻辑。

曹典顺

2024 年 12 月于江苏师范大学哲学范式研究院

目录

中国马克思主义哲学范式建设的理论创新
　　曹典顺 ·· 001

一　范式专题

马克思早期政治哲学视域中"市民社会决定国家"思想
　　——基于中国马克思主义哲学范式建设进展的视角
　　冯建华 ·· 057
中国马克思主义哲学范式建设中的文本文献与新时代党的历史观生成
　　张丽霞　李　根 ··· 078
恩格斯晚年关于唯物史观运用的探索及其对中国马克思主义部门哲学
　　范式建设的启示
　　于桂凤 ·· 102
以时代问题推动中国马克思主义哲学范式建设创新
　　——"反思的问题学"研究范式2023年研究综述
　　孟献丽　张钰莹 ··· 121

中国马克思主义哲学范式建设中的人学研究演进
  马丽娟 …………………………………………………… 144
学术、文本、历史与现实：论当代中国马克思主义哲学范式建设的
  四大维度
  胡海龙 …………………………………………………… 168
论中国马克思主义哲学范式建设及其方法论原则
  范 云 …………………………………………………… 180

二 专家评论

中国式现代化的改革开放观
  ——方向抉择、重大使命与历史超越
  任 平 …………………………………………………… 203
方法、视域与价值："马克思哲学阐释"的再阐释
  ——《恩格斯晚年的马克思哲学阐释研究》的启示
  方 杲 …………………………………………………… 221

三 学术视点

从"空洞的词句"到"真实的关系"：马克思对拉萨尔分配观的批判
  与超越
  贾丽民 郑诗琴 ………………………………………… 235
中国马克思主义哲学范式建设中的美学逻辑
  卞伟伟 唐涵宁 ………………………………………… 250

四 发展理论

中国马克思主义哲学范式在重大理论问题融合研究中的引领作用
  张存建 …………………………………………………… 275

中国传统自然观三重境界与马克思和习近平自然观的契合与实践

张　景 …………………………………………………… 290

五　中国道路

"中国式的现代化"的四个原则

谢江平　顾园园 ………………………………………… 311

现代性的话语纷争及其叙事创新

——基于中国式现代化的视角

覃世艳 …………………………………………………… 328

中国马克思主义哲学范式建设的理论创新[*]

曹典顺

[摘　要] 伴随着改革开放的深入，中国特色社会主义建设进入新时代。为了适应新时代中国特色社会主义道路的建设需要，作为哲学范式的中国马克思主义哲学范式建设就显得尤为重要。进入新时代以来，经过哲学家们的不懈努力，中国马克思主义哲学范式建设取得了众多的学术成果。准确梳理中国马克思主义哲学范式建设研究的学术成果，对于准确把握中国马克思主义哲学范式和科学建设中国马克思主义哲学范式是十分重要的课题。从范式建构的逻辑理解，中国马克思主义哲学范式建设研究的学术成果可以从中国马克思主义哲学问题意识领域、中国马克思主义哲学实践逻辑原因领域、中国马克思主义哲学认知逻辑领域和中国马克思主义哲学研究内容领域等四个方面进行概括。

[关键词] 中国马克思主义哲学范式建设成果　问题意识领域　实践逻辑原因领域　认知逻辑领域　研究内容领域

---

* 本文系国家社会科学基金项目"新时代中国马克思主义哲学的范式建设研究"（22VRC006）的研究成果。张婉青和申娜提供了一些研究资料。

新时代进行中国马克思主义哲学范式建设的目的是更好地服务于中国特色社会主义道路建设，为实现中华民族伟大复兴中国梦提供哲学理论支持。自中国进入中国特色社会主义建设的新时代以来，中国马克思主义哲学的范式建设在学术界的不懈努力下，对中国马克思主义哲学的问题意识、中国马克思主义哲学的实践逻辑原因、中国马克思主义哲学的认知逻辑和中国马克思主义哲学的研究内容等多个领域进行了深入探讨，并取得了丰硕的研究成果。本文试图通过准确梳理中国马克思主义哲学范式建设研究的学术成果，以便为进一步深入研究中国马克思主义哲学范式建设提供学理资源。

一、中国马克思主义哲学问题意识领域的范式建设成果

问题意识历来是当前马克思主义哲学研究关注的核心领域，也使得问题意识对于马克思主义思想研究本身就具有非凡的意义。没有问题意识，哲学就丧失了自身在反思方面的价值。对问题意识领域成果进行研究分析是中国马克思主义哲学范式建设的首要任务。学术界主要从现实品格、创新基础、理论构建和研究方式等视角对中国马克思主义哲学范式建设的问题意识进行了研究，丰富了问题意识领域的研究成果。

（一）中国马克思主义哲学范式建设问题意识的现实品格视域成果

马克思主义哲学的现实性是一个不可忽视的重要课题，在范式建设过程中，中国马克思主义哲学坚持对现实问题意识保持自觉关注和自觉追问，并主动反映了我国经济社会发展过程中存在的各类社会实际问题，并由此产生了对我国经济社会发展现实问题探究中的特殊现实品格。中国马克思主义哲学范式建设关于问题意识的现实品格视域成果，不仅是一种历史生成的成果，也是一种现实生成的成果，是马克思主义

中国马克思主义哲学范式建设的理论创新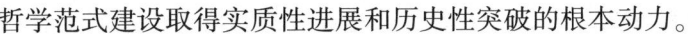

哲学范式建设取得实质性进展和历史性突破的根本动力。

1. 立足时代本身解决现实问题

马克思主义哲学的现实品格在于强调人们应该从时代本质出发，去探索过去未被发掘的根源性问题，以及尝试回答如何更好地应对这些问题。20世纪90年代以来，马克思主义哲学开启了现实生活的问题意识转向，开始更多地关注人和社会发展的现实问题。刘同舫认为，中国马克思主义哲学的使命必须回应现实问题域的改变①，换句话说，中国马克思主义哲学的创新型发展与建设需要直面当下时代本身的问题，自始至终都受到与它同步的社会现实的规定。孙正聿同样认为，构建当代中国马克思主义哲学学术体系，必须从"现实的历史"出发。② 实际上，哲学不是世界之外的遐想，问题意识的产生更不是在云端之上，就如同"抽象本身离开了现实的历史就没有任何价值"③，马克思对于这一问题早作出回应，德国哲学"喜欢在太空遨游，寻找一个遥远的未知国度；而我只求能真正领悟在街头巷尾遇到的日常事物"。④ 马克思对那种远离生活、沉溺于宁静孤独、追求完美体系的抽象哲学样式进行了强烈抨击，他认为，哲学的问题意识是在时代精神的深刻反思中萌发的。因此，中国马克思主义哲学的问题意识应该以扎实的现实土地为根基，对社会现实产生的问题做出深刻反思，将哲学之思深深地植根于时代的最深层次，才能在对时代问题和现实矛盾进行批评的过程中，获得哲学的生存资格和尊严。

2. 把握具体问题解决现实矛盾

时代背景不同产生的问题意识也不尽相同，中国马克思主义哲学范式建设的问题意识在不同时代有不同的形态特征。面对新问题，既有概

---

① 刘同舫：《当代中国马克思主义的哲学境界》，载《中国社会科学》，2021年第9期。
② 孙正聿：《构建当代中国马克思主义哲学学术体系》，载《哲学研究》，2019年第4期。
③ 《马克思恩格斯全集》第3卷，北京：人民出版社1960年版，第31页。
④ 《马克思恩格斯全集》第1卷，北京：人民出版社1995年版，第736页。

念、范畴和原理有可能不再适用于新问题的解决，旧范式体系甚至有可能成为阻碍人们获得新知识的教条。新时代的问题意识正发生着前所未有的改变，怎样在新时代语境下改变世界就是当今问题意识努力的方向。曹典顺认为，"哲学思考不能直接越过对思想本身的反思，无法忽视对逻辑前提的批判，也不可缺少变革现实的力量"①，这就是说，哲学意义上的认知思维方式就表现为批判，而这一批判意识的形成就离不开对具体现实问题的把握，换句话说，对现实社会的实践改造的前提是要对现实世界问题进行反思，只有借助这一方式促使人对所处的社会环境进行理性分析和反思，才能更好地解决现实矛盾问题。王南湜认为，马克思主义哲学改变世界的理论旨趣包含解释世界与改变世界的双重诉求，解释世界在于描述，改变世界在于变动，在具体实际行动中要将双重诉求和双重逻辑放在一起综合考量②，这就是说，马克思主义哲学中国化的进程遵循解释世界的理论智慧与改变世界的实践智慧的双重逻辑，客观具体地改变世界是中国马克思主义哲学的根本任务。陈先达认为，新时代中国马克思主义哲学理论工作者应当把注意力集中在能否解决问题上，以及能否说明中国所面对的现实并且以问题为准绳。③ 在这一基础上理解，新时代中国马克思主义哲学范式的实际成果贡献就不应该仅以哲学学术界发表的论著和文章的数量为标准，而应该看是否在解决具体实际问题方面有益，是否能够针对具体实际问题提出相应解决方案。由此可知，中国马克思主义哲学的问题意识就要深入实际问题中，分析问题的症结所在，发掘具体问题的本质，才能找到真正解决现实问题的方法。

---

① 曹典顺：《马克思社会建设逻辑——唯物辩证法视域中的马克思社会建设思想研究》，北京：中央编译出版社2020年版，第159页。

② 王南湜：《马克思主义哲学中国化：百年回顾与展望》，载《天津社会科学》，2020年第5期。

③ 陈先达：《改变马克思主义被边缘化的状况》，载《党政视野》，2016年第12期。

中国马克思主义哲学范式建设的理论创新

3. 根据中国道路解决现实问题

新时代中国特色社会主义发展道路是一条以马克思主义为指导、从中国实际出发的现代化道路。吴晓明认为，要深入理解和把握中国道路，就必须从马克思的"现实"立场出发，这是一项非常重要的理论和思想任务。他认为主观思想和外部反思根本无法把握中国道路问题①，这就意味着要以马克思的"现实"立场为基础，从中国现实出发，把握现实本质。只有这样，才能对中国道路有更为深刻的理解，促进中国道路的建设和发展。任平认为，"中国式现代化新道路"的现实逻辑从中国建设方面来看是中华民族伟大复兴进入社会主义现代化强国的新阶段。从世界方面来看，世界正在遭遇百年未有之大变局，"中国式现代化新道路"出场的现实逻辑为"中国式现代化新道路"的合理性提供了哲学基础。②"中国式现代性新路线"指引我们走上一条充满活力、充满希望的中国特色社会主义之路，它符合中国国情，又顺应世界潮流，既影响着中国历史进程，也改变着世界经济政治格局，对中国和全世界的发展都具有重要意义。这就意味着解决中国现实问题必须依靠"中国式现代化道路"。曹典顺认为，中国道路凝结了马克思主义哲学的现实成果、蕴含着中国马克思主义哲学的深层智慧，是一条满足人民实际需要的中国马克思主义哲学的实践道路。③ 中国道路作为一条不断探求发展规律的科学路径，只有解决中国特色社会主义道路的各种现实问题，才能开辟中国人民实现社会主义的新途径。这就是说，中国正在抓住新的历史机遇，勇敢地面对挑战，以其创新的思维和实践，不断拓展中国特色社会主义的理论范围，努力推进中华民族的伟大复兴。

---

① 吴晓明：《从马克思的"现实"立场把握中国道路》，载《马克思主义与现实》，2014年第3期。

② 任平：《论全面认识"中国式现代化新道路"的出场逻辑》，载《阅江学刊》，2022年第1期。

③ 曹典顺：《基于中国道路的中国马克思主义哲学生成逻辑》，载《理论探讨》，2021年第3期。

（二）中国马克思主义哲学范式建设问题意识的创新基础视域成果

范式建设也离不开自己哲学理论意识的不断创新，中国马克思主义哲学范式建设必须从一个全新的角度来看待和反思已有哲学模式，以全新的基础视野成果来突破在已经存在的哲学范式中所面临的各种各样的问题，从而能够在中国马克思主义哲学范式建设中建立起一种具有中国特色和时代特征的、能为中国社会和人民群众所接受的、能为世界哲学发展贡献力量的新理论。

1. 理论话语创新

站在新的历史起点上，范式建设可以用新的逻辑思路重新审视旧的理论表达，使已有知识得到充分利用，在解决问题的过程中不断提炼和升华自身理论，从而得到更高层次的理解。丰子义认为，加强理论话语创新的建设是马克思主义哲学创新的重要途径。[①] 从现实层面来看，解决社会重大现实问题和讲好中国故事都需要不断提升创新理论的感染和影响，在这一基础上，就为指导国家建设的理论提出要自我提升和自我创造的要求。刘影认为，构建中国理论，必须重视话语体系的建设。要在书斋与社会的相互促进中推进话语创新。[②] 这一观点就表明，中国理论话语体系的构建可以从现实生活世界凝练出概念，并通过不断批判旧话语来创造新话语，从而在新时代中国马克思主义哲学范式问题意识领域发挥着不可替代的作用。韩秋红认为，"当代马克思主义理论工作者在话语创新方面增强主体自觉意识同样是话语体系建设的必要条件"。[③]

[①] 丰子义：《从话语体系建设看马克思主义哲学创新》，载《哲学研究》，2017年第7期。

[②] 刘影：《论马克思主义哲学话语体系的构建原则及其启示》，载《毛泽东邓小平理论研究》，2020年第11期。

[③] 韩秋红：《试论国外马克思主义研究的学科意义、学术价值与话语创新——在马克思主义理论创新发展的意义上》，载《东北师大学报（哲学社会科学版）》，2020年第5期。

这就是说，继续增强人们对中国马克思主义哲学及其内在问题意识与理论话语方面的主体意识，这是不断推动构建中国马克思主义哲学体系的必然要求。

2. 理论体系创新

历史和现实已表明，在中国马克思主义哲学范式建设的过程中，学者们意识到各个具体的研究范式在马克思主义哲学理解的过程中还都存在着自身局限性，这就需要适合新时代要求的研究范式。冯颜利认为，理论体系的创新要具备强烈的学术原创意识，而以往专题化和学派化的研究范式容易陷入理论自证的怪圈，就此他提出21世纪中国马克思主义哲学出场的五大创新范式①，即要依据五大创新范式为基点，以中国当下实际为研究起点，解决当前中国马克思主义哲学面临的问题，从而促进理论体系的整体性进步。任平认为，适应当下时代的范式体系必须与时俱进，能够反映中华民族伟大复兴中国梦理论创新所要求达到的新境界和新高度，体现为更高的方法论自觉。② 中国马克思主义哲学范式正是适应新时代以来中国马克思主义哲学的整体范式，还需要不断探索新的理论方法来应对时代的变化和要求，并凭借清晰的目标和方向超越传统思维方式，以达到更高水平。曹典顺认为，教科书范式存在文本叙述、语言表达、领域空场、大众化理论概况以及时效性和科学性总结等方面的叙述局限，这些局限主要是时代鸿沟和教科书编写者的学术水平等方面的原因造成的。③ 新时代下原有的"教科书体系范式"已经不能再应对层出不穷的新问题，这就需要弥

---

① 冯颜利：《新时代哲学的使命：范式创新、思维革命、方法论自觉》，载《中国人民大学学报》，2018年第6期。

② 任平：《当代中国马克思主义哲学创新范式图谱》，载《社会科学文摘》，2017年第5期。

③ 曹典顺：《论马克思主义哲学教科书研究范式的学术创新、内在矛盾和叙述局限》，见任平主编：《当代中国马克思主义哲学研究2015》，北京：中央编译出版社2016年版，第3—20、321页。

补原有"教科书范式"的局限性，以更多元化的科学观念和最新的科技信息，来实现其理论体系的全面革新。概括来说，研究范式在推进马克思主义哲学研究的过程中存在着不同的争议和问题，新的研究范式出场就显得尤为重要。

3. 理论视域创新

中国马克思主义哲学问题意识的创新基础还体现在理论视角的不断转变上。韩庆祥认为，马克思主义本身是一种解释世界与改变世界的哲学理论与方法，西方新自由主义无法解决世界经济疲软、局部战乱冲突升级、贫困人口增加等全球性难题[①]。这就是说，西方新自由主义明显存在着局限性，还不能解决现有的世界问题。这就要求研究者们需要不断将创新视野转向未解决和无法解决的问题领域，对新问题、新领域作出新的理解和解读。同样中国马克思主义哲学的问题意识也需要在中国现实基础上，对新领域和新方向进行研究解读，从而回应新时代背景下的新问题。曹典顺和范云认为，中国马克思主义哲学"需要通过对'中国的当前现实'的考察与分析，探索出符合中国实际情况的指导方案"。"在一定意义上属于一种基于中国现实和中国实践的世界观理论指导。"[②] 即是说中国马克思主义哲学问题创新，是要在始终坚持中国本土现实问题的基础上，并具体到每一个不同的现实问题的研究领域，就不同现存问题尝试做出适合的解答。这就要求中国马克思主义哲学要有创造性的发展，就必须把它应用于中国特色社会主义的实践中，运用它的理论资源、价值尺度、方法论原则来阐释和解决，而且要面向世界，进一步扩大中国马克思主义哲学的视野。

---

① 韩庆祥：《哲学视域的 21 世纪马克思主义与理论话语权》，载《阅江学刊》，2022 年第 2 期。

② 曹典顺、范云：《通过"中国化"创新"马克思哲学"研究的"中国马克思主义哲学"范式》，载《兰州大学学报（社会科学版）》，2022 年第 4 期。

（三）中国马克思主义哲学范式建设问题意识的理论构建视域成果

理论的构建是马克思主义哲学范式构建的逻辑起点、科学原点和基本途径，中国马克思主义哲学范式建设中问题意识的理论构建视域成果是中国马克思主义哲学范式建设取得成功的关键，也为中国马克思主义哲学范式建设在新时代的可持续发展提供了有力的支撑。

1. 系统梳理传统马克思主义哲学，构建中国特色的马克思主义哲学框架和理论体系

马克思恩格斯在《黑格尔法哲学批判》《1844年经济学哲学手稿》《德意志意识形态》《资本论》等著作中，运用科学的分析方法，对传统哲学概念、范畴进行了重新梳理和总结。如在《德意志意识形态》中，马克思恩格斯从实践出发提出了"实践唯物主义""历史辩证法"等新的理论范畴；在《共产党宣言》中，马克思恩格斯对传统马克思主义哲学进行了全新解读，提出了"个人全面发展"等新的理论观点，为共产主义者更好实践马克思主义的理论、进行共产主义革命提供理论指导。《共产党宣言》传入中国以来，中国共产党找到了自己的"圣经"，对中国革命建设起到了重要的指导意义，马克思主义在中国开始逐渐站住了脚。经由对传统马克思主义哲学的全面考察、细致剖析、持续思考和深度开拓，中国马克思主义哲学研究者能够构建一个完整的思维框架，为中国特色社会主义思想的发展提供坚实的理论支撑，从而有效指导和促进中国特色社会主义思想的形成和发展。

2. 批判超越西方马克思主义哲学，中国马克思主义哲学的范式理论得以形成独特的风格

20世纪中期，西方马克思主义哲学范式流行起来，并逐渐发展成为当代西方马克思主义哲学的主流范式。随着20世纪后期我国改革开放进程的推进，西方马克思主义哲学范式在我国产生了一定影响。孙正聿指出，要在自觉吸收外来的过程中构建具有主体性、原创性的当代中国

马克思主义哲学①。邹诗鹏提出,西方马克思主义研究应该成为中国特色社会主义建设及其改革开放事业的重要参考资源。②陈学明也指出,西方马克思主义的研究不应只是简单地把它作为一个学术现象来看待,而应将其纳入整个马克思主义的研究中。在此基础上理解,中国马克思主义哲学范式建设问题意识在理论构建方面也应实现与西方马克思主义哲学范式的对话与融合。中国马克思主义哲学的形成过程实质上是一步步批判和超越西方马克思主义哲学,并不断让中国马克思主义哲学在中国本土化成熟的过程,即是说不能站在西方的立场去分析中国问题,要通过将哲学思想融入中国文化环境之中,从而更好把握中国的精神内涵,并以此为基础,构筑出一套独具中国特色的马克思主义思想体系。

3. 反思审视中国化马克思主义哲学,构建中国马克思主义哲学范式理论体系

中国马克思主义哲学经历了一系列演变和发展,并在20世纪80年代中期达到了顶峰。中国马克思主义哲学不仅加深了对中国社会现实的理解和把握,而且为进一步深入研究马克思主义哲学理论提供了宝贵经验和参考资料。通过深入探索、系统分析与总结,不断拓宽马克思主义哲学理论体系,进而推进马克思主义哲学理论的建设与革新,形成具有中国特色的马克思主义哲学系统。在中国特色社会主义建设过程中,出现了马克思主义中国化的重大标志性理论成果、对代表人物思想的研究等理论成果,在理论构建方面有关毛泽东哲学思想的研究成果居多,如庄福龄的《毛泽东哲学思想史》、杨春贵和万开荣的《毛泽东哲学思想新论》、胡为雄的《毛泽东思想研究史略》《毛泽东哲学和中国哲学的兴盛》、雍涛的《毛泽东哲学的历史发展》、宋一秀和鲁修文的《毛泽东哲学思想史纲》、沧南的《毛泽东方法学》、汪澍白的《毛泽东早期哲学思

---

① 孙正聿:《当代中国哲学的主体性与原创性》,载《中国社会科学》,2022年第3期。
② 邹诗鹏:《西方马克思主义研究的资源性意义及其反思》,载《马克思主义理论学科研究》,2019年第5期。

想探源》等。近些年来关于毛泽东思想成果的文献研究，如王立胜对 70 年来毛泽东哲学思想研究轨迹和未来展望①、王海锋对毛泽东哲学思想体系的构建②、包大为对毛泽东人民观的深入分析③等。还有何萍等关于瞿秋白哲学思想的深入阐发、李景源和王伟光等关于艾思奇对马克思主义哲学中国化的理论贡献的分析，和现当代高清海、黄楠森、陶德麟、陈先达等人对马克思主义哲学创新的思想。学界始终依据马克思主义哲学，并在这些已有的现当代哲学成果基础上展开较为广泛的研讨，提出了一种全新的、具有中国特色的马克思主义哲学范式，以此来指导我国现代哲学的发展方向。

（四）中国马克思主义哲学范式建设问题意识的研究方式视域成果

马克思主义哲学范式构建成果，以及基于问题意识的学术进路是我国马克思主义哲学区别于西方哲学的重要特征，以中国马克思主义哲学范式构建问题意识为基础的研究方法，是范式构建问题意识的理论基础与立足点，这对促进中国马克思主义哲学发展具有重要的方法论意义。在这一基础上，马克思主义哲学领域的研究者们也从问题意识的研究方法角度入手，并获得了相关成果。

1. 注重于对经典文本的问题意识研究的成果

新时代以来，对于马克思主义哲学经典文本问题意识方面的研究成果是一道亮丽的风景线，在国内逐步引进《马克思恩格斯全集》历史考证版书籍的背景下，对以马克思主义经典文献问题意识领域来探

---

① 王立胜：《70 年来毛泽东哲学思想研究的历史轨迹与未来展望》，载《毛泽东研究》，2019 年 6 期。
② 王海锋：《艾思奇与毛泽东哲学思想的"体系化"》，载《中共中央党校（国家行政学院）学报》，2021 年第 1 期。
③ 包大为：《毛泽东的人民观对历史唯物主义的继承和发展》，载《毛泽东研究》，2021 年第 3 期。

索的中国马克思主义哲学的新范式建设，力图以更加系统深入的方式重新探索中国马克思主义哲学在经典文献领域的问题意识。"经典"是文化提升的阶梯，国内学者直接面对马克思恩格斯的原版文本、"一手"资料，并参照其他各国的研究，结合中国现实形成了自己的研究范式。① 在研究成果上，于永成和贺来指出，回归文本后，对《马克思恩格斯全集》新版与旧版差异部分进行了区分和重新阐释，通过经典文本再还原真正马克思的思想。② 张传开和单传友认为，文本问题意识的研究能从马克思主义哲学经典文本内容、方法论、解读路径这三方面不断深入推进。③ 陈晓斌指出，以学术的方式和视角对中国马克思主义哲学的经典文本原初语境中的问题意识加以思考和把握，在学术化呈现的同时还要具备现实性，从而实现了经典文本和社会现实的交互阐释为中心的多元性发展。④ 随着经典文本的问题意识研究方式不断深入，关于经典文本问题意识方面丰硕的成果可以让中国马克思主义哲学的内在含义和当代价值得到更全面细致的理解，从号召"回到马克思"到建构中国马克思主义哲学范式建设新形态，并逐渐形成了多元并存的研究格局。

2. 侧重于对基础理论的问题意识研究的成果

重大基础理论问题的纵深推进是自我超越的路径之一，中国马克思主义哲学范式建设在问题意识领域研究方式上侧重于对基础理论的问题意识进行研究，学界虽然都强调理论要联系实际，但立足实际的前提是不断从基础理论中发掘问题意识，从新时代的理论中反思问题意识。贺

---

① 李冬：《中国马克思主义哲学研究的新境遇——访李德顺教授》，载《哲学动态》，2018年第7期。

② 于永成、贺来：《改革开放40年来马克思主义哲学研究的回顾与展望》，载《广东社会科学》，2018年第4期。

③ 张传开、单传友：《当代中国马克思主义哲学新形态的探索与建构》，载《哲学动态》，2019年第1期。

④ 陈晓斌：《马克思主义哲学研究发展70年的问题意识及其范式转换》，载《四川大学学报（哲学社会科学版）》，2019年第4期。

来认为,"中国哲学社会科学基础理论的主体性和原创性最终只能通过每个学者和学术共同体具体的理论活动去实现"①,即是说通过基础理论创新得到的原创性成果都是以基础理论问题意识为根基的。曹典顺认为,建设和创新中国马克思主义哲学包含哲学基础理论意蕴上的理论创新②,即只有深入剖析哲学基础理论的问题意识,才能更好地不断推进中国特色的哲学范式构建。李生琦认为,"继承并发扬高清海的哲学精神……是当代中国哲学基础理论研究的一个重要发展方向"③,当代中国马克思主义哲学范式问题意识要具备自觉的基础理论问题意识,直面社会现实问题,以促进中国马克思主义哲学范式的进步。发展着的范式建设是对基础理论的问题破解中实现自身的创新,以原创性视角为中国马克思主义哲学范式建设添砖加瓦。

3. 着眼于对联系现实的问题意识研究的成果

中国马克思主义哲学大部分学者认为应该从社会中的重大现实问题进行切入研究,也就是说,以现实性思维分析哲学文本中的经典表述并面向中国现实而产生出的问题意识。王立胜认为,"中国马克思主义哲学不是一种对抽象的普遍性原则进行泛泛而谈的理论,而是立足中国社会现实,将普遍性与特殊性相统一的具体理论"。④ 问题意识的产生根源于社会实践基础,当今学术界在马克思主义哲学问题意识的研究方式上要深入到社会历史本身,以更加全面的视角探索马克思主义的真正价值,以中国的具体情况来解释马克思主义的真谛,从而更好地指导中国思想发展。于桂凤认为,"问题意识则是以客观存在的现实问题为哲学

---

① 贺来:《哲学社会科学研究中的"基础理论"》,载《中国社会科学报》,2021年10月12日,第1版。

② 曹典顺:《中国马克思主义哲学基础理论创新的问题意识》,见曹典顺主编:《当代中国马克思主义哲学研究2022》,北京:中央编译出版社2022年版,第1—17页。

③ 李生琦:《回顾与展望:高清海与哲学基础理论研究》,载《辽宁大学学报(哲学社会科学版)》,2019年第6期。

④ 王立胜:《中国马克思主义哲学何以可能》,载《哲学研究》,2021年第7期。

研究的出发点，以解释和解决现实问题为研究哲学的目的"。① 不论新时代中国马克思主义哲学范式建设有着怎样的任务，在问题意识的研究方式上最终都是要落脚于中国现实社会问题。还有学者指出，部门哲学的兴起和从现实生活问题出发阐释马克思主义哲学，形成了一系列"生存实践哲学""生活哲学""交往实践哲学""价值哲学""发展哲学""政治哲学"等，在当代社会背景下呈现出个性化和多样化态势。概括来说，深入挖掘当代中国的问题意识，反对传统的教条主义思维，自觉抵制教条主义的研究方式，从接触现实的问题意识入手去研究中国马克思主义哲学，从而构建中国马克思主义哲学的新框架。

二、中国马克思主义哲学实践逻辑原因领域的范式建设成果

中国马克思主义哲学的范式建设在政治、经济、文化和社会等方面都具有较为丰富的理论研究成果。除此之外，我们还要探寻中国马克思主义哲学范式建设的实践逻辑原因，以此来论证范式建设对于中国社会实践发展的促进作用。"中国马克思主义哲学正是伴随中国实践而不断丰富的时代精神的精华"②，中国共产党的百年奋斗历程是范式建设研究的最根本的实践逻辑。不同历史时期的中国马克思主义哲学具有不同的理论表现形态，这些哲学理论成果来源于各个时期的实践过程，在实践过程中证明了自身科学性，能够指导并服务于各个时期的社会实践，是推进马克思主义哲学理论研究和范式建设研究的源头活水。

---

① 于桂凤：《论新时期马克思主义哲学中国化研究范式的基本特征》，载《广西社会科学》，2015年第12期。

② 曹典顺：《基于中国道路的中国马克思主义哲学生成逻辑》，载《理论探讨》，2021年第3期。

(一) 关于新民主主义革命实践的中国马克思主义哲学范式建设成果

新中国成立之前中国共产党的社会实践主要是进行新民主主义革命，其目标是运用这一时期中国马克思主义哲学的理论成果指导国家独立、民族解放运动。这一时期中国马克思主义哲学的理论表现形态主要是毛泽东关于新民主主义革命的哲学思想以及其他革命理论家的哲学思想。这些哲学思想来源于革命的伟大实践，同时对革命胜利起到了重要的指导作用。

1. 来源于新中国成立之前的社会实践

毛泽东关于革命的哲学思想以及其他革命理论家的哲学思想，来源于新中国成立之前中国共产党的社会实践。王立胜和曾嵘以"两个结合"为研究视角，认为毛泽东在立足于中国革命实践的基础上结合中国传统实践观，于1937年完成了深入探讨认识与实践关系的《实践论》，并认为这一哲学著作体现了马克思主义哲学的认识论对于中国传统知行观的批判继承和发展。① 李维武对中国共产党哲学基础的探析表明，李达并没有将《共产党宣言》等马克思主义哲学的经典文本著作看成中国革命直接现成的方案，而是通过对中国革命特点的分析，制定了符合中国革命实际情况的革命策略。② 王南湜将马克思《资本论》中的理论智慧辩证法与毛泽东《矛盾论》中的实践智慧辩证法进行了对比，认为毛泽东的实践智慧辩证法来源于新民主主义革命时期的政治军事实践。③ 杨耕通过对中国马克思主义哲学体系的历史反思，认为李达通过对中国

---

① 王立胜、曾嵘：《中国马克思主义哲学视域下的〈实践论〉〈矛盾论〉》，载《毛泽东研究》，2022年第2期。

② 李维武：《中国共产党哲学基础的探索与形成》，载《武汉大学学报（哲学社会科学版）》，2021年第3期。

③ 王南湜：《毛泽东实践智慧的辩证法——马克思主义辩证法疆域的中国式拓展》，载《哲学研究》，2021年第9期。

革命问题的关注，为了系统地阐释唯物史观的基本原理，书写了包含马克思主义哲学社会变革思想和世界革命思想的《现代社会学》。① 因此，新民主主义革命时期所形成的中国马克思主义哲学的理论成果来源于中国的革命实践。

2. 受新中国成立之前的社会实践检验

毛泽东关于新民主主义革命的哲学思想以及其他革命理论家的哲学思想的科学性和有效性，是通过革命时期的社会实践来检验的。② 欧阳康对中国共产党的百年哲学创新的演进逻辑进行了分析，认为新民主主义革命时期的毛泽东思想在经历了抗日战争、根据地建设和延安整风的检验之后，于1945年被确立为党的指导思想。③ 杨明伟和胡为雄通过对《毛泽东哲学思想史》的研究，认为要从革命的实践中来说明毛泽东哲学思想的地位和作用。④ 许全兴通过对毛泽东哲学思想精髓的阐释，认为毛泽东成功地找到了一条中国革命的正确道路，在此基础上，他认为毛泽东哲学思想是马克思主义哲学思想、中国革命实践与中国哲学优秀思想的理论结晶。⑤ 这充分体现了新民主主义革命时期的中国马克思主义哲学是适用于新民主主义时代背景需要，适用于中国新民主主义国家需要的理论指导。换句话说，新民主主义革命时期所形成的哲学理论成果是在中国马克思主义哲学理论指导下，并且经受过中国革命实践检验的理论成果，具有一定的科学性。

---

① 杨耕：《关于中国马克思主义哲学体系的历史沉思》，载《哲学研究》，2016 年第 1 期。

② 汪信砚：《马克思主义哲学中国化与中国道路的哲学表达》，载《哲学研究》，2018 年第 1 期。

③ 欧阳康：《哲学创新视域中的中国共产党百年伟业》，载《马克思主义哲学》，2022 年第 4 期。

④ 杨明伟、胡为雄：《近年来国内毛泽东哲学思想研究概况》，载《毛泽东思想研究》，2014 年第 6 期。

⑤ 许全兴：《牢牢把握毛泽东哲学思想的精髓》，载《党建》，2019 年第 6 期。

3. 服务于新中国成立之前的社会实践

毛泽东关于革命的哲学思想以及其他革命理论家的哲学思想，服务于新民主主义革命时期中国共产党的社会实践。汪信砚在回应西方学者对于中国马克思主义哲学的错误认识时认为，《实践论》和《矛盾论》是毛泽东在革命时期所形成的重要哲学理论成果，为中国共产党反对主观主义的斗争提供了理论依据，有利于扫清中国革命进程中出现的思想障碍。① 杨明伟在方法论意义上阐述了《矛盾论》的作用，认为《矛盾论》所体现的唯物辩证法思想开辟了革命时期中国共产党人在认识和解决矛盾方法上的新境界。② 谭群玉认为艾思奇的《大众哲学》既冲破了三民主义的思想防线，又为青年大众走上革命之路和革命领袖哲学思想的形成发展起到了重要影响，是引导中国走向新民主主义革命道路的重要物质力量。③ 张立波认为《大众哲学》是马克思主义哲学大众化的一个经典范本，认为此书不仅促进了青年学生积极参加革命和领袖哲学思想的创造热情，而且为中国革命的胜利进行了哲学上的分析，为中国革命中各种方针政策的制定提供了哲学依据。④ 因此，新民主主义革命时期所形成的中国马克思主义哲学的理论成果为指导革命实践服务。

（二）关于社会主义革命和建设实践的中国马克思主义哲学范式建设成果

新中国成立到改革开放之前中国共产党的社会实践主要是进行社会主义革命和社会主义建设，其目标是运用这一时期中国马克思主义哲学

---

① 汪信砚：《马克思主义哲学中国化与中国马克思主义哲学的中国特性——对西方学者关于中国马克思主义哲学的两种谬见的回应》，载《马克思主义研究》，2018年第12期。

② 杨明伟：《"把马克思主义哲学作为看家本领"——习近平谈学习和运用马克思主义哲学的几层意蕴》，载《党的文献》，2016年第6期。

③ 谭群玉：《导向新民主主义革命的物质力量——〈大众哲学〉与马克思主义的大众启蒙》，载《现代哲学》，2022年第4期。

④ 张立波：《〈大众哲学〉：马克思主义哲学大众化的经典范本》，载《北京师范大学学报（社会科学版）》，2022年第1期。

的理论成果指导社会主义革命和建设。这一时期中国马克思主义哲学的理论表现形态主要是毛泽东关于社会主义革命和建设的哲学思想。这些哲学思想来源于中国社会主义革命和建设实践，并且对于探索自己的社会主义建设道路起到了重要指导作用。

1. 来源于社会主义革命和建设时期的社会实践

毛泽东关于社会主义革命和建设的哲学思想来源于社会主义革命和建设时期中国共产党的社会实践。王立胜将毛泽东的哲学思想视为中国马克思主义哲学初步的理论表现形态，他认为中国马克思主义哲学发展的历史就是将马克思主义与中国实践需要相结合的理论创新史，在社会主义革命和社会主义建设时期，由于社会主义革命和建设的实践需要，才推动了毛泽东哲学思想的进一步发展。[①] 汪信砚认为毛泽东在社会主义建设时期运用了马克思主义科学世界观和方法论写作了《论十大关系》和《关于正确处理人民内部矛盾的问题》等哲学著作，进一步丰富了中国马克思主义的哲学思想，树立了学习、运用马克思主义哲学的典范。[②] 刘同舫通过总结中国共产党在百年历程中积淀的哲学智慧，认为毛泽东认识到了苏联社会主义建设模式的弊端，并以中国的社会主义建设经验为基础书写《论十大关系》，指明了必须立足中国的社会主义建设实际，走符合本国国情的社会主义建设道路。[③] 因此，社会主义革命和建设时期形成的中国马克思主义哲学的理论成果来源于中国的社会主义建设和社会主义改造。

2. 受社会主义革命和建设时期的社会实践检验

毛泽东关于社会主义革命和建设哲学思想的科学性和有效性，是通

---

① 王立胜：《中国马克思主义哲学范式下的毛泽东哲学研究》，载《哲学动态》，2021年第4期。
② 汪信砚：《习近平对马克思主义哲学的创造性运用和创新性发展》，载《求是学刊》，2022年第4期。
③ 刘同舫：《中国共产党百年历程中的哲学智慧》，载《四川大学学报（哲学社会科学版）》，2021年第3期。

过中国共产党的社会主义革命和建设时期的社会实践来检验的。郑祥福和范虹邑通过将毛泽东的群众观与中国传统民本思想进行对比，认为在社会主义建设中，人民不再被压迫、人民自己管理自己、自己解放自己的实践表明，毛泽东的群众观是对中国传统民本思想进行超越的历史唯物主义结论。① 方向新和胡艳辉通过对毛泽东社会建设思想内在逻辑的探析，认为1949年到1957年社会主义建设道路的探索实践过程表明，毛泽东的社会建设思想已成为中国共产党第一代领导集体的智慧结晶。② 段治文和石然认为，毛泽东曾经有过进行社会改良的尝试和想法，但是实践的失败使他认识到，必须找到一条新的道路来建立新中国和建设社会主义制度。所以在社会主义建设时期，毛泽东又形成了社会建设思想的独特理论成果。③ 因此，社会主义革命和建设时期所形成的中国马克思主义哲学理论，必须要经得起社会实践的检验。

3. 服务于社会主义革命和建设时期的社会实践

毛泽东关于社会主义改造和建设的哲学思想服务于这一时期的社会实践。穆鹏程和高福进通过对中国共产党"学哲学、用哲学"的历史逻辑梳理，认为毛泽东在社会主义革命和建设时期的《论十大关系》和《关于正确处理人民内部矛盾的问题》两大哲学著作，为中国共产党领导人民进行社会变革提供了思想指引。④ 王伟光考察了社会主义革命和建设时期毛泽东的哲学著作，认为毛泽东在社会主义革命和建设时期所写的《关于正确处理人民内部矛盾的问题》《人的正确思想是从哪里来的》等一系列哲学著作，不仅提升了马克思主义哲学中国化的水平，而

---

① 郑祥福、范虹邑：《毛泽东群众观对传统民本思想的继承与超越》，载《思想政治教育研究》，2018年第1期。

② 方向新、胡艳辉：《毛泽东社会建设思想的演进及其内在逻辑》，载《毛泽东研究》，2016年第5期。

③ 段治文、石然：《毛泽东社会建设思想的演进及其影响》，载《观察与思考》，2013年第12期。

④ 穆鹏程、高福进：《伟大建党精神的马克思主义哲学阐释》，载《江西社会科学》，2021年第11期。

且提升了中国共产党的领导能力和执政水平。① 刘长军和雷斌通过对《人民日报》工作的考察，认为毛泽东哲学思想是指导社会主义革命和建设的科学世界观和方法论。② 因此，社会主义革命和建设时期所形成的中国马克思主义哲学的理论成果是为指导社会主义改造和建设实践服务的。

（三）关于改革开放到新时代之前实践的中国马克思主义哲学范式建设成果

改革开放到新时代之前的社会实践主要是进行有中国特色的社会主义建设，这一时期的建设成果离不开中国马克思主义哲学的指导。这一时期中国马克思主义哲学的理论表现形态主要是邓小平哲学思想、江泽民哲学思想和胡锦涛哲学思想。这些哲学思想来源于社会主义建设的伟大实践，并且对于建设中国特色社会主义起到了重要的指导作用。

1. 来源于改革开放到新时代之前的社会实践

邓小平、江泽民、胡锦涛等的哲学思想来源于改革开放时期中国共产党的社会实践。陆剑杰从思维方式变革的角度强调了邓小平对于中国马克思主义哲学的贡献，认为邓小平在总结实践经验和观察现实世界的基础上，扬弃了物质本体论的思维方式，创立了实践论的思维方式。③ 刘林元在分析中国马克思主义哲学使命的基础上，认为中国马克思主义哲学之所以在"邓小平理论"中继续得到发展，主要是因为"邓小平理论"从中国的基本国情出发坚持实事求是的思想路线。④ 吴晓明论述了

---

① 王伟光：《世界百年未有之大变局与马克思主义中国化哲学》，载《马克思主义哲学》，2021年第1期。
② 刘长军、雷斌：《新中国成立初期〈人民日报〉推进马克思主义大众化的当代启示》，载《西南民族大学学报（人文社科版）》，2016年第11期。
③ 陆剑杰：《论马克思主义哲学中国化的前提、历史和逻辑》，载《江海学刊》，2021年第1期。
④ 刘林元：《时代的实践要求与中国马克思主义哲学的创新特点》，载《中共南京市委党校学报》，2016年第3期。

中国马克思主义哲学范式建设的理论创新

科学发展观的实践基础,认为社会主义市场经济的发展和个人主体性的增强使得人们对现代性的发展及其原则进行了实践批判,这构成了科学发展观最为直接的实践来源。① 王让新在论述中国共产党对于马克思主义中国化时代化的作用时强调,"三个代表"重要思想是江泽民等中共领导人在世纪交替之际,在改革开放的实践中,结合中国国情形成的具有中国特色的哲学思想理论。② 因此,改革开放到新时代以前这一时期所形成的中国马克思主义哲学的理论成果是来源于改革开放到新时代之前的中国社会实践的。

2. 受改革开放到新时代之前的社会实践检验

邓小平、江泽民、胡锦涛等的哲学思想应该接受改革开放时期中国共产党社会实践的检验。张允熠通过对比毛泽东与邓小平所面临的不同的世界形势,认为邓小平抓住和平发展的战略机遇、实行改革开放的伟大决策使中国取得了巨大的发展成就,由此证明了邓小平理论的正确性。③ 李芳和王丹竹认为1999年宪法修正案中增加了邓小平中国式现代化哲学思想的相关表述,这充分表明邓小平理论的指导思想地位。④ 王历荣和陈湘舸在认识把握中国共产党理论创新成果的基础上,认为信息化、智能化的科学技术革命对世界各国经济发展的巨大推力,体现了邓小平将科技作为第一生产力这一哲学理论的正确性。⑤ 李海青通过对社会主义本质演进逻辑的认识,认为改革开放之后,中国生产力发展水

---

① 吴晓明:《论科学发展观的理论依据与实践基础》,载《毛泽东邓小平理论研究》,2013年第7期。

② 王让新:《新征程谱写马克思主义中国化时代化新篇章的依据、途径和遵循》,载《中共成都市委党校学报》,2022年第6期。

③ 张允熠:《从毛泽东到邓小平看马克思主义中国化的曲折历程》,载《马克思主义研究》,2016年第11期。

④ 李芳、王丹竹:《我国宪法文本之"中国式现代化"的表述嬗变及内在逻辑——以五次宪法修正案为例》,载《中国矿业大学学报(社会科学版)》,2022年第6期。

⑤ 王历荣、陈湘舸:《百年创新,百年奋进——中国共产党理论创新成果》,载《浙江大学学报(人文社会科学版)》,2022年第2期。

平、社会安定程度以及人民幸福度的变化，这些都表明邓小平的社会本质理论是符合马克思社会建设的发展逻辑。① 袁晓玲、郭一霖和王恒旭在对城市发展质量的分析中，认为城市发展的绿色质量增速较稳这一事实体现了胡锦涛科学发展的哲学理念对于生态文明建设具有重要意义。② 因此，改革开放到新时代之前所形成的中国马克思主义哲学的理论成果是通过这一时期的社会实践检验的。

3. 服务于改革开放到新时代之前的社会实践

邓小平、江泽民、胡锦涛等的哲学思想服务于改革开放到新时代之前这一时期的社会实践。赵家祥在分析邓小平对社会主义本质理论的贡献作用时认为，社会主义的本质理论对于提高生产力的发展水平、增强中国的综合国力、提升人民的物质生活水平具有根本性的指导意义。③ 石仲泉在回顾自己的学术研究之路时认为邓小平的哲学思想在改革开放和中国特色社会主义现代化建设的实践应用中取得了极大的成就。④ 任平在探究"中国式现代化"的出场逻辑中，认为邓小平做出的改革开放伟大决策是当代中国马克思主义哲学发展的实践动力，创造了让人民逐渐富起来的伟大奇迹。⑤ 曹典顺通过对中国道路生成逻辑的探析，认为邓小平哲学的逻辑终点是自主地解决中国的社会主义现代化建设道路问题，并且成功地解答了关于什么是社会主义、怎样建设社会主义等一系列关乎中国发展的旗帜方向的重大问题。⑥ 颜晓峰通过对中国式现代化

---

① 李海青：《经济制度·现实功能·党的领导——百年大党对中国社会主义本质认识的演进逻辑》，载《人文杂志》，2021年第6期。

② 袁晓玲、郭一霖、王恒旭：《中国城市发展质量的时空分异及其驱动因素》，载《人文地理》，2022年第6期。

③ 赵家祥：《邓小平对社会主义本质理论的贡献》，载《观察与思考》，2016年第1期。

④ 石仲泉：《我的学术之路》，载《毛泽东邓小平理论研究》，2014年第1期。

⑤ 任平：《论全面认识"中国式现代化新道路"的出场逻辑》，载《阅江学刊》，2022年第1期。

⑥ 曹典顺：《基于中国道路的中国马克思主义哲学生成逻辑》，载《理论探讨》，2021年第3期。

历史逻辑的考察,认为邓小平理论、"三个代表"重要思想、科学发展观,在逻辑上科学地回答了关于中国式现代化建设发展过程中的重大问题。① 因此,改革开放到新时代之前这一时期所形成的中国马克思主义哲学的理论成果从根本上来说是服务于这一时期中国共产党的社会实践。

(四) 关于新时代实践的中国马克思主义哲学范式建设成果

新时代中国的社会实践主要是坚持和发展中国特色社会主义建设,其目标是运用这一时期中国马克思主义哲学的理论成果来进行社会主义现代化强国建设。这一时期中国马克思主义哲学的理论表现形态主要表现为习近平新时代中国特色社会主义思想,这一思想来源于新时代中国特色社会主义建设伟大实践,对于建设社会主义现代化强国起到了重要的指导作用。

1. 来源于新时代的社会实践

习近平新时代中国特色社会主义思想是在新时代中国特色社会主义建设的伟大实践中形成的。石云霞通过对习近平人生哲学的探究和分析,认为实践哲学是习近平哲学思想的重要特征,在改革开放和社会主义现代化建设的进程中,习近平哲学思想始终将实践放在首位,并跟随实践的发展变化而不断地进行理论创新和实践创新。② 陆剑杰从环境建设方面分析了习近平新时代中国特色社会主义思想,认为这一思想是以尊重实践客观环境为前提:一方面,尊重自然界的实践客观环境;另一方面,尊重人类社会实践的客观环境,以此为基础,不断提出新的环境发展思想。③ 王伟光通过对马克思主义哲学中国化进程的分析,认为以

---

① 颜晓峰:《党的百年奋斗成功走出中国式现代化道路》,载《思想理论教育》,2022年第4期。
② 石云霞:《习近平人生哲学新理念探析》,载《思想教育研究》,2016年第6期。
③ 陆剑杰:《马克思主义哲学中国化:党的光荣理论事业和璀璨学术篇章》,载《哲学研究》,2021年第7期。

习近平总书记为核心的中国共产党人立足中国特色社会主义伟大实践，并以马克思主义哲学为指导而形成的习近平新时代中国特色社会主义思想，是马克思主义哲学中国化的最新成果。① 因此，新时代所形成的中国马克思主义哲学的理论成果从根本上说是来源于这一时期的中国特色社会主义建设实践。

2. 受新时代的社会实践检验

习近平新时代中国特色社会主义思想的科学性和有效性，是要通过中国共产党在新时代中国特色社会主义建设的社会实践来检验的。何平通过对习近平法治思想的哲学基础探析，认为各个法治主体对于中国社会法治一体化建设过程的不断推进，表明习近平法治思想坚持科学的辩证思维方法。② 李凤亮和杨辉通过对习近平关于国家文化安全论述的哲学底蕴的探究和分析，认为中华优秀传统文化的继承与发扬、进行创新性地转化和发展等实践活动，表明了其蕴含的丰富哲理是维护国家文化安全的重要理论依据。③ 罗建文认为习近平治国理政思想开辟了历史唯物主义的新境界，认为中国担当国际责任、提出"中国方案"等活动体现了中国共产党的历史传统，也体现了中国共产党人一脉相承的价值关怀。④ 因此，新时代所形成的中国马克思主义哲学理论成果是在新时代中国特色社会主义建设实践中体现其价值意义。

3. 服务于新时代的社会实践

习近平新时代中国特色社会主义思想服务于新时代中国特色社会主义建设的伟大实践。曹典顺在分析中国道路生成逻辑的基础之上，认为

---

① 王伟光：《中国共产党百年历程与马克思主义哲学中国化》，载《哲学动态》，2021年第6期。
② 何平：《习近平法治思想的哲学基础探析》，载《江淮论坛》，2022年第6期。
③ 李凤亮、杨辉：《习近平总书记关于国家文化安全论述的哲学底蕴探析》，载《学术研究》，2021年第1期。
④ 罗建文：《习近平治国理政新思想对历史唯物主义的新贡献》，载《毛泽东研究》，2017年第3期。

习近平新时代中国特色社会主义思想充分体现了辩证的、历史的和唯物的科学方法，为新时代中国特色社会主义建设指明了方向。① 刘卓红和徐锐对历史唯物主义人民主体思想进行了时代化、中国化的诠释，认为习近平总书记关于坚持人民群众主体地位的哲学思想，对全面深化改革的新时期具有聚民心、汇民智的作用，有利于实现中华民族伟大复兴。② 朱春艳和齐承水对命运共同体理念所蕴含的哲学思想进行了历史唯物主义的思考，认为习近平生态文明思想对人类克服生态危机、建设生态文明社会，提供了价值引导和实践指向，对人类历史的发展前景具有积极的影响。③ 赵剑英通过对习近平外交思想的哲学基础研究，认为习近平总书记的外交哲学是新时代中国外交工作的理论依据和行动指南，有利于中国正确处理重大国际问题。④ 因此，新时代所形成的中国马克思主义哲学的理论成果对中国特色社会主义建设实践具有重要的指导意义。

三、中国马克思主义哲学认知逻辑领域的范式建设成果

"哲学的认知逻辑指哲学研究所确立和运用的思维方式和认知方法。"⑤ 按此逻辑理解，中国马克思主义哲学的范式建设研究就应该包括从认知逻辑领域来把握中国马克思主义哲学，以深化对中国马克思主义

---

① 曹典顺：《基于中国道路的中国马克思主义哲学生成逻辑》，载《理论探讨》，2021年第3期。

② 刘卓红、徐锐：《历史唯物主义人民主体观的当代释读》，载《教学与研究》，2015年第8期。

③ 朱春艳、齐承水：《论习近平生命共同体理念的历史唯物主义向度》，载《广西社会科学》，2019年第7期。

④ 赵剑英：《习近平外交思想的哲学基础探析》，载《世界经济与政治》，2020年第8期。

⑤ 曹典顺等：《哲学简论》，北京：人民出版社2020年版，第11页。

哲学范式建设的认识。新时代中国马克思主义哲学的范式建设成果在认知逻辑领域取得了较为丰硕的研究成果。这些研究成果主要包括哲学概念的创新、哲学体系的建构、思维方式的把握以及价值取向的确立等。

（一）中国马克思主义哲学概念创新层面的范式建设成果

"概念是理论认知的手段，哲学总是以概念的方式去对认知对象进行把握和解释。"① 这也就是说，哲学概念是构成哲学理论和哲学体系的基本单位，对于哲学概念的正确理解和把握，有利于更加系统、整体地理解哲学思想。在此意义上，创新中国马克思主义哲学的哲学概念，对于正确理解中国马克思主义哲学具有重要意义。通过系统梳理和科学归纳中国马克思主义哲学概念创新层面的范式建设成果，可以发现，中国马克思主义哲学概念的创新至少应该满足时代需求、表征中国特色和具备国际视野。

1. 中国马克思主义哲学的哲学概念应满足时代需求

任何真正的哲学都是自己时代精神的精华，哲学概念作为哲学思想的基本认知单位应面向时代需求。王立胜从中国话语建构的角度出发，认为中国马克思主义哲学的"概念短缺"问题具有两方面原因。一方面，改革开放以来，中国的时代发展亟须在概念和理论方面找到哲学基础；另一方面，西方的哲学范畴难以对中国的经验和问题做出全面有效的解释。② 曹典顺和范云在中国马克思主义哲学标识概念框架创新的意义上，认为在新时代中国马克思主义哲学的范式建设离不开概念创新原则。③ 王海锋在哲学史意义上将概念变化的历史与哲学发展的历史相联系，强调要创新符合中国内涵和新时代要求的标志性哲学概念，以此推

---

① 曹典顺等：《哲学简论》，北京：人民出版社2020年版，第345页。
② 王立胜：《论加快构建中国特色哲学学科体系、学术体系、话语体系中的六大关系》，载《哲学研究》，2019年第10期。
③ 曹典顺、范云：《"中国马克思主义哲学"走向"范式建构"的前提意识》，载《理论探讨》，2022年第5期。

动哲学理论的创新。① 由上述可知，创新满足时代发展需要的哲学概念，是中国马克思主义哲学的范式建设研究亟需解决的问题之一。

2. 中国马克思主义哲学的哲学概念应表征中国特色

中国马克思主义哲学作为马克思主义哲学中国化的理论成果，其哲学概念应该具有中国特色。李双套通过对中国马克思主义哲学的解读范式及话语特征的研究，认为在新的历史条件下要将"以马解马"作为研究范式去研究中国特色社会主义的伟大实践，并在此基础上创新具有中国特色的原创性哲学概念。② 叶险明从世界历史的角度出发，认为中国马克思主义哲学要走出问题意识缺失和方法论支撑作用削减的研究困境，就应该提出具有中国意义的概念、范畴和论说。③ 杨谦从文本翻译的视角出发，认为应该将马克思主义哲学内嵌于中国的文化语境中，通过将马克思主义经典文本著作中的基本哲学概念与中国经典文化著作中的汉语表达进行交流汇通，使脱胎于西方文化背景中的马克思主义哲学基本概念在中国大地上落地生根。④ 综上所述，中国马克思主义哲学的原创性概念要体现中国特色，才有利于中国人接受和理解。

3. 中国马克思主义哲学的哲学概念应具备国际视野

在全球化的时代背景下，中国在国际社会中具有举足轻重的地位。在此逻辑下，中国马克思主义哲学的哲学概念也应该具备国际视野。冯颜利在对新时代马克思主义哲学思维变革方式的理解中，认为要想掌握国际话语权、引导国际学术研究方向，就应该具备全球化思维，批判性

---

① 王海锋：《打造当代中国马克思主义哲学的标识性概念——基于新中国成立以来学术史的考察》，载《哲学动态》，2020年第4期。

② 李双套：《百年来中国马克思主义哲学的解读范式及话语特征》，载《求索》，2021年第4期。

③ 叶险明：《马克思主义哲学研究的困境与出路》，载《理论视野》，2014年第12期。

④ 杨谦：《中国马克思主义哲学基本范畴的形成》，载《山东社会科学》，2016年第1期。

吸收外来的思想理论，提出易为国际学术界认可的新概念。① 臧峰宇从比较哲学和哲学学科交融的视域出发，认为在中国学术界对外交流中，中国哲学概念逐渐为国际学术界所认可，这对于中国马克思主义哲学概念走向世界具有重要的启发意义。② 陈明和曾祥云就"人类命运共同体"概念进行分析，认为其作为世界意义上的哲学概念既是对"共同体""世界历史"等理论的创新发展，也表征着中国对人类命运发展的深切关怀。③ 因此，创新具有国际意义的中国马克思主义哲学的概念，体现着中国马克思主义哲学的国际性价值，同时也避免陷入自说自话的境地。

（二）中国马克思主义哲学体系建构层面的范式建设成果

习近平总书记指出，"不断推进学科体系、学术体系、话语体系建设和创新，努力构建一个全方位、全领域、全要素的哲学社会科学体系"。④ 要正确认知中国马克思主义哲学，除了要准确把握其哲学概念，还应该从整体上理解其哲学体系。这就需要我们具有建构中国马克思主义哲学体系的自觉意识和自信心态，立足实际全面推进学科、学术和话语体系的建设和创新，为正确认知中国马克思主义哲学提供前提条件。

1. 中国马克思主义哲学体系的建构需要自觉意识

自觉意识是推进中国马克思主义哲学发展的前提性、主体性因素，因此，中国马克思主义哲学体系的建构需要自觉意识。陈先达、臧峰宇

---

① 冯颜利：《新时代哲学的使命：范式创新、思维革命、方法论自觉》，载《中国人民大学学报》，2018年第6期。
② 臧峰宇：《当代中国哲学的时代品格》，载《人民论坛》，2017年第24期。
③ 陈明、曾祥云：《"人类命运共同体"：一种新的"世界的一般哲学"——一个马克思主义哲学的分析框架》，载《新疆社会科学》，2018年第3期。
④ 习近平：《在哲学社会科学工作座谈会上的讲话》，载《人民日报》，2016年5月19日，第2版。

通过对学术自觉与马克思主义哲学中国化的关系阐述,认为马克思主义哲学研究在中国共产党的百年征程中彰显着学术自觉,形成了中国马克思主义哲学的学术体系和话语体系。① 孙正聿将自觉承担构建中国马克思主义哲学学科体系作为哲学工作者的一项历史使命,认为要增强哲学工作者构建其学科体系的自觉意识,就要坚持"问题导向""守正创新""照亮现实"。② 任平通过"中国马克思主义哲学"的当代出场路径和当代使命的探析,认为21世纪中国马克思主义哲学体系建设需要方法论层面的自觉。③ 刘同舫从思想解放的角度出发,认为改革开放后,中国共产党人解除了思想的禁锢,自觉地构建起新时期具有中华民族和时代特色的马克思主义哲学理论体系。④ 从上述可知,是否具有主体性自觉意识对于能否建构中国马克思主义哲学体系具有关键作用。

2. 中国马克思主义哲学体系的建构需要自信心态

建构中国马克思主义哲学的学术、学科、话语和理论体系的任务重大且艰巨,因此,离不开中国马克思主义哲学的理论自信、学者们的学术自信和中国的文化自信。曹典顺通过对中国马克思主义哲学生成逻辑的探析,认为人民主体前提既是中国马克思主义哲学的理论自信所在,也增强着中国人民对其的理论自信。⑤ 王海锋从哲学学术史的视角论述了学术自信对于构建中国马克思主义哲学学术体系的推动作用。⑥ 周正

---

① 陈先达、臧峰宇:《学术自觉与马克思主义哲学中国化的百年探索》,载《马克思主义与现实》,2021年第6期。

② 孙正聿:《建设具有主体性原创性的中国哲学社会科学》,载《青年记者》,2021年第12期。

③ 任平:《论"中国马克思主义哲学"的当代出场路径》,载《马克思主义哲学》,2021年第2期。

④ 刘同舫:《马克思主义哲学中国化70年及其历史贡献》,载《四川大学学报(哲学社会科学版)》,2019年第4期。

⑤ 曹典顺:《基于中国道路的中国马克思主义哲学生成逻辑》,载《理论探讨》,2021年第3期。

⑥ 王海锋:《"哲学论争"与构建当代中国马克思主义哲学学术体系——基于学术史的考察》,载《中国高校社会科学》,2020年第3期。

刚强调了文化自信对于构建中国马克思主义哲学学术体系的意义，认为在良好的社会、学术环境下，文化自信能够激发研究者的创作潜能，有利于新的学术体系的形成。① 总的来说，中国马克思主义哲学体系的建构需要中国马克思主义哲学的理论自信、学者们的学术自信和中国的文化自信，因此，各自信主体就应该具有提高理论自信水平、学术自信水平和文化自信水平的责任和担当。

3. 中国马克思主义哲学体系的建构需要立足实际

中国马克思主义哲学体系的建构不是抽象层面的建构，而是从现实出发的，因此，需要立足实际。张亮从中国对国外马克思主义哲学的研究史出发，认为中国学术界研究国外马克思主义哲学的目标应该是建构理论体系，解决中国实际问题。② 陆剑杰从构建方法的视角出发，认为中国马克思主义哲学体系应当从党中央核心领导人的著作中去找寻，因为这些著作是理论与实际相结合的代表。③ 姚满林、王仕国从哲学学科体系建设是推动哲学创新的重要因素出发，认为马克思主义哲学创新路径既要保持科学性，又要结合中国现实，才能正确推动中国马克思主义哲学的学科体系建设。因此，坚持中国立场，立足中国实际，创新发展当代中国马克思主义哲学体系，是当下和未来中国马克思主义哲学研究的密切关注点。

（三）中国马克思主义哲学思维方式层面的范式建设成果

正确认知中国马克思主义哲学除了准确理解和把握其概念和体系之外，还要有科学的思维方式。思维方式是认知逻辑的重要体现，中国马

---

① 周正刚：《文化自信与哲学社会科学发展繁荣——学习习近平以高度文化自信发展繁荣哲学社会科学的论述》，载《湖湘论坛》，2019年第3期。
② 张亮：《国外马克思主义哲学研究70年：回顾与展望》，载《武汉大学学报（哲学社会科学版）》，2019年第4期。
③ 陆剑杰：《马克思主义哲学中国化：党的光荣理论事业和璀璨学术篇章》，载《哲学研究》，2021年第7期。

克思主义哲学既要有反思的思维方式和辩证的思维方式,也要有面向时代、面向世界、面向未来的开放的思维方式。

1. 中国马克思主义哲学需要反思的思维方式

在新的历史条件下,反思中国马克思主义哲学的理论前提、理论命题,对于其理论的发展创新具有重要意义。王海锋通过分析中国马克思主义哲学发展史,认为当代中国马克思主义哲学研究的学术史自觉根源于哲学反思,应该以"哲学就是哲学史"命题的反思作为出发点和基本原则。① 郑忆石从改革开放之初的中国马克思主义哲学发展史出发,认为反思是其发展的本质性问题,这一问题在推进中国马克思主义哲学发展的同时也存在着相应的理论困境,这为进一步推进发展提供了更广阔的空间。② 何萍和薛冬梅从中国经济哲学的视角出发,认为要证明《资本论》的当代时效性就必须有新的研究方法,因此,对中国经济哲学进行方法论层面的反思是中国马克思主义哲学发展的一个时代课题。③ 因此,反思是哲学的最本质要素,也是中国马克思主义哲学范式建设研究不可或缺的思维方式。

2. 中国马克思主义哲学需要辩证的思维方式

辩证的思维方式对于中国马克思主义哲学范式的创立和发展、把握时代化的哲学具有重要意义。孙正聿通过考察当代中国哲学研究的理论思维过程,认为当代中国的哲学研究克服了直观反映论和机械决定论的线性思维方式,确立了辩证法的理论思维。④ 曹典顺结合中国的时代背

---

① 王海锋:《"学术史"研究范式自觉与构建当代中国马克思主义哲学学术体系——兼论孙正聿先生的当代中国马哲史研究》,载《贵州师范大学学报(社会科学版)》,2022年第2期。

② 郑忆石:《改革开放之初中国马克思主义哲学的反思》,载《社会科学家》,2018年第4期。

③ 何萍、薛冬梅:《中国经济哲学的问题与前景——一种方法论反思》,载《马克思主义与现实》,2019年第2期。

④ 孙正聿:《从理论思维看当代中国哲学研究》,载《哲学研究》,2020年第1期。

景,认为中国马克思主义哲学的"范式论"之所以产生,主要是因为改革开放进入"深水区"之后需要既掌握马克思主义基本原理又拥有辩证思维的人才,而"范式论"有利于培养拥有辩证思维和创新思维的人才。① 冯颜利认为出场学中的"出场"和"差异"这两个哲学概念集中体现了辩证思维方法,并且不断推进中国马克思主义哲学的创新发展。② 综上所述,中国马克思主义哲学时代化是"哲学时代化"与"时代哲学化"的辩证统一,坚持这一辩证思维才能真正把握时代、发展真正的中国的马克思主义哲学。

3. 中国马克思主义哲学需要开放的思维方式

马克思主义哲学是一个不断开放、发展的理论体系,相应地,学者就应该具有开放的思维方式。孙亮通过批判将国外马克思主义所得的结论当作思想前提这一新的教条主义倾向,认为对国外马克思主义哲学的研究应该以立足中国式现代化建设并且能够促进中国马克思主义哲学研究为原则。③ 成龙通过对马克思主义哲学中国化进程的解读,认为其重大理论成果以及中国道路建设都是中国共产党在反对教条主义的斗争中形成的。④ 李俊文从思想解放的角度思考中国马克思主义哲学的发展,将"真理标准大讨论"与"邓小平南方谈话"视为新中国成立以来反教条主义的两次思想解放,认为在理论与实践的互相结合中发展中国马克

---

① 曹典顺:《当代中国马克思主义哲学史研究方法论之辨》,载《理论探讨》,2015 年第 3 期。
② 冯颜利:《中国马克思主义哲学话语创新、范式创新、方法论创新何以可能——基于〈当代中国马克思主义哲学创新学术史研究〉的思考》,载《马克思主义哲学》,2022 年第 3 期。
③ 孙亮:《国外马克思主义研究范式的"逻辑转换"与"顶层设计"》,载《理论探讨》,2014 年第 4 期。
④ 成龙:《马克思主义哲学中国化研究的崭新视野》,载《社会科学动态》,2022 年第 5 期。

思主义哲学是打破教条主义束缚恢复实践权威性的关键。① 曹典顺和范云在认识中国马克思主义哲学引导人类走向自由与解放这一作用的基础上，认为范式建设的"方法论思维"向全球化创新的"范式化思维"转向是中国马克思主义哲学范式建设的原则之一。② 因此，中国马克思主义哲学的开放性思维方式既体现在反对教条主义的方面，也体现在面向世界扩大中国马克思主义哲学的理论视野方面。

（四）中国马克思主义哲学价值方向层面的范式建设成果

正确的思维方式为中国马克思主义哲学范式建设指引着方向。需要注意的是，范式建设不是仅仅局限于正确的思维方式，还需要坚持以马克思主义哲学为根本的价值遵循。其中，"以人民为中心"是范式建设研究的基本价值理念，"社会主义"是范式建设研究的价值立场，具有全球意义的"人类命运共同体"理念是范式建设研究的价值共识。

1. 坚持人民中心的价值理念

人民群众是历史的主体，人民的活动是创造历史的活动，因此，坚持人民中心的价值理念是中国马克思主义哲学范式建设的基本价值理念。孙正聿和王海峰从建构中国马克思主义哲学学术体系方面论证了人民群众的重要性，认为要构建以"人民"为核心范畴的学术体系，致力于实现人民对美好生活的向往。③ 曹典顺在中国马克思主义哲学的使命任务方面突出了人民群众的意义，认为其理论使命遵循了人民性逻辑，即"人民性"是中国马克思主义哲学的基本范畴之一。④ 毛勒堂从中国

---

① 李俊文：《中国马克思主义哲学的发展进程与思考》，载《学习与探索》，2020年第11期。

② 曹典顺、范云：《"中国马克思主义哲学"走向"范式建构"的前提意识》，载《理论探讨》，2020年第5期。

③ 孙正聿、王海锋：《用理论照亮现实：马克思主义哲学中国化的百年回顾与展望》，载《社会科学战线》，2021年第1期。

④ 曹典顺：《基于中国道路的中国马克思主义哲学生成逻辑》，载《理论探讨》，2021年第3期。

马克思主义哲学的品质和方法论层面强调了以人民为中心的价值理念，认为坚持中国马克思主义哲学的人民主体立场能够为中华民族伟大复兴提供哲学支持和价值引导。① 林进平从发展角度出发，认为坚持以人民的利益为导向的价值立场，对于推进当代中国马克思主义哲学的发展具有重大意义。② 因此，以人民为中心的价值理念是中国马克思主义哲学范式建设研究始终要坚持的基本价值理念和研究进路。

2. 坚持社会主义的价值立场

中国马克思主义哲学的范式建设研究要坚持社会主义的价值立场，服务于中国特色社会主义建设。陈先达通过剖析马克思主义哲学创新路径，论述了发展社会主义市场经济对于推进中国马克思主义哲学发展的意义，认为社会主义市场经济发展过程中理论和实践问题的解决推动了中国马克思主义哲学的发展。③ 卜祥记和林阳通过梳理马克思的政治经济学理论建构思路，揭示了马克思的理论建树对中国政治经济体系建设的指导意义。④ 曹典顺和范云从范式建构的逻辑出发，阐明了中国学派为中国特色社会主义理论服务的哲学理想。⑤ 李佃来以马克思政治哲学的视角，阐明了中国马克思主义哲学对于中国特色社会主义理论与实践的决定性作用。⑥ 概括而言，中国特色社会主义是中国马克思主义哲学的根本价值立场和方向指引。

---

① 毛勒堂：《发展当代中国马克思主义哲学的路径思考》，载《思想理论教育》，2018年第7期。

② 员俊雅：《首届"中国马克思主义哲学30人论坛"综述》，载《哲学动态》，2021年第6期。

③ 陈先达：《论马克思主义哲学创新之路》，载《哲学动态》，2014年第1期。

④ 卜祥记、林阳：《马克思对黑格尔哲学与国民经济学共谋性质的指认与超越》，载《马克思主义与现实》，2022年第5期。

⑤ 曹典顺、范云：《"中国马克思主义哲学"走向"范式建构"的前提意识》，载《理论探讨》，2022年第5期。

⑥ 李佃来：《构建当代中国马克思主义政治哲学的现实导向、理论资源与思想原则》，载《求索》，2021年第5期。

3. 坚持全球意义的价值共识

中国马克思主义哲学致力于理论价值全球化，中国马克思主义哲学蕴含着普世的精神价值，构建"人类命运共同体"理念的提出就是全球意义的价值共识的体现。王立胜和周广友论述了中国马克思主义哲学与人类命运共同体的关系，认为中国马克思主义哲学的实质蕴含着对人类命运共同体的价值认同，揭示了人类命运共同体思想不仅要体现中国的价值追求，而且还要体现全人类共同的价值追求。① 曹典顺和范云提出了"理论价值全球化"的理想，并赋予了其作为中国马克思主义哲学范式建设的重大"前提意识"内涵，认为中国马克思主义哲学的范式建设应体现世界性意义和价值，要面向世界阐释中国道路、中国方案的智慧和使命。② 孙伟平从中国马克思主义价值哲学的角度出发，通过对社会主义核心价值观和人类命运共同体关系的探讨，认为社会主义核心价值观是人类共同价值在中国的具体表现，为培养人类共同价值贡献了思想资源。③ 由此可知，中国马克思主义哲学要有世界意义上的价值共识，这也是中国马克思主义哲学范式建设研究所重点关注的方向。

四、中国马克思主义哲学研究内容领域的范式建设成果

范式建设是以马克思主义哲学研究内容为对象的一个问题域，是中国马克思主义哲学研究内容领域上的一种新的建设成果。这种研究成果对于学科建设、学术研究和人才培养等方面具有重要意义。就中国马克

---

① 王立胜、周广友：《中国马克思主义哲学视域中的人类命运共同体》，载《东方论坛》，2022年第3期。

② 曹典顺、范云：《"中国马克思主义哲学"走向"范式建构"的前提意识》，载《理论探讨》，2022年第5期。

③ 孙伟平：《"人类共同价值"与"人类命运共同体"》，载《湖北大学学报（哲学社会科学版）》，2017年第6期。

思主义哲学研究内容领域上的范式建设成果而言，可以划分为中国马克思主义哲学范式的政治领域建设成果、经济领域建设成果、文化领域建设成果、社会领域建设成果、生态领域建设成果五大方面，这五大方面相互影响、相互联系。

（一）中国马克思主义哲学范式的政治领域建设成果

中国马克思主义哲学范式在政治领域上的建设成果是在新时代中国道路的实践基础上形成的，是面向中国政治建设问题的哲学概括，既是对人类政治社会本质的反映，又是能有效推进中国特色社会主义政治建设的理论工具。中国马克思主义哲学范式政治领域建设成果包括三大方面的内容，即个人自由平等维度研究成果、社会公平正义维度研究成果以及国家治理理论维度研究成果。

1. 个人自由平等维度研究成果

人人生而平等，个人自由是人与生俱来的权利，因此，实现自由和平等既是个人生存和发展的需要，也是中国民主政治建设的重要内容。李佃来和陈权从自由和自然关系角度出发，认为自由和自然既是统一又是超越的关系，真正理解现代社会矛盾的缺口就是正确认识自由和自然两大概念之间的关系。① 从平等的概念角度出发，李佃来认为，权利平等是政治哲学重要的理论前提和轴心意义范畴，在此基础上阐发和构建的权利平等思想能够与西方主流政治哲学对话且更具备思辨张力。② 综合来讲，李佃来和陈权认为明确自由和自然关系、权利平等思想有助于理解现代社会的自由和平等，同时，对于把握人的自由和平等在中国马克思主义哲学范式中的理论定位和思想实质也具有积极意义。张文喜从宏观整体的角度出发，认为新时代解决社会的不平等问题是社会主义者

---

① 李佃来、陈权：《马克思政治哲学中的自然与自由》，载《江汉论坛》，2015 年第 6 期。

② 李佃来：《马克思权利平等思想辨析》，载《山东社会科学》，2016 年第 11 期。

发挥自觉能动性的重点任务之一，因此，新时代中国马克思主义哲学范式需要努力实现当下平等的最大化、最优化。① 姚大志从具体问题出发，认为当代关于平等问题的争论焦点分别是分配什么以及如何分配，社会平等就是将福利、资源和能力平等分给每一个人，尽力做到结果平等、机会平等。② 综上所述，无论是个体自由还是平等的思想都内在于中国政治建设的逻辑和品格里，是当代中国政治哲学的思想追求和中国马克思主义哲学范式政治建设的目标。

2. 社会公平正义维度研究成果

公平和正义问题是人类追求美好社会的永恒主题，当代中国马克思主义哲学范式政治建设围绕公平和正义进行全面深入的考辨与解析，取得了丰富的成果。臧峰宇在破解当代中国社会公平正义的实际问题上，认为需要辩证吸收马克思主义正义论中新黑格尔派历史主义论证和分析马克思主义道德论证两种思路的合理成分。③ 不仅如此，臧峰宇还从生产正义和正义的条件出发，认为要在中国语境下实现公平和正义，就要以双重视角把握正义论实践逻辑，坚持实践先于原则，向现代正义观转型，完善公平正义制度条件。④ 李佃来从公平正义的整体性理解出发，认为中国社会的公正问题是权利、平等、道德三方面维度的立体性问题域，因为公正一词包含多重意蕴，中国社会的公正应该透视正义的多元内涵，把握正义的多元触手，把公正推向更高更远的层次。⑤ 张文喜从历史原则和人的解放原则看待公平正义观和马克思所有权批判的整体性联系这一历史性的问题，认为新时代公平正义观要求整个社会形成共同

---

① 张文喜：《社会主义平等观与当代中国》，载《马克思主义与现实》，2014年第5期。
② 姚大志：《平等主义的图谱》，载《吉林大学社会科学学报》，2015年第3期。
③ 臧峰宇：《马克思正义论研究的两种进路及其中国语境》，载《中国人民大学学报》，2015年第3期。
④ 臧峰宇：《苏格兰情感正义论与马克思的正义观念》，载《道德与文明》，2021年第2期。
⑤ 李佃来：《认识当前中国公正问题的三个维度》，载《人民论坛》，2014年第32期。

富裕的发展轮廓，人民通过劳动获得财产应该是发自本能的理想劳动得到的全部财产，不该被私人财产所有权剥夺合理劳动所得。① 张文喜从如何理解马克思正义观角度出发，认为马克思的正义观应放置于最根本的本质维度去重新阐释，回到马克思正义论原初语境蕴含的底蕴和思路中重新理解，即研究正义观与当今实践的关系应该关注经典正义观本身的内容。② 由上述可知，当今中国马克思主义哲学范式在政治建设时需要对公平正义的问题进行深入研究，以政治公平正义为当代中国政治实践的制度诉求和价值旨归。唯有如此，才有助于更快地实现人类美好政治生活的应然状态。

3. 国家治理理论维度研究成果

政治建设离不开国家治理这一基本问题，即国家治理问题是政治现代化的重要内容。李佃来从马克思国家理论出发，认为马克思国家理论是本着历史的视野批判现代国家观的历史嬗变建构的，因此深入研究马克思的国家理论既有助于正确认识马克思著作的纯文本含义，对国家治理问题也有重要的启示意义。③ 张文喜认为，当代中国特色社会主义国家治理的依据是在中国特色社会主义制度的"特色"创新形式下展开的，是不同于资本主义治理道路的新开端。④ 臧峰宇从晚年恩格斯的国家观在当代国家治理的具体问题中入手，认为现代社会主义国家的治理需要符合社会主义阶段的时代特征。需要注意的是，当今时代的发展未达到实现共产主义社会的条件，国家在此种境遇下还不具备消亡的可能性，国家的治理是当前历史发展逻辑中必要的步骤，因此，

---

① 张文喜：《马克思所有权批判及其相关的公平正义观》，载《中国社会科学》，2016年第8期。

② 张文喜：《马克思对正义观的重新表达》，载《北京大学学报（哲学社会科学版）》，2017年第4期。

③ 李佃来：《现代国家观的历史嬗变与马克思国家理论的构建》，载《云南大学学报（社会科学版）》，2016年第4期。

④ 张文喜：《政治哲学视阈中的国家治理之"道"》，载《中国社会科学》，2015年第7期。

在整个社会行使公共权利，现代化治理要求必须构建国家与社会间相互支持的关系。① 综上所述，"国家治理"和"国家治理体系和治理能力现代化"的提出，是马克思主义国家学说与中国特色社会主义相结合的产物，是对马克思主义国家学说的一次重大发展，而当代中国面临的最大难题就是推进中国特色社会主义国家治理体系和治理能力现代化的"中国之治"。

（二）中国马克思主义哲学范式的经济领域建设成果

马克思主义政治经济学是指导中国社会主义经济建设的根本理论依据，中国马克思主义哲学范式的经济领域建设成果重点集中于开创了中国特色社会主义政治经济学的研究新领域。这一新领域既为马克思主义政治经济学的研究提供了新视角，也为马克思经济学的发展开辟了新道路。关于中国马克思主义哲学范式的经济领域建设的研究成果主要包括政治经济学相关著作的研究成果、政治经济学与唯物史观关系的研究成果、政治经济学的当代性建构的研究成果。

1. 政治经济学相关著作的研究成果

政治经济学著作揭示着对当时经济形势的分析和看法，研究政治经济学著作背后的思想体系和价值观既有助于更好地理解经济学的方法论，也有助于当下经济理论和实践的建设。唐正东从国外学者对《资本论》解读出发，认为齐泽克的拉康式解读思路无法进入历史唯物主义视域，因而对马克思商品关系理论产生了误读。② 王南湜认为，广松涉创造性地解读《资本论》及其中的物象化论，具体分析涉及经济学内容的

---

① 臧峰宇：《晚年恩格斯国家观的政治哲学解读》，载《广西社会科学》，2014 年第 4 期。

② 唐正东：《齐泽克对马克思商品关系理论的误读及其批判——一种基于〈资本论〉的解读》，载《学习与探索》，2014 年第 11 期。

价值形式论、价值实体论和商品拜物教论。①王庆丰、董键铭阐明了商品世界的四肢结构，揭示出全部生活世界的物象化结构，即商品关系将社会关系的内在矛盾掩盖起来的秘密和资本社会财富增长愈大失业者数量愈多等残酷的社会深层真相问题，深入理解了现代性批判理论的生成过程、内在结构和实现形式。②赵家祥和仰海峰从具体概念和理论出发，对分工有着不同的看法。其中，赵家祥认为，基于历史唯物主义视域进行分析，自发分工未来会被社会主义社会和共产主义社会中自觉分工形式替代③；而仰海峰认为，马克思的分工理论可以在五大经典文本依据下根据马克思思想的双重逻辑进行重新探讨④。综合二人的观念可以得出，中国马克思主义哲学范式在经济建设时要把握马克思分工理论在现实社会经济方面的积极作用，因为新时代社会正朝着更加文明和高级的形态发展经济建设，人类社会未来经济活动的自觉性意识会得到大幅提升，人类社会的分工要逐渐从自发性走向自觉性，既要从生产逻辑视角真正将分工与古典经济学区分开来，还要在资本逻辑下看到分工对资本生产的意义。张一兵认为，马克思想通过黑格尔找到研究经济现象的重点，即将物性的外在对象变为以人为本的内在主体性对象，核心问题在于劳动主体活动⑤，应该扬弃劳动异化复归人的类本质⑥。不仅如此，张一兵还深入分析了劳动异化的七个构境层面导致当下时代资本统治力量

---

① 王南湜：《〈资本论〉物象化论解读的贡献与缺憾》，载《武汉大学学报（哲学社会科学版）》，2018年第5期。

② 王庆丰、董键铭：《物象化世界的内在结构——广松涉解读马克思〈资本论〉的目的与意义》，载《福建论坛（人文社会科学版）》，2016年第5期。

③ 赵家祥：《〈资本论〉及其手稿中的分工理论——基于历史唯物主义的视域》，载《学习与探索》，2014年第7期。

④ 仰海峰：《资本逻辑与分工理论——以〈资本论〉为基础的哲学探讨》，载《马克思主义理论学科研究》，2016年第2期。

⑤ 张一兵：《私有财产的主体本质与劳动异化及其扬弃——马克思〈1844年经济学哲学手稿〉第二、三笔记再研究》，载《学术界》，2021年第7期。

⑥ 张一兵：《资产阶级社会中劳动异化现象的价值悬设审判——马克思〈1844年经济学哲学手稿〉再研究》，载《社会科学战线》，2022年第7期。

形成的内在原因，认为马克思对劳动异化的科学批判，对全面把握历史唯物主义批判话语和深入理解资本主义生产方式具有重要意义。①② 张一兵根据三大经济拜物教批判理论中逻辑批判话语进行阐释，认为马克思的经济学论著主要集中于对资本主义生产方式进行批判③，他认为在资本主义生产关系中的生产性劳动是一种神秘的假象④，因此，只有在资本关系的自身基础即商品和货币都相关的价值的本质关系下才能透视出资本的秘密。新时代经济建设要破解资本拜物教的魔咒，深入研究和剖析经济学的资本批判理论及其背后经济关系事物化的颠倒现象。⑤ 综上所述，中国马克思主义哲学范式蕴含的经济学思想是具备中国特色、中国风格、中国气派的思想，中国马克思主义哲学范式的经济领域建设成果是经济上的充满着马克思主义哲学智慧的中国马克思主义哲学新成果。

2. 政治经济学与唯物史观的关系研究成果

唯物史观作为以辩证唯物主义考察人类社会历史发展的历史观，为中国经济社会的全面长远发展提供着科学的世界观和方法论指导，而唯物史观与经济建设的关系则需要从中国特色社会主义政治经济学中作进一步深入研究和回答。丰子义通过对生产关系的基本方法论即整体性的观点、"普照的光"的观点、世界性的观点、历史性的观点的考察分析，认为准确理解和把握生产关系对于中国马克思主义哲学范式的经济建设

---

① 张一兵：《经济学革命语境中的科学的劳动异化理论（上）——马克思〈1861—1863年经济学手稿〉研究》，载《马克思主义与现实》，2022年第2期。

② 张一兵：《经济学革命语境中的科学的劳动异化理论（下）——马克思〈1861—1863年经济学手稿〉研究》，载《马克思主义与现实》，2022年第3期。

③ 张一兵：《马克思：资本主义生产方式科学认识的最终形成——〈政治经济学批判〉（第一分册）以及思想实验研究》，载《甘肃社会科学》，2022年第2期。

④ 张一兵：《资本的伪生产性与生产性的劳动——马克思〈1861—1863年经济学手稿〉研究》，载《社会科学》，2022年第4期。

⑤ 张一兵：《"资产阶级社会"表面财富背后的资本主义生产方式——马克思〈1861—1863年经济学手稿〉研究》，载《学习与探索》，2022年第3期。

依然非常适用,有助于增强对中国道路和资本主义发展现实的理解,能更加明确中国经济发展重点是作为主体的公有制和按劳分配以及生产关系和社会性质始终姓"社"的问题,更好地促进生产力发展和整个社会发展。① 范迎春和卜祥记认为,唯物史观对《资本论》的理论定向与《资本论》本身的唯物史观性质,决定了二者不能存在分离和对立。唯物史观是《资本论》的理论前提和根本方法,割裂唯物史观和资本论的联系无法真正理解马克思哲学革命的本质,因此,新时代经济建设要持续发展必须要站在唯物史观的高度分析和研究《资本论》。② 曹典顺认为,唯物史观和政治经济学是相辅相成的整体,唯物史观是前提,政治经济学是合理性的理论依据③,中国政治经济学的经济逻辑和唯物史观逻辑有同一性④。马克思政治经济学问题的当代形式体现着唯物史观逻辑,当前如何维持社会经济秩序和生存方式要和唯物史观相联系,中国经济道路怎样发展要同中国特色社会主义的国情相符合,政治经济学是中国马克思主义哲学范式在经济建设上不容忽视的研究领域。

3. 政治经济学的当代性建构成果

中国经济发展理论的创新与构建,不能依靠形而上学的发展思路,而应该扎根现实研究政治经济学,具备与时俱进的品格。韩立新从市民社会角度出发,认为市民社会是社会本质中十分重要的概念。根据日本研究政治经济学让市民社会化合法的经验,继续研究政治经济学能够创造性地解释当前中国发展道路问题,政治经济学不仅是把握市民社会的

---

① 丰子义:《"生产关系"与唯物史观关系的再认识》,载《北京大学学报(哲学社会科学版)》,2022年第5期。

② 范迎春、卜祥记:《唯物史观的〈资本论〉定向与〈资本论〉的唯物史观性质》,载《华侨大学学报(哲学社会科学版)》,2021年第4期。

③ 曹典顺:《中国特色社会主义政治经济学的唯物史观意蕴》,载《马克思主义与现实》,2017年第4期。

④ 曹典顺、卞伟伟:《中国道路实践中的中国政治经济学与中国特色经济逻辑——再论政治经济学与唯物史观的内在关联》,载《理论探讨》,2017年第6期。

有效器,更是把握当代中国的有效武器。① 当前的时代是社会关系最为发达的时代,中国马克思主义哲学范式把握这样的时代背景必须走进符合这一时代社会关系的政治经济学,而市民社会中人类的经济现象隐藏着人类关系的本质,因此,只有基于政治经济学发现适合当代性建构的成果,才有可能寻找到人类发展的真正出路。何萍、薛冬梅从方法论革新角度出发,认为当代经济哲学的发展需要厘清自己的问题和方法论定位,将马克思政治经济学的革新以及研究方法作为当下中国马克思主义哲学范式在经济领域建设上的理论创新突破口。② 张雄从政治经济学的作用出发,认为新时代的政治经济学是人民财富论的马克思主义政治经济学,因此研究当代政治经济学可以揭示当下经济发展规律,保证经世济民和治理国家的合理决策。③ 这也就是说,面对纷繁多样的经济现象,掌握马克思主义政治经济学基本原理和方法论,有利于我们掌握科学的经济分析方法,把握社会经济发展规律,提高驾驭社会主义市场经济的能力。综上所述,构建当代中国马克思主义政治经济学可以更好回答中国经济发展理论和实践问题,提高领导中国经济发展能力的水平,对思考中国马克思主义哲学范式的当下和未来具有重要启迪作用。

(三) 中国马克思主义哲学范式的文化领域建设成果

马克思主义哲学范式的文化领域建设成果是中国马克思主义哲学发展过程中建构起来的具有中国特色的现代文明形态,是中国特色社会主义文化建设的重要成果,是中国马克思主义哲学走向世界、走向现代化的重要标志,是中国特色社会主义文化建设思想体系、社会主义核心价

---

① 韩立新:《政治经济学是把握当代中国的有效武器》,载《天府新论》,2016 年第 3 期。

② 何萍、薛冬梅:《中国经济哲学的问题与前景——一种方法论反思》,载《马克思主义与现实》,2019 年第 2 期。

③ 张雄:《构建当代中国马克思主义政治经济学的哲学思考》,载《马克思主义与现实》,2016 年第 3 期。

值观的哲学基础。建设成果分别从意识形态大众化引领、传统文化时代化革新和话语体系中国化创新三方面展开。

1. 以意识形态的大众化引领发展文化的建设成果

从马克思主义哲学视角理解，意识形态是人类特有的精神现象，是人类思想、观念和精神的总和，因此，推进大众化意识形态建设，必须牢牢把握大众化意识形态的"时代性"和"规律性"。丰子义、张梧认为，"合理制定我国文化发展战略……以促进我国社会主义文化强国目标的最终实现。"① 文化发展战略和顶层设计理念是新时代文化建设在意识形态上的引领，形成一个大众普遍认可的，在文化领域的多角度、多层次和全方位的深刻剖析下得出的文化结晶是当下迫切的任务。王南湜认为，"中国马克思主义哲学精神的重建，首要任务便是中华民族价值理想的重建。"② 白刚指出，"'专著性教材'的《哲学通论》的出版，是当代中国哲学史上的一个重大的、带有标志性的、意义深远的'哲学事件'"③。据此逻辑理解，中国马克思主义哲学范式的发展，要在新时代基础之上让哲学思想跟上时代的步伐，以成为人们喜闻乐见的大众化的"新大众哲学"为目标，影响新时代扎根于人们心灵深处的意识形态，提高新时代人民的哲学素养，《哲学简论》的出版正是实现这一目标的表征。贺来认为，"价值观是一种文化和一个社会最为深刻和最为核心的层面，构成了一个国家和一个民族精神生活的灵魂"④。按此理解，社会主义核心价值观作为中华民族最普遍的文化意识形态，就应该是每一位中国人都应该具备的文化前提，因此，提高社会主义核心价值

---

① 丰子义、张梧：《文化发展的战略自觉与顶层设计》，载《新视野》，2019 年第 6 期。
② 王南湜：《重建中华民族的价值理想——中国马克思主义哲学一条未彰显的发展路径及其意蕴》，载《学习与探索》，2017 年第 7 期。
③ 白刚：《作为"新大众哲学"的〈哲学通论〉》，载《山东社会科学》，2019 年第 1 期。
④ 贺来：《彰显中国价值观的民族视野与时代内涵——评〈中国的价值观〉》，载《社会主义核心价值观研究》，2016 年第 5 期。

观的普遍化、大众化是中国马克思主义哲学范式文化建设领域不可或缺的途径。

2. 以传统文化的时代化革新发展文化的建设成果

现当代文化的发展要对传统概念围绕新时代以来的中国社会问题进行新解读和新界定，继续补充发展中国特色理论，提升当代中国文化自信感和民族自豪感，丰富中国马克思主义哲学在文化建设领域的时代内涵。陈先达和臧峰宇强调，文化发展就是传统文化的现代化和新时代创造出的新的文化，它们互相促进、融汇为一。臧峰宇认为，促进社会主义文化现代化，就要以先进文化指导传统文化，进而推动传统文化的现代化发展，促进传统文化实现现代化转型，需要注意的是，文化的建设需要与世界各国相互借鉴不同元素，但不能丧失中国的文化风格和特色。① 欧阳康认为，要发扬传统文化中英雄人物的精神，从而建设符合新时代人民心中的新型文化形态。② 尹金萍和丁立群认为，新时代的"不忘初心"理论，是根据"不忘初心"的历史文化传统和哲学思想根基传承下来的成果③，不忘初心理论是立足于新时代对传统文化的时代翻新，传统文化是中国马克思主义哲学范式文化建设成果的宝贵资源。

3. 以话语体系的中国化创新发展文化建设成果

中华民族的话语体系是中华民族精神和中华文化的重要载体。作为以马克思主义为指导的社会主义国家，科学构建中华民族的话语体系就要求我们"以马解马""以行解马"④。除了要对马克思主义哲学理论进

---

① 陈先达、臧峰宇：《文化自信与新时代中国文化发展的哲学对话》，载《理论与现代化》，2019年第2期。

② 欧阳康：《历史进步视野中的英雄与新时代文明形态构建》，载《武汉科技大学学报（社会科学版）》，2019年第6期。

③ 尹金萍、丁立群：《新时代"不忘初心"的传统文化解读与哲学阐释》，载《广西大学学报（哲学社会科学版）》，2020年第3期。

④ 李双套：《百年来中国马克思主义哲学的解读范式及话语特征》，载《求索》，2021年第4期。

行深入研究和剖析外，还应该着眼中国特色社会主义实践，加强文化自信，打开国门，与世界各国进行多元对话。任平从创新世界各民族文化和谐互融的中国特色文化出发，认为中国的话语体系要涉及古今中外的文化变量①，要孕育出同各国对话交流基础上的中国化语言文化模式。丰子义和汪信砚都指出中国特色话语体系构建的重要性。其中，丰子义认为应该从话题、话语内容、话语表达方式、话语中的"术语"这四个方面建设新时代的话语体系②，而建设和创新新时代话语体系旨在使中国文化同世界文化接轨，考虑到世界各国人民的实际情况，按照实际的需求把中国的优秀文化故事讲给全世界人民听③；汪信砚认为中国文化要走出去就必须大力加强中国特色话语体系构建。④ 何萍从现代性批判话题体系建构出发，卢卡奇"完成了现代性批判话语体系的建构"，这"对于我们思考当今国际和国内正在进行的意识形态斗争具有重要的方法论启示"⑤。现代性批判话语体系能推动中国话语问题的改革，文化的重要标识之一就是语言，中国化语言是围绕当下新时代的话语，文化发展离不开对旧话语的批判。

（四）中国马克思主义哲学范式的社会领域建设成果

新时代中国马克思主义哲学范式的社会领域建设成果是在中国马克思主义哲学发展过程中建构起来的，是社会各层面、各行业不断发展进步，时代思维、时代面貌不断迭代更新的产物。这也就是说，中国马克思主义哲学范式与中国社会建设发展是和谐统一的关系，二者相互促

---

① 任平：《论构建"中国话语的马克思主义哲学"的整体性继承原则》，载《苏州大学学报（哲学社会科学版）》，2021年第1期。
② 丰子义：《从话语体系建设看马克思主义哲学创新》，载《哲学研究》，2017年第7期。
③ 丰子义：《中国文化如何走向世界》，载《前线》，2019年第6期。
④ 汪信砚：《中国文化走出去：意涵、目的和路径》，载《江淮论坛》，2020年第3期。
⑤ 何萍：《卢卡奇哲学的文化批判品格——以卢卡奇的现代性批判话语体系建构为中心》，载《国外理论动态》，2021年第4期。

进、相互依存。中国马克思主义哲学范式的社会领域研究成果可以从教育、医疗、城市三个侧面得到展示。

1. 加强全民教育推进社会建设的成果

教育是社会可持续发展的重要前提，一个国家教育的发展程度与未来社会建设的发展水平有着直接关系。随着中国特色社会主义进入新时代，中国的教育哲学新发展阶段成果对推进社会建设起着重大作用。曹典顺从中国教育现代化角度出发，认为通过中国教育现代性哲学基本要素下的德育优先、培养栋梁之材、塑造人文情怀主体来实现中国式教育现代化。这也就是说，新时代的教育既要培养学生的能力，又要培养学生的个性和对人类文化的责任感，同时也应该兼顾学生的技能和道德修养。① 克莱顿、孟献丽从教育与精神角度出发，认为有机教育的目的是培养共生共荣的生命价值观教育和有机生态思维教育，它们是培育全民共同体价值观的基础。② 于爽认为实行有机教育是有机马克思主义在教育改革上的新发展，创造维系社会的价值体系，关键是确立社会的共同理想和核心价值，以此来继承和创新人类的思想文化，并形成社会团结和社会发展的共识。③ 徐秦法认为，马克思主义信仰教育要求受教育者准确把握马克思主义信仰的精神实质，作出对现实生活问题的正确判断，在行动中坚守信仰。信仰教育是渗透在全部内容之中的最高层次的精神追求，信仰一旦确立，就会影响人们对各种行为的判断和对自身行为的取舍，因此，长期以来，这种教育方式在培养学生社会主义核心价

---

① 曹典顺：《中国教育现代性与中国式教育现代化的哲学基础》，见曹典顺主编：《当代中国马克思主义哲学研究2022》，北京：中央编译出版社2022年版，第200—216页。

② P. 克莱顿、孟献丽：《有机马克思主义与有机教育》，载《马克思主义与现实》，2015年第1期。

③ 于爽：《有机马克思主义视域下的生命教育观》，载《现代教育科学》，2017年第8期。

值观、提高学生的道德素养和政治觉悟等方面起着重要作用。① 孙伟平认为，新时代社会主义核心价值观要贯穿教育全过程，是培育时代新人的共同思想基础。社会主义核心价值观可以从新时代、新站位的高度，从国家、社会、个人三个层面对当代社会赋予新的价值导向，坚持新时代社会主义核心价值观的教育，是新时代构建社会主义和谐社会的新要求。② 就中国整体教育发展而言，石中英认为新时代的中国教育应该提高哲学素养和思维水平，扩大教育哲学研究队伍，加强与国际教育哲学界交流并深化课程教学改革。③ 冯建军认为，中国特色的教育需要寻找中国教育哲学研究的外部社会立场和内部学科立场，因此，要坚定现代教育哲学发展理念，创造独特的社会价值，推动中国教育改革和现代教育社会化、国家化。④ 综合而言，教育的思想决定教育的高度，加强教育是社会文明进步的重要标志，是建设高质量教育体系的重要内容。

2. 提升医学水平推进社会建设的成果

人民健康是国家富强的重要标志，新时代医学水平的发展要适应人民不断增长的健康要求，因此，医学在中国马克思主义哲学范式的社会建设领域中有着举足轻重的作用。就医学与科技的关系而言，何裕民认为医学领域科技发展要坚守人道底线，人道是医学的核心，科技只是辅助医学跟上时代步伐的工具。⑤ 张洪雷和张宗明认为，技术的发展不可以背离医学的最初目的，新时代医学进步的出路是实现对人的关怀回

---

① 徐秦法：《马克思主义信仰教育的本质规定及其内在逻辑》，载《马克思主义研究》，2018年第4期。

② 孙伟平：《社会主义核心价值观与时代新人的塑造》，载《马克思主义哲学》，2022年第5期。

③ 石中英：《中国教育哲学学科百年：回顾与前瞻》，载《社会科学战线》，2021年第5期。

④ 冯建军：《中国教育哲学百年发展中的问题审思——兼议中国特色教育哲学的构建》，载《高等教育研究》，2019年第9期。

⑤ 何裕民：《修复人道与科技的边界》，载《医学与哲学（A）》，2014年第1期。

归，实现技术的人本化和生态化。①康琳琳和钱庆文认为，现代医学技术的健康发展必须从根本上消解现代医学技术的异化现象。诚然，医学是科学与技术的有机结合，但是从医学本身来看，医学的研究对象本质上就是人的生命过程，因此，医学发展应在尊重人类社会和自然发展规律的前提下以人类自身为中心，以人类科技为重点，实现医学层面的高科技与人文科学的高度融合。②就和谐医患关系而言，潘新丽认为，中国医学事业发展要以主体间性原则去重建医患利益、情感、道德、生命共同体。③黄成华认为，要在身体哲学视角下建立共在、对等、协同的医患命运共同体，提高患者的医学素养。④杨小钵和覃小妮认为，回归医学的初心和人本属性是当今医患关系更好发展的破题之路，要完成共同体的精神复归并为个体提供精神安身立命的场所。⑤医患关系，不是简单的病人与仪器关系、医疗技术之间的关系，而是人与人之间的关系，是一种情感的交流，是一种人文关怀。在医患关系中，应力求做到医护人员与患者的地位互相平等，医患关系的和谐性程度要求将医护人员和病人看作一个和谐的命运共同体。良好的医患关系是提升医学水平无法忽视的内部环节，能更高效地解决医学在社会建设发展过程中遇到的问题，缓解矛盾，维护社会和谐稳定。就医学与哲学发展使命而言，韩启德认为，医学哲学需要多元学科的联系与合作，人类的健康是现代医学发展的终极目标，当代医学需要从宏观的视野研究医学发展引发的

---

① 张洪雷、张宗明：《医学技术化与人：医学哲学的反思》，载《医学与哲学（A）》，2014年第11期。

② 康琳琳、钱庆文：《现代医学技术的异化及其哲学根源》，载《医学与哲学》，2020年第7期。

③ 潘新丽：《"共同体"的分离与重建：当代医患关系的医学哲学思考》，载《华中科技大学学报（社会科学版）》，2015年第2期。

④ 黄成华：《身体哲学视域下医患命运共同体的构建》，载《医学与哲学》，2022年第17期。

⑤ 杨小钵、覃小妮：《异乡人视角下的医患关系问题探析》，载《医学与哲学》，2021年第15期。

各方面哲学课题。① 王一方认为，当代医学发展的真谛在医学哲学中显现，医学哲学如同攀爬中的超越术，是解决医学职业精神困惑的磨刀石和显微镜。② 现代中国医学发展是科学精神与人文精神的统一，是人文精神为灵魂的基础医学、技术医学、应用医学相互联系的整体。总之，中国马克思主义哲学范式在社会建设方面的医学成果推动着社会建设和中国马克思主义哲学范式建设的发展，提升医学水平关系到千家万户，关系到民生，同时，对社会和谐稳定也起着举足轻重的作用。

3. 创建美好城市推进社会建设的成果

城市既是人类的智慧创造，又是人类文明的鲜明标志，还是人类活动的重要区域。在此意义上，城市创建问题就与社会能否实现文明和谐具有密切的关系。自中国进入新时代以来，城市哲学作为一种新的城市发展理念在城市规划和社会治理领域引起了广泛的关注，并形成了一系列研究成果。强乃社从城市空间视野出发，认为当代城市哲学对空间的关键核心问题体现为空间正义和城市权，空间正义主要表现为社会正义，其中居住地是很重要的权利要素，城市权主要指巩固空间的生产、消费、管理上的正义问题。毋庸置疑，城市化进程中会不可避免地出现一些非正义现象，但是具有协调处理好城市各种空间关系的矛盾的能力是发展中城市的必然要求，因此，构建和谐社会，必然要求实现空间正义。③ 陈忠从城市现代性问题出发，认为化解现代性城市危机需要包容性精神，重点在于建构多样性生存和生活方式并存的制度与空间环境④。此外，陈忠还认为推进城市启蒙对避免城市现代性危机问题具有重要意义，具体表现为重新确认城市性与主体性、自然性、社会性、全球性这

---

① 韩启德：《不忘医学初心 发展医学哲学》，载《医学与哲学（A）》，2017 年第 2 期。
② 王一方：《医学的真谛与哲学求解》，载《协和医学杂志》，2019 年第 6 期。
③ 强乃社：《空间视野中的当代城市哲学》，载《学习与探索》，2015 年第 9 期。
④ 陈忠：《复杂现代性的意义危机与微观拯救——基于城市哲学与城市批评史的研究视角》，载《天津社会科学》，2014 年第 1 期。

四方面的伦理关系。城市现代性，是城市发展的一个重要过程，足以影响到整个城市的发展。化解城市现代性危机，是解决这一问题的首要任务。面对城市建设日新月异的新形势，传统的城市管理模式越来越不能适应城市发展的需要和市民群众的需求，因此更需要推进城市管理科学化，用科学理念、科学方法进行城市管理，进行科学的城市规划、建设和运作，推进城市各项制度和空间环境的多元性，使城市性与各方面、各环节、各要素有序发展、协调配合。① 庄友刚从当代城市观出发，认为推进当代城市哲学的发展就是要重新梳理和建构马克思主义城市观的理论体系，并深入分析当代城市发展的状况。因此，应该在马克思主义哲学的演进逻辑中获得当代城市哲学得以确立的合法性基础，从而更加全面地研究马克思主义城市观，寻求实现城市持续健康发展的最佳途径。② 综上所述，新时代中国马克思主义哲学范式为了更好地服务于社会建设的需要，必须要创建美好城市环境，而城市哲学以不断增强的人民群众获得感和幸福感为探索新思路，表明了城市是社会不可分割的一部分，城市的发展既是精神文明建设的需要，也是社会进步的必然选择。

（五）中国马克思主义哲学范式的生态文明领域建设成果

新时代中国马克思主义哲学范式的生态文明领域建设成果深刻诠释了人与自然发展的同一关系，因此，在实现共产主义的道路上，学者们必须以解决生态问题为导向，持续研究马克思主义生态思想以及关注当下的生态问题，把生态哲学理论研究与生态现实相结合，推进中国的生态文明建设，实现人与自然的动态和谐统一。该研究成果主要包含马克

---

① 陈忠：《城市现代性：历史走向与伦理选择——基于城市哲学与城市批评史的研究视角》，载《江汉论坛》，2016年第1期。

② 庄友刚：《马克思主义城市观与马克思主义哲学当代出场范式的创新》，载《吉林大学社会科学学报》，2018年第4期。

思主义自然辩证法思想、新发展理念绿色科学思想、人与自然生命共同体理念。

1. 以马克思主义自然辩证法思想完善生态文明建设成果

新时代中国的生态文明建设不能离开《自然辩证法》中对于生态思想的挖掘，《自然辩证法》一书围绕辩证唯物主义自然观的内容，系统论述了自然界本身、人与自然、社会与自然等方面的内容。对《自然辩证法》中唯物主义自然观的相关内容进行系统梳理和深刻把握，有利于大力推动新时代生态文明建设。黄承梁认为，马克思主义自然辩证法思想指导着中国生态文明建设的理论与实践①，换言之，马克思主义自然辩证法思想是中国马克思主义哲学范式在生态文明建设领域的直接理论源泉。张云飞认为，马克思主义的自然辩证法思想对当今生态文明建设具有重大现实意义和价值。② 这也就是说，生态文明建设旨在实现人与自然和谐共生，而马克思主义的自然辩证法展现出了人与自然和谐共生的逻辑必然性以及合理性，因此，创新中国马克思主义哲学范式的生态文明建设应该回归《自然辩证法》文本，从原本中汲取充足的养分，结合当今时代遇到的全球性新生态环境问题以及中国生态环境问题给予适应中国国情的生态文明建设方案，为中国马克思主义哲学范式在生态领域的建设作出贡献。

2. 以新发展理念绿色科学思想完善生态文明建设成果

坚持可持续绿色发展思想是生态文明建设的必然要求，是新时代推进生态文明建设的根本遵循，是建设美丽中国的实践路径，只有选择"绿色发展"，才能引领我国不断走向新型生态文明之路。欧阳康从生态

---

① 黄承梁：《中国共产党百年生态文明建设的历史逻辑和理论品格》，载《哲学研究》，2022年第4期。
② 张云飞：《恩格斯〈自然辩证法〉的整体性贡献和时代性价值》，载《世界社会主义研究》，2020年第11期。

治理和建设的现代化目标出发，认为"要使绿色成为中国发展的底色和亮色"①。新时代以来持续推进现代化生态文明建设的优化是"绿色"发展引领的，如绿色交通运输体系的构建、绿色新能源的使用、绿色农业的推广、绿色生活方式的践行等，都表征着"绿色"新发展理念是中国马克思主义哲学范式在生态文明建设领域里广泛使用的概念，也是可持续发展和绿色发展思想的重要来源。汪信砚认为，"生态文明建设的价值目标，并不是要创造一种超越工业文明的新型的文明形态，而是要为工业文明的发展植入一种生态维度，使工业文明由以往的'黑色文明'发展为'绿色文明'"②。由此可知，作为马克思主义科学方法论的绿色发展理念在中国式现代化的生态文明建设上发挥着重要作用，因此，在坚持以绿色新发展理念为核心的现代化生态文明建设中，就应该用绿色绘制包含"中国特色"的生态版图，为地球生态的永续发展贡献智慧和力量。

3. 以人与自然生命共同体理念完善生态文明建设成果

人与自然的生命共同体是构建人类命运共同体的坚实基础，也是中国马克思主义生态文明建设的物质前提。就中国马克思主义哲学在生态文明建设方面的成果而言，学者们提倡人与自然和谐相处、人与人和谐相处，认为整体生态的文明最有可能萌发出一种新型的人的存在方式，成为人类文明的新形态的前沿典范性成果。贺来和冯珊认为，从"实体思维"的"总体性"和"统一性"到"关系理性"的视角，新型生态关系的形成要彼此尊重、相互承认、互为目的③，换言之，全球的生态

---

① 欧阳康：《"双碳"目标、绿色发展与国家治理——"双碳"战略及其实施路径的若干前提性问题》，载《华中科技大学学报（社会科学版）》，2022年第5期。

② 汪信砚：《生态文明建设的价值论审思》，载《武汉大学学报（哲学社会科学版）》，2020年第3期。

③ 贺来、冯珊：《以"关系理性"回应自然——当代生态文明建设前提性反思》，载《理论探讨》2018年第2期。

环境恶化关乎全人类的命运，任何人都不能独善其身，尊重自然就是尊重人类本身。在此意义上，中国马克思主义哲学范式生态文明建设新方法的提出，是从关系理性的前提性反思视域出发共建人与自然和谐的生命共同体。刘福森和梁镇玺认为，生态建设需要"'人与自然共荣共生'的生态价值核心和'构建人与自然命运共同体'的共赢实践取向"[①]。这也就是说，人与人之间的关系和生活中人与自然之间的关系在人类命运共同体中具有一致性，因此，人类社会的命运与自然是密不可分的整体，二者互相促进、共同发展。综上所述，中国马克思主义哲学范式的生态文明建设成果秉持着人类命运共同体理念下地球人民同呼吸共命运的发展特征以及生命共同体理念下生态文明观、伦理观、发展观、合作观等科学内涵，是生命共同体和人类命运共同体协调互融的实践结果。

（作者曹典顺系江苏师范大学哲学范式研究院教授、博士生导师、国家"万人计划"哲学社会科学领军人才和中宣部文化名家和四个一批人才，主要研究方向为哲学基础理论、马克思主义文本文献学、社会哲学等）

[①] 刘福森、梁镇玺：《论"人与自然命运共同体"的建构——兼论生态哲学的生存论转向》，载《理论探讨》，2021年第6期。

一

范式专题

马克思早期政治哲学视域中"市民社会决定国家"思想

——基于中国马克思主义哲学范式建设进展的视角

冯建华

[摘 要] 伴随着中国马克思主义哲学范式研究的深入,马克思最初在黑格尔理念论法哲学立场内遭遇到"苦恼的疑问"的问题再次被学术界关注。作为市民社会的私人财产权决定国家的问题,陷入理论困惑。克罗茨纳赫时期,以费尔巴哈的人本学唯物主义哲学立场,使用颠倒的方法,形成人本主义政治哲学视域,以人的政治性类本质作为解释这一问题的出发点、评价标准和解决二者矛盾的方向,批判性对待市民社会决定国家的问题,得出真正民主制的结论。《德法年鉴》时期,在发展人本主义政治哲学视域的同时,开始转向经济哲学视域,区分政治解放和人类解放,将人类解放的方向落在市民社会本身,并在市民社会之中寻找到无产阶级作为消灭市民社会异化的途径,政治立场由革命民主主义转变为共产主义,由此开启了独立经济学研究、构建独立经济哲学视域和最终转向历史唯物主义的道路。

[关键词] 政治哲学视域 人本主义 政治异化 市民社会异化 二元分裂

在中国马克思主义哲学史研究范式诞生以来，关于早期马克思主义哲学形成史研究一直都是重要研究领域。对这一领域的研究，一开始受到苏联研究传统的影响，苏联学者奥伊则尔曼认为以1843年对黑格尔法哲学批判为标志，马克思开始了哲学、政治立场的转变，到《德法年鉴》完成了这一转变。即从黑格尔的唯心主义哲学转向辩证唯物主义，其中提出的"市民社会决定国家"这一观点也是其由唯心主义历史观转向历史唯物主义的起点，政治立场上实现了从革命民主主义转向共产主义。这一论点实际受到列宁的影响，列宁认为马克思在《德法年鉴》的论文实现了这一转变，只是由于列宁当时没有看到《〈黑格尔法哲学〉批判》（以下简称《批判》）手稿和《1844年经济学哲学手稿》（以下简称《巴黎手稿》），没有将1843年的法哲学批判手稿作为转变的开始。

中国马哲史研究范式自20世纪80年代产生后，结合文献研究的最新进展，进行了独立研究，提出许多原创性观点，其中孙伯鍨教授在1985年出版的《探索者道路的探索》中，提出马克思主义哲学的产生经历了两次转变、三个阶段：1843年为代表实现的只是第一次转变，转变的性质并不是辩证唯物主义和历史唯物主义，而是人本学唯物主义，政治立场上只是转变为哲学共产主义，而不是科学的共产主义，因此，《巴黎手稿》时期马克思哲学的基本性质是人本学唯物主义，而不是历史唯物主义，历史唯物主义的客观逻辑作为附属逻辑虽然存在着，但是服从于人本主义的主观逻辑。1845年《关于费尔巴哈的提纲》（以下简称《提纲》）和《德意志意识形态》（以下简称《形态》）才标志着马克思实现了第二次转变，即从人本学唯物主义转变为历史唯物主义，从哲学共产主义转变为科学社会主义。

进入新世纪后，在马克思主义哲学形成史领域，中国学者研究了1843年马克思的黑格尔法哲学批判思想，认为马克思在这一阶段提出了"市民社会决定国家"的思想（马克思在早期提出的"市民社会是国家的前提""市民社会的成员，是政治国家的基础、前提"等类似命题都可以归入这一思想），但这一思想的基本哲学视域不是经济哲学，而是政治哲学，"'市民社会决定国家'是马克思政治哲学思想的核心命题"①，因此，此命题不是基于经济哲学视域基础上产生的历史唯物主义命题。

笔者认为应该将哲学立场、哲学研究视域和哲学结论进行区别，哲学立场是指对哲学的根本性质，包括哲学根本的世界观、方法论和价值观等内容；哲学研究视域是看待哲学问题的不同视角和范围，决定了哲学的提问方式、问题展开的结构和解决问题的方向。一般讲，哲学立场决定哲学视域，但另一方面，哲学视域又不能简单归入某一哲学立场，有历史形成的相对独立的结构，同一哲学立场可以在不同哲学视域中展开，同一哲学视域可以包含不同的甚至对立的哲学立场。以不同哲学视域，而不是简单化使用哲学立场探讨马克思早期哲学思想演变的复杂逻辑，是中国马哲史研究范式学术自觉和学术研究深化的表现。

所以，经济哲学视域出发的历史唯物主义萌芽，市民社会的含义不是马克思后来讲的客观的经济关系、"物质生活关系的总和"和生产关系，"市民社会决定国家"思想主要不是指一种客观的事实，而是属于政治哲学的研究视域中的批判性和否定性结论，是一种异化状态，市民社会异化主要还是作为政治异化进行界定，有学者提出其唯物主义是一种政治哲学视域下的法权唯物主义（姚顺良为代表），更有许多学者提出马克思后来的《手稿》《提纲》和《形态》的思想都是政治哲学视域（臧峰宇、徐长福等为代表），不能单纯从经济哲学视域来理解。当然大部分观点还是认为马克思历史唯物主义的研究视域是一种经济哲学视域，不是政治哲学视域，这一研究视域开始于《手稿》，形成于《形态》，最后在《资本论》手稿时期落实到当代资本主义社会（取代了原来的市民社会概念）的科学批判。

---

① 刘军：《"市民社会决定国家"命题的提出与确立》，载《北京大学学报》，2014年第2期。

围绕"市民社会决定国家"思想，如何客观呈现马克思早期哲学思想转变史中的不同研究视域，而不是简单视为历史唯物主义从萌芽到创立的线性演进逻辑，这就成为一个非常重要的理论问题，这一问题直接关系到对马克思历史唯物主义的本质、创立过程和当代意义的不同理解。笔者认为马克思早期哲学思想的转变是围绕"市民社会决定国家"这一中心问题，其研究视域经历了从经验性问题转变为人本主义政治哲学视域，再到人本主义经济哲学研究视域，再到经济哲学研究视域中历史唯物主义创立的演进过程。

一、"苦恼的疑问"：作为经验性问题的"市民社会决定国家"

马克思初登哲学舞台时，是作为青年黑格尔派的重要成员，从《博士论文》到《莱茵报》时期，他受到鲍威尔主导的基于黑格尔理念论的自我意识哲学影响，认为，整个世界都受形而上的逻辑理念支配，而逻辑理念一方面作为实体具有普遍性、整体性、统一性与和解性；另一方面作为主体又具有自我创造性、能动性和自由，理性逻辑的自我意识的能动性又落实在个体人身上，体现为个体人的自我意识的自由、能动性、理性普遍性和统一性。青年黑格尔派对现实的批判主要集中在宗教领域，认为基督教一神论鼓吹神创论，认为神对人拥有支配权，使人丧失自我意识的自由，是一种自我意识的异化；他们间接反对封建专制的政治制度，认为专制制度是基督教神学在世俗世界的表现，应该被自我意识实现的自由选举基础上的民主制取代。卢格和马克思则将青年黑格尔派的间接主张发展为直接的哲学主题，认为体现自我意识的理性哲学应该走出哲学本身，实现哲学的世界化，消灭德国封建专制的政治制度，建立自由民主的政治国家，这种国家是自我意识理性哲学的最高实现，马克思的政治哲学体现出革命的民主主义政治立场。

马克思初登哲学舞台，就是在这种哲学观支配下，从《博士论文》的理论批判，走向社会舞台。在《莱茵报》阶段主要从事政治批判，以实现哲学的世界化，他具体批判了普鲁士的书报检查制度、批判了维护封建专制的《科伦日报》的攻击、在旁听莱茵省议会关于"林木盗窃法"讨论时，为贫苦农民辩护，批评摩塞尔地区的行政官员不作为，导致葡萄农丰产却因无法销售而亏损。在这一过程中，马克思一方面坚持基于黑格尔理念论的法哲学、国家哲学和政治哲学，但另一方面，现实中的普鲁士国家根本不代表普遍、自由和公平的政治理念，也根本没有改革的希望，所以他陷入深深的理论困惑，产生了"苦恼的疑问"。

苦恼疑问产生的哲学根源在于黑格尔神秘的理念论哲学，后者认为国家是客观精神在人间的最后实现，是"地上的神"，可以解决现实世界的各种分裂冲突，实现国家的理念：普遍性、统一性和具体自由。其政治哲学在面对政治国家与市民社会关系问题上主张前者决定后者，后者是前者的异化。青年黑格尔派虽然坚持其"主体"、自我意识的一面，反对老年黑格尔派坚持"实体"、维护宗教实体以及建立于其上的封建专制制度，但是青年黑格尔的自我意识不是现实的"人的自我意识"，而是神秘、超验的"自我意识的人"，所以二者根本上都是基于黑格尔思辨的形而上的理念论，是一种逻辑学泛神论。马克思当时的政治哲学主张是，现实的普鲁士国家虽然有不合理的地方，但只要根据国家理念进行宗教和政治改革就能实现客观精神体现的自我意识，所以马克思最初的政治实践在于推动普鲁士国家进行改革，以实现这一国家精神的本质。但是，马克思却发现本应强大、万能的国家理性在面对物质利益时，在等级议会的立法权上和在代表普遍性的行政权上，不仅没有表现出其超越市民社会特殊性的一面，反而沦为私利性物质利益的代言人，成为其实现的手段和工具，因而马克思才产生了理论困惑。

传统理解引用马克思在《〈政治经济学批判〉序言》的表述，直接将这一疑问归入市民社会的物质利益问题，最后等同于物质生活关系的总和，从而将"市民社会决定国家"作为历史唯物主义产生的最初原点。中国马哲史研究范式产生以来就对此进行了反思，认为虽然这一结论有马克思文本依据，但是毕竟它是马克思后来的回忆，不能简单"从后思维"，主要应该根据马克思这一时期的文本（包括原来没有问世的手稿、笔记等），发掘其思想演进的内在逻辑。经过深入研究，近一时期学者们普遍认为，"苦恼的疑问"的基本性质不是简单的财产关系、经济利益和物质生活关系问题，而是法权问题，是在法权哲学和政治哲学视域中的苦恼，私有财产是作为法权的财产权，法权的本质是意志关系。黑格尔认为，市民社会中的私有财产、私人利益和私人意志虽然具有私人性、特殊性、分裂性，但是体现国家理念的国家意志、普遍利益的国家法赋予私有财产以法权（主要指长子继承权中的地产），就能够解决其问题，回归国家制度、国家理念，解决私有财产权中的问题。而马克思当时遭遇到的现实问题是，本应体现普遍利益、具体自由、正义和谐的国家法不仅没有实现自身本质，反而沦为私有财产权的手段和工具，国家法沦为私法的工具，因而产生了法权困惑，对于整个法的本质、国家的本质，产生了困惑。这一困惑是一个由经验事实产生的经验性问题，马克思在对林木盗窃法辩论时主要是根据贫困农民的习惯法进行辩论，不涉及马克思的哲学立场、哲学视域的变革。但对于这一困惑本质的深入界定，规定了研究马克思以后哲学变革的方向，就是仍然是沿着法哲学方向在政治哲学视域中进行的。

所以，总结起来，"苦恼的疑问"内容是指，国家赋予私人财产以法权性质，本来应该超越私法权，上升到普遍理性的国家法来超越和解决私人利益、私人权利的私人性、分裂性，但是现实中，作为市民社会核心的私人物质利益总是决定国家理性，并且维护这一私人财产、私人利益。疑问困惑的性质，认为这一事实是一个暂时性经验存在，是不应该的、必须解决的问题，最终也能够解决。困惑问题的解决方式，最终还应该回到黑格尔理念论的政治哲学，使客观精神的国家理念超越、解决市民社会的私人利益问题。同时蕴含着在政治哲学视域中打破黑格尔法哲学，建立新的政治哲学来解决这一问题。

苦恼的疑问是最终导引马克思提出"市民社会决定国家"思想的最初问题，当然这一问题还只是普鲁士德国存在的问题，是否具有普遍性还未可知，是否能发展出新的哲学理论、发展出什么样的哲学来重新解释这一问题，还存在许多不确定因素。

二、克罗茨纳赫时期：作为政治哲学视域的人本学唯物主义"市民社会决定国家"

对于克罗茨纳赫时期，尤其是标志其哲学理论转变的《批判》文本，学界一直围绕其哲学根基、理论性质和理论视域存在很多争议：马克思当时的根本哲学立场是否是费尔巴哈的自然唯物主义？马克思的人本学唯物主义推出来的"市民社会是国家的前提"是否属于历史唯物主义的起点理论？其主导哲学视域是经济哲学还是政治哲学？马克思的人本主义哲学是否属于政治哲学视域？《批判》中马克思政治哲学研究视域是否前后一致？

传统理解没有真正从马克思思想转变过程中多种思想并存的复杂性去研究《批判》，有的借口费尔巴哈哲学轻视和缺乏政治社会内容，从而否认马克思接受费尔巴哈自然唯物主义哲学立场；有的虽然承认马克思接受费尔巴哈唯物主义哲学立场，但直接将"市民社会是国家的前提"思想简单当成历史唯物主义的萌芽（属于同一性质，只是不够完善和成熟），从而直接将其列入经济哲学视域，否认其作为政治哲学的视域，有的否认马克思这一文本的主导逻辑的复杂性，否认文本前后内容存在着不一致性。

结合近十几年中国马哲史范式研究的新进展，笔者认为，这一时期马克思在上述方面都在进行艰苦理论探索、处于新旧交替的转变中，这一转变有其复杂性、过程性，一方面出现了许多创新理论，但仍残存着一些旧哲学的成分和因素；另一方面，新理论包含着多种性质的逻辑，蕴含着多种不同的发展方向，不同内容的逻辑之间还存在矛盾，并未实现真正统一。总起来讲，已经实现了对于黑格尔思辨唯心主义及其法哲学的批判，主导哲学立场、主导研究视域已经实现了转变，其哲学根基是人本学唯物主义，理论性质不是历史唯物主义的萌芽和初步创立，理论的主导视域是人本主义的政治哲学，但还残存着黑格尔国家学的痕迹。

1. 马克思当时的根本哲学立场是否是费尔巴哈的人本学唯物主义？

在根本哲学立场上，马克思带着《莱茵报》时期的理论困惑，从黑格尔的法哲学（作为应用的逻辑学表现的客观精神）疑惑，上升到对于其背后思辨唯心主义逻辑学中的绝对精神质疑。而费尔巴哈是青年黑格尔内部第一个以人本学唯物主义系统批判黑格尔思辨唯心主义的哲学家，这给马克思带来了理论之光，因而马克思基本接受了费尔巴哈的自然唯物主义哲学本体论、建立在宗教异化批判基础上的人本主义、接受了其主宾颠倒的方法。宗教异化马克思直接接受其对主体与客体、主词与宾词、思维与存在的颠倒结果，使黑格尔的思辨逻辑创世论走向客观的感性自然界本原论，得出自然物质存在第一性的唯物主义本体论观点、批判黑格尔逻辑学泛神论的唯心主义哲学本体论。

第一，如何看待物质利益的困惑，马克思在《历史学笔记》进行的主要是一种实证研究，明确了私有财产决定国家是一个人类历史中的普遍事实，但建立什么样的新哲学来解释、解决这一问题，他还没有能力形成新哲学理论，就像他说"虽然对于'从何处来'这个问题没有什么疑问，但是对于'往何处去'这个问题却很模糊"①。这时，在费尔巴哈发表了《关于哲学改革的临时纲要》和《未来哲学原理》，并且再版了《基督教的本质》，其人本学唯物主义对黑格尔哲学进行彻底批判，给处于思想困境中的马克思送来了理论之光，费尔巴哈基于自然唯物主义立场对黑格尔思辨唯心主义批判，以感性原则批判和颠覆黑格尔超感

---

① 《马克思恩格斯全集》第47卷，北京：人民出版社2004年版，第64页。

性的形而上的绝对精神世界，他以人本主义宗教异化理论批判了黑格尔哲学的宗教性质，认为黑格尔哲学是一种新宗教——没有上帝人格神的理性神，同样是神秘的理性宗教。这些理论解决了马克思在批判黑格尔逻辑学泛神论哲学的困惑，提供了全新的感性唯物主义世界观，使马克思获得了全新的哲学立场、哲学根基，没有这一新哲学立场，马克思就无法解决其物质利益困惑、私有财产决定国家的困惑，正如马克思说"没有哲学就不能深入"。

第二，虽然费尔巴哈人本学唯物主义具有自然性、直观性的缺陷，轻视、缺乏社会政治内容，马克思也对其进行了批评，"费尔巴哈的警句只有一点不能使我满意，这就是：他强调自然过多而强调政治太少"[①]。但是内容的缺乏不构成马克思抵制、不接受其根本哲学立场的理由，恰恰可以成为马克思发展、充实费尔巴哈唯物主义哲学的生长点，马克思不仅接受了其自然唯物主义的根本哲学立场，同时也运用了其"颠倒的方法"，在费尔巴哈颠倒黑格尔主词与宾词、思维与存在基础上，继续在法哲学领域颠倒了市民社会和国家的关系，从而提出了"市民社会是国家的前提"思想，以此消除《莱茵报》以来的困惑，为《历史学笔记》的实证研究找到新的哲学根本立场。

第三，在宗教批判理论中，费尔巴哈提出了基于人本学的宗教异化理论，认为基督教所代表的彼岸世界神是虚假的，上帝是不存在的，不是上帝创造人，而是人创造上帝；但是本来是人创造出来的对象反过来成为支配创造者主体的异己力量，这就是宗教的异化。宗教神本身虽然是虚假的，但是上帝身上的内容（绝对的智慧、善、美、力量）是真实的，只不过它不属于上帝，而是属于感性生活中的人，是人本质力量的异己展现和证明，费尔巴哈由此推出来人应该具有的类本质：体现理性、意志、心的智慧、美、人与人的统一等内容，它是隐藏在彼此差异的人身上的、应有的、普遍的、统一的类本质。费尔巴哈认为，上帝不

---

① 《马克思恩格斯全集》第47卷，北京：人民出版社2004年版，第53页。

能拯救人的苦难，恰恰是上帝夺走了人固有的类本质，才造成了人的苦难，上帝是人统治人的异己力量，只有消灭彼岸世界的神，才能把神的内容还给人，使神秘世界还原为感性世界，实现人类解放。马克思接受了这一立场，并直接从人本学立场出发，来解决物质利益困惑的问题，将家庭、市民社会、国家都视为人的对象化和异化形式，市民社会与国家的二元分裂是人的政治异化，财产权的私人性也是人类本质在市民社会中的异化。因此，在解决市民社会与国家关系问题上，费尔巴哈的人本学是马克思主要、直接的哲学立场，唯物主义本体论只是一种辅助性立场。

2. 马克思依据费尔巴哈的人本学唯物主义推出"市民社会决定国家"结论，究竟是属于政治哲学视域，还是经济哲学视域？

"政治哲学是对人类共同生活如何才能实现最好安排所做的哲学反思，是对形成共同生活具有决定作用的基本原则和观念"①，目标是如何实现公共的善、社会政治生活的正义性。现代政治哲学是以个人自由、个人权利、私人财产为最高目标，运用公法的国家权力调整人与人之间权利与义务关系、调整社会秩序，这种善治的最终目标是个人权利。黑格尔批判这种原子主义式政治哲学，因为它造成私人领域与公共领域、私人利益与公共利益的分裂，他以具有普遍性、整体性，代表具体精神意志自由的国家概念为最高规范根基，在承认现代市民社会（本质上是国家概念的必要异化环节）个人权利基础上，矫正其缺陷，复兴古代公共善的政治伦理共同体，重新建立起以公共善为最高目标的现代政治哲学。②

政治哲学视域是以政治共同体的善政当做核心内容、最高价值目标和价值原则，并以此为逻辑出发点，作为解释其他一切问题的解释

---

① 谭清华：《马克思主义政治哲学如何可能？》，载《中国人民大学学报》，2018年第5期。
② 参见张盾：《马克思哲学研究的思想史路径——以"市民社会与历史唯物主义"为案例》，载《哲学研究》，2010年第1期。

原则。马克思的政治哲学视域也是将建立最好的政治社会生活秩序作为最高价值目标和原则，作为支配其他问题的本质，解释与其他对立领域（尤其是经济生活领域）矛盾的产生、性质、解决矛盾的方式和归宿。

在黑格尔的国家学（理念论政治哲学）中，家庭、市民社会和国家都只是同一观念主体的不同表达，国家概念具有普遍性、统一性、完善性，现实中必然存在着某种最完善的国家形态，完美实现国家概念的普遍性、统一性，家庭和市民社会是完善国家观念的不完美、异己的体现，所以，国家是家庭和市民社会的最终目的，国家决定市民社会、能够解决市民社会的特殊性和分裂性问题，解决市民社会和国家之间的分裂。虽然黑格尔政治哲学具有形而上学的思辨性、神秘性，但是认为只有政治领域才具有普遍性、统一性、完善性的最高政治价值，将市民社会的特殊性作为政治统一性的异化，最终回归、达到最终的善政，这一政治哲学视域是可以在新的哲学立场上被改造后保存的。

费尔巴哈人本学唯物主义中的人本主义哲学立场，虽然他并没有主要将其作为政治哲学内容，人的类本质是人与人之间的爱的关系和情感、克服了人与人对立的社会统一性，主要指一种伦理学意义的绝对规范和绝对价值。马克思当时因市民社会的私人利益困惑而怀疑黑格尔法哲学，不满于黑格尔用思辨政治哲学解决私人分裂性，费尔巴哈在感性世界基础上的人本主义，同样具有人与人普遍统一性、共同体的绝对价值内容，完全可以将这一人的类本质、类生活的绝对价值，改造和替换黑格尔思辨神秘的政治哲学，仍然达到最高的善政、建立最好的政治秩序，克服和超越市民社会的私人性、人与人的分裂性。

笔者认为，作为时代精神精华的哲学，马克思在《批判》中仍然是要试图解决黑格尔提出的时代问题：市民社会中私人利益的分裂导致与现代政治国家（现代共和制、黑格尔的君主立宪制政治国家）二元分裂，将黑格尔神秘国家概念的政治哲学根基，完全改造为政治哲学视域中的人本学的"社会性"、社会共同体,"我们的全部意图只能是使宗教问题和政治问题具有自觉的人的形态,像费尔巴哈在批判宗教时所做的那样"①"在阐述家庭、市民社会、国家等等时把人的这些社会存在方式看作人的本质的实现,看作人的本质的客体化……人始终是这一切实体性东西的本质"②,所以,不同于黑格尔,市民社会的私人性和分裂性不是国家概念的异化,而是人的社会性这一类本质的异化,这一社会性类本质具有普遍性、统一性、具体自由性,它不能体现在特殊性、分裂性为内容的市民社会中,也不能体现在脱离市民社会的现代政治形式社会中,只能是一种超越市民社会和现代政治分裂的新型政治,构成新的政治哲学视域。这一社会性体现为人民,而非思辨政治哲学的君主。市民社会决定国家就不是一种客观的经济事实,而应该受到最高政治价值的外在批判,具有价值否定性,结果应该是摆脱这一否定性事实,回到最高的社会政治共同体,实现最高的政治价值。也就是说,现代政治国家被市民社会决定、又虚幻脱离市民社会本质上是政治异化,市民社会本身也是背离人社会政治统一性的政治异化,历史运动的归宿是实现最高的政治价值、回归人的社会性类本质,建立人民主权基础上真正的民主制,马克思就在《批判》中初步建构起人本主义社会性基础上全新的政治哲学视域。在面对市民社会决定国家这一事实时,这一政治哲学视域,以及依据这一视域分析市民社会决定国家具有一定的局限性,难以作为以后经济哲学视域中历史唯物主义的逻辑起点。

第一,政治哲学视域中市民社会决定国家思想的性质。《批判》中,马克思主要依据费尔巴哈人本主义哲学立场,将其改造成基于人的社会政治共同体这一政治哲学视域,马克思将人的社会性——也就是人的公共政治属性——理解为人的本质属性,将国家职能理解为"人的社会特

---

① 《马克思恩格斯全集》第3卷,北京:人民出版社2002年版,第66页。
② 《马克思恩格斯全集》第3卷,北京:人民出版社2002年版,第51—52页。

质的存在方式和活动方式……每一个人都与国家处于自然的实质性统一之中,这种统一性构成了个人的本质属性,马克思将它称作人的'社会特质'"①,"借鉴费尔巴哈抽象的'人'的概念,他获得了关于抽象的社会共同体的观念"②。首先,《批判》中,马克思这一源自费尔巴哈人的类本质、社会性本质的哲学立场,被马克思改造为人的社会政治共同体的政治哲学视域,以此作为解释一切社会历史领域问题的总的出发点和解释原则。在这一政治哲学视域之下,一方面被用来批判黑格尔国家观的虚幻性,黑格尔奠基于理念论的政治国家仍然被市民社会的私人利益所决定,这一结论彻底失败;另一方面,对于市民社会私人利益实际决定政治国家这一事实,马克思必然也会采取批判态度,认为这是一种政治异化,市民社会本身的异化也是政治异化的一种表现和类型。作为解释一切社会历史领域问题的总的出发点和解释原则。其次,马克思使用这一政治哲学视域全面分析了黑格尔关于内部国家制度的各个部分、各个环节、各个要素。马克思批判了王权主权的虚幻性、提出了人民主权;批判了行政权普遍性的虚幻性,认为行政权本质代表的官僚的私人利益;着重批判了作为政治国家总体的立法权,立法权是"设定的叛乱"③"等级要素的这一环节是政治国家的浪漫幻想"④,立法权的等级要素体现的新兴市民等级同业公会的特殊利益;批判黑格尔"政治国家对私有财产的权力"的长子继承制,认为它是"是抽象的私有财产对政治国家的权力"⑤,所体现的是传统贵族地产的私人利益。再次,面对现代市民社会与政治国家之间真实的二元分裂、市民社会的私人利益分裂性,马克思认为解决这些分裂的最终出路不在市民社会中,只能在政治

---

① 朱学平:《青年马克思、黑格尔论市民社会与国家的分离》,载《马克思主义理论教学与研究》,2021年第2期。

② 唐正东:《正确评价马克思〈黑格尔法哲学批判〉的思想史地位》,载《河北学刊》,2012年第1期。

③《马克思恩格斯全集》第3卷,北京:人民出版社2002年版,第114页。

④《马克思恩格斯全集》第3卷,北京:人民出版社2002年版,第116页。

⑤《马克思恩格斯全集》第3卷,北京:人民出版社2002年版,第124页。

哲学视域中寻找，即建立一种体现人的社会性本质的新兴社会政治共同体——"真正的民主制"，实现人民主权，解决矛盾分裂的具体途径是政治领域的选举制，通过扬弃政治国家以消除国家和市民社会的异化。"通过不受限制的选举和被选举，市民社会第一次真正上升到自身的抽象，上升到作为自己真正普遍的本质的存在的政治存在……选举改革就是在抽象的政治国家的范围内要求这个国家解体，但同时也要求市民社会解体"①。

第二，市民社会决定国家思想的学科研究路径不是基于经济学，也不是基于经济学路径形成的经济哲学视域，而是基于政治哲学路径形成的结论。马克思在批判性研究黑格尔的法哲学、政治哲学过程中，基于对黑格尔对应内容的颠倒，形成的是新政治哲学视域中的结论。其基本研究路径不是经济学研究（马克思此时还没有研究过经济学），而是政治哲学研究的研究路径；认为市民社会私人性、分裂性是一种异化，但异化的源头不是市民社会的异化，其根本性质是政治异化的一种表现；市民社会异化的消灭最终取决于政治异化的消灭。马克思认为，市民社会"它们的私人本质将随着国家制度或者政治国家的彼岸本质的消除而消除，政治国家的彼岸存在无非是要肯定这些特殊领域自身的异化"②。

第三，市民社会决定国家的含义和内容具有局限性：在具体分析国家与市民社会的利益关系时，马克思主要在批判黑格尔视立法权中等级要素为中介，将其作为协调统一市民社会私人等级与普遍性政治国家的矛盾时，才明确说出上述观点，"政治国家——不由市民社会决定，而是相反，使它决定市民社会……市民社会的各等级虽然没有得到任何政治规定，但它们毕竟还是规定了政治国家……立法权是设定的叛乱"③。在他看来，黑格尔立法权中的等级要素实际仍然被市民社会私人等级决定，不同的等级会各自组成立法的等级会议，也就是说，市民社会内部

---

① 《马克思恩格斯全集》第3卷，北京：人民出版社2002年版，第150页。
② 《马克思恩格斯全集》第3卷，北京：人民出版社2002年版，第42页。
③ 《马克思恩格斯全集》第3卷，北京：人民出版社2002年版，第113—114页。

的差别实际上也是政治的规定，不可能有国家整体的立法权，而只可能有不同等级、同业公会和阶级的立法权，因此黑格尔以普遍性国家来统一市民社会私人性的做法不成立，这就是马克思此时所理解的市民社会决定政治国家的主要含义。对此马克思显然持批判态度，认为应该回到政治国家的统一性、普遍性和人民性，来解决黑格尔政治国家实际被私有财产支配的局面。

第四，市民社会决定国家的范围和机制具有局限性。马克思对于"市民社会决定国家"状况的具体批判主要集中在限于在公法领域中的长子继承权，分析其本质是世传地产决定国家以及决定国家的机制，而不是相反。地产是私有财产的最高级形式，地产作为无依赖的私有财产才是长子继承制的本质。而对于非地产的私有财产是否普遍决定国家制度，马克思没有明确论述，没有分析市民社会财产的核心类型工商业财产决定国家和法的具体机制，后者才是现代市民社会的核心内容，所以这一命题的范围有很大局限性。

第五，在界定私有财产、人民等概念时，还残存着黑格尔法哲学的痕迹。首先，有时还用意志、精神界定市民社会。把现代市民社会理解为"以任意为原则的流动的不固定的集团"。市民社会的特点是"流动的不固定的集团，金钱和教育是这里的主要标准"①，其原则是任意性原则、"是实现了的个人主义原则；个人的存在是最终的目的"②。对于市民社会的核心私有财产范围界定非常宽泛，可以超出了经济生活领域，"金钱和教育是这里的主要标准……市民社会的等级既不以需要即自然因素为其原则，也不以政治为其原则"③。其次，不加区别地贬低市民社会中的一切群众，"市民社会的等级……这里是划分开来的群众，他们是仓促形成的，他们的形成本身是任意的而且不是组织的"④。

---

① 《马克思恩格斯全集》第3卷，北京：人民出版社2002年版，第100页。
② 《马克思恩格斯全集》第3卷，北京：人民出版社2002年版，第101页。
③ 《马克思恩格斯全集》第3卷，北京：人民出版社2002年版，第100页。
④ 《马克思恩格斯全集》第3卷，北京：人民出版社2002年版，第100页。

3. 《批判》中马克思关于"市民社会决定国家"思想的哲学研究视域是否前后一致?

马克思在《批判》中,关于"市民社会决定国家"思想有很多不同表述,背后有不同的哲学研究视域,具有不同性质,孕育着不同的发展方向。第一类表述,是传统上一直重视并予以引用的"家庭和市民社会是国家的前提",这一表述出现在《批判》最前面的"国内法"总论时,是在还没有具体研究市民社会与国家内容时做出的,马克思当时是直接采用费尔巴哈颠倒的方法,套用费尔巴哈唯物主义对黑格尔唯心主义本体论颠倒,从唯物主义本体论哲学立场做出的逻辑推论,"这个本体论批判不是马克思与黑格尔法哲学展开对话的真正实质性的内容,因为国家和市民社会的关系问题并不等于观念和现实的关系问题,它主要是一个现代特有的政治哲学问题"①。第二类表述是在批判黑格尔立法权中等级要素中介论时,反向得出的结论,即黑格尔"政治国家——不由市民社会决定,而是相反,使它决定市民社会"②,对此马克思显然是用人本主义政治哲学视域进行批判,认为这是一种背离人的社会共同体政治本性的状况,沿着这一研究视域和思路,解决这一矛盾和分裂的方向就只能在政治哲学视域之中,最后找到真正的民主制,抽象的人民主权。

在马克思第一种表述中,这一思想的性质主要是一种客观事实,这一状况并非不应该,不是基于规范性价值评价做出的否定性结论,它与《历史学笔记》的内容相一致,这一结论虽然没有具体的市民社会和国家研究的内容支撑,但笔者认为它可以为以后经济学哲学视域的研究打开空间,并开辟出立足于经济哲学研究的历史唯物主义的发展方向,因此,过去的研究主要是立足于这一表述中的思想与历史唯物主义萌芽。

---

① 张盾:《马克思哲学研究的思想史路径——以"市民社会与历史唯物主义"为案例》,载《哲学研究》,2010 年第 1 期。

② 《马克思恩格斯全集》第 3 卷,北京:人民出版社 2002 年版,第 113 页。

第二种表述出现在具体研究黑格尔法哲学关于市民社会与国家内容时，其性质是依据应然的最高政治价值做出的否定性结论，是背离最高政治价值的异化，是不应该发生的、最终必须被消灭的，因而这一表述中的思想隶属于政治哲学的研究视域，这一研究视域是《批判》一书中主导研究视域，它适用于书中的主体内容。在《批判》中，马克思并没有实现两种研究视域的完全贯通，因而存在着理论逻辑上的不一致性。按照第一种研究视域，既然作为一种客观现实，就无法解释第二种表述中市民社会的异化思想，无法解释市民社会决定政治国家作为一种政治异化的性质。传统研究不加区别地直接引用第一种表述，将市民社会作为经济领域的问题，以客观的财产经济关系作为历史哲学的决定性原则，与以后历史唯物主义发展道路相衔接，这样做缺乏思想史依据。

三、《德法年鉴》：人本主义政治哲学视域的发展及向经济哲学视域的转变

克罗茨纳赫时期，马克思对于黑格尔法哲学进行了全面批判，对建立新哲学做出许多方向的探索，初步以费尔巴哈人本主义的社会性为新哲学根基，将其改造为社会政治共同体，建立起新的政治哲学为主导的研究视域，代替自己过去黑格尔理念论政治哲学。来到巴黎后，其新哲学探索进一步发展，人本主义政治哲学视域进一步发展，在《德法年鉴》上发表了《论犹太人问题》（以下简称《问题》）、《〈黑格尔法哲学批判〉导言》（以下简称《导言》），对于政治异化的研究重点转移到市民社会批判，初步研究了经济生活的货币异化问题，对于市民社会决定国家的性质、机制、内容的研究更加深入，在政治哲学视域发展的同时，明确区分政治解放与人类解放，具体分析政治解放的局限性，最终将人类解放的方向落在市民社会之中，最终提出消灭市民社会的私有制、实现共产主义的人类解放目标，在市民社会中发现了无产阶级作为实现这一目标的途径，政治立场上从革命民主主义转变为共产主义。因

而，在对待市民社会决定国家问题上，其哲学出发点、解释原则、评价标准已经开始向经济哲学视域转变，开启了独立经济学研究、构建独立经济哲学研究视域的大门。

第一，对于现代市民社会如何决定国家的范围、机制、内容做出更为深入、具体的论述。在范围方面，《批判》中，马克思将"市民社会决定国家"状况主要集中于对长子继承制的分析，对于非地产的私有财产是否普遍决定国家制度，马克思没有明确论述。马克思在《问题》中则对于这一状况的批判扩展到现代市民社会的工商业活动，将犹太人问题本质分析为现代市民社会、现代市民社会与政治国家二元分裂，利己主义原则的实现，补充了《批判》中市民社会决定国家问题上的不足。《批判》中认为在古代社会那种"在直接的君主制、民主制、贵族制中，还没有一种与现实的物质国家或人民生活的其他内容不相同的政治制度。政治国家还没有表现为物质国家的形式"①。《德法年鉴》的两篇文章中，马克思则不再把古希腊和罗马时代当做单纯的政治国家、市民社会决定国家的例外。在内容和机制方面，马克思不再简单把市民社会决定国家看做违反最高政治价值的否定性事实，而是决定了政治国家的本质内容。政治解放之后，在形式上实现了人权、自由、平等、安全的内容，只是形式上实现了人的类生活，本质上仍然是维护对市民社会私人财产占有的人权、自由、平等、安全，市民社会与政治国家的二元分裂只是表面，本质上，"政治国家的建立和市民社会分解为独立的个体……是通过同一种行为实现的。"② 政治共同体"只是一种手段，而这种手段的目的是市民社会生活"③，"这种人，市民社会的成员，是政治国家的基础、前提。他就是国家通过人权予以承认的人"④，这就更加彻底贯彻了市民社会决定国家的思想。

---

① 《马克思恩格斯全集》第 3 卷，北京：人民出版社 2002 年版，第 43 页。
② 《马克思恩格斯全集》第 3 卷，北京：人民出版社 2002 年版，第 188 页。
③ 《马克思恩格斯全集》第 3 卷，北京：人民出版社 2002 年版，第 185 页。
④ 《马克思恩格斯全集》第 3 卷，北京：人民出版社 2002 年版，第 187—188 页。

第二，将市民社会决定国家思想与宗教批判相联系，在政治哲学视域中揭示了政治解放的局限性，并提出人类解放的目标。在《批判》中马克思并没有深入揭示市民社会、国家与宗教的内在关联。《德法年鉴》时期，马克思认为宗教作为一种"颠倒的世界意识"，产生于"颠倒的世界"，"人就是人的世界，就是国家，社会。这个国家、这个社会产生了宗教"①。在批判鲍威尔从宗教神学立场出发批判犹太教过程中，马克思将犹太人问题的实质归结为现代市民社会的世俗分裂，犹太教和现代基督教都归因于现代市民社会的苦难，"犹太人问题最终归结成的这种世俗冲突，政治国家对自己的前提……的关系，普遍利益和私人利益之间的冲突，政治国家和市民社会之间的分裂"②。他在政治哲学视域中进一步分析了现代政治解放的局限性，认为政治解放虽然是目前为止人类解放的最后形式，但是它具有根本局限性，它造成了市民社会的分裂和困难，造成了市民社会和政治国家的二元分裂，由于作为内容的市民社会决定作为形式的政治国家，"当市民社会中人本应具有的'人权'与政治生活中的'公民权'通过同时复归于人本身时，现实生活中的矛盾冲突能够真正实现和解"③。因此，政治解放不等于人类解放，"只有当现实的个人把抽象的公民复归于自身，并且作为个人，在自己的经验生活、自己的个体劳动、自己的个体关系中间，成为类存在物的时候，只有当人认识到自身'固有的力量'是社会力量，并把这种力量组织起来因而不再把社会力量以政治力量的形式同自身分离的时候，只有到了那个时候，人的解放才能完成"④。

第三，借鉴赫斯的货币异化理论，初步从经济生活方面研究市民社会异化的内容和机制，把解决政治异化、克服市民社会与国家二元分裂

---

① 《马克思恩格斯全集》第3卷，北京：人民出版社2002年版，第199页。
② 《马克思恩格斯全集》第3卷，北京：人民出版社2002年版，第174页。
③ 曹典顺：《马克思社会建设逻辑——唯物辩证法视域中的马克思社会建设思想研究》，北京：中央编译出版社2020年版，第178页。
④ 《马克思恩格斯全集》第3卷，北京：人民出版社2002年版，第189页。

的出路放在市民社会本身，而不再从政治生活领域寻找出路。在《批判》中，马克思在政治哲学视域中，主要从政治异化角度研究市民社会，将市民社会异化性质归入政治异化，将克服市民社会与国家二元分裂的方向落在政治生活，得出建立真正的民主制新型政治共同体。《德法年鉴》中，马克思更加彻底贯彻市民社会决定国家思想，将重点集中于对市民社会异化的重新研究，借鉴赫斯的货币异化理论，超越了黑格尔对市民社会的宽泛界定，从经济生活方面研究市民社会异化的内容，认为以犹太人为代表的现代市民社会"虽然在观念上，政治凌驾于金钱势力之上，其实前者是后者的奴隶……金钱是人的劳动和人的存在的同人相异化的本质；这种异己的本质统治了人，而人则向它顶礼膜拜"①。在超越政治解放，通向人类解放的途中，解决市民社会与国家二元分裂的最后方向只能在于市民社会之中，只有实现社会解放——消灭了市民社会的异化、消灭私有制和金钱的统治，才能实现共产主义的人类解放。人类解放的途径同样也只能存在于市民社会之中，通过"并非市民社会阶级的市民社会阶级"——无产阶级的革命实现，从而马克思的政治立场实现了从革命民主主义转向共产主义。

第四，开始形成了经济哲学视域，作为解释市民社会和国家问题的出发点、评价标准、性质定位、解决二者对立的方向和途径，并开启了形成独立经济学研究、独立经济哲学视域并最终创立历史唯物主义的道路。在《德法年鉴》时期，一方面，马克思发展了政治哲学视域，市民社会决定政治国家总体属于政治异化，而不是社会异化，将市民社会的异化也纳入政治异化性质之中，其出发点和评价标准依然是人政治性的类生活。但另一方面，由于更加彻底贯彻市民社会决定国家思想，反过来讲，市民社会的异化也就成为决定政治异化的根源，政治异化就可以被纳入市民社会异化来理解其性质，就能以市民社会的异化作为评价政治异化的标准，由此才能区分政治解放与人类解放，将市民社会作为寻

---

① 《马克思恩格斯全集》第3卷，北京：人民出版社2002年版，第194页。

求人类解放的新方向，作为解决市民社会与政治国家二元分裂的新方向，因而，《德法年鉴》时期已经初步形成经济哲学视域。当然，这一经济哲学视域还不完整系统，不够深入，他虽然初步从经济生活方面研究市民社会异化的内容和机制，但是主要是借鉴赫斯的金钱异化理论，从市民社会中人与人的交往、交换中介角度研究市民社会的异化，他还没有系统研究经济学，缺乏自己独立的经济哲学理论，不能从劳动出发说明市民社会私有财产的本质和根源，因而还没有形成自己系统的经济哲学视域。只有经过对政治经济学的系统研究，在《1844年经济学哲学手稿》中创立了"劳动异化理论"，来解释市民社会私有财产的来源和本质，才能将过去市民社会决定国家的思想发展为独立的经济哲学理论，不仅回答市民社会与国家二元分裂的难题，也回答整个人类历史之谜，最终开启通向历史唯物主义的道路。

（作者冯建华系江苏师范大学哲学范式研究院教授，主要研究方向：马克思主义哲学史范式研究、马克思主义出场学、马克思主义基本理论）

中国马克思主义哲学范式建设中的文本文献与新时代党的历史观生成*

张丽霞　李根

[摘　要] 党的十八大以来，伴随着中国马克思主义哲学范式建设的深入和新时代党的历史观的进一步明确，中国马克思主义哲学中关于新时代党的历史观的研究成果的文本文献越来越丰富。从历史观包含的基本内容视阈判断，这些文本文献中蕴含的新时代党的历史观生成至少要包含意识形态观生成、理论逻辑生成和实践逻辑生成等多个方面的内容。事实上，中国共产党自成立起，就十分重视包括马克思主义哲学文本文献建设在内的意识形态建设工作。中国马克思主义哲学范式建设中的基础性工作之一，就是要整理和使用中国马克思主义哲学的文本文献。就新时代党的历史观的生成问题视角理解，中国马克思主义哲学的文本文献为新时代党的历史观的生成提供了学术资源意义上的重大贡献。这种支持，涵盖了意识形态观生成、理论逻辑生成和实践逻辑生成等新时代党的历史观研究内容的所有方面。

---

* 本文系国家社会科学基金项目"新时代党的历史观研究"（项目编号：22BKS056），国家社会科学基金哲学社会科学领军人才项目"新时代中国马克思主义哲学的范式建设研究"（22VRC006）的研究成果，江苏省教育科学规划项目"马克思主义基本原理与中华优秀传统文化关系中的根魂教育问题研究"（B/2023/01/13）的研究成果。

[**关键词**] 中国马克思主义哲学　范式建设　文本文献　新时代党的历史观　历史观生成

中国马克思主义哲学是新时代中国式现代化建设的哲学逻辑和理论基础，中国马克思主义哲学中蕴含着新时代党的历史观的内在逻辑。这种逻辑不仅包含中国马克思主义哲学经历了一个党的历史观发展变化中的意识形态诠释过程，又展现出了这一过程中人们对于中国式现代化建设理论意义和实践意义的认知过程。从历史观的生成逻辑视角对新时代党的历史观进行认知，既是源于对中国马克思主义哲学研究范式深度理解的需要，还是源于对中国马克思主义哲学范式建设的哲学研究意义揭示的需要。研究新时代党的历史观的生成，必须认识到"中国产生了共产党，这是开天辟地的大事变，深刻改变了近代以后中华民族发展的方向和进程，深刻改变了中国人民和中华民族的前途和命运，深刻改变了世界发展的趋势和格局。"① 这就是说，只有具备了这种深刻性的认识，才有可能准确把握新时代党的历史观生成的本质特征和基本内涵。研究新时代党的历史观生成的视角众多，本文选择文本文献学的研究视角理解历史观的生成逻辑。文本文献学的研究既是客观的实践性研究，还是发展的历史性研究，或者说文本文献学的研究视角能够展现历史观生成的内在机理。当然，即使是从文本文献学视角理解新时代党的历史观，也可以有理论的论证方式、学术资源的论证方式和实践的论证方式等，本文选择的是从理论逻辑的视角。也就是说，本文是从理论的论证视角而不是从学术资源的视角论证新时代党的历史观生成的"学术资源"有哪些，即只是从理论上说明为什么新时代党的历史观生成研究需要中国马克思主义哲学中的"学术资源"支持。历史观的生成是多方面的，

---

① 习近平：《在庆祝中国共产党成立100周年大会上的讲话》，载《光明日报》，2021年7月2日，第2版。

至少包含意识形态观、理论逻辑和实践逻辑三个大的方面，且这三个方面相互作用、相互补充和相互支持。对于中国马克思主义哲学范式建设中的历史观生成进行研究，不仅有助于准确把握历史观的本质特征和基本内涵，而且对于推动中国马克思主义哲学范式建设研究具有重要学术价值。

一、中国马克思主义哲学的文本文献为新时代党的历史观的意识形态观生成提供学术资源

恩格斯晚年在写给康拉德·施米特的信中指出，"我们的历史观首先是进行研究工作的指南"①。恩格斯的观点很明确，无论是历史观还是学术研究，都应该将意识形态作为其前提条件。从意识形态的视角理解，新时代党的历史观需要政治前提保障，且这一政治前提之一就是中国马克思主义哲学的意识形态观。从文本文献学的视角理解，新时代党的历史观需要理论逻辑保障，且这一理论逻辑之一的来源就是中国马克思主义哲学的文本文献。从新时代党的历史观的研究内容的视角理解，新时代党的历史观需要表征其意识形态性质的哲学话语，且这一哲学话语就应该是作为中国马克思主义哲学研究成果的文本文献。

（一）中国马克思主义哲学的意识形态观是新时代党的历史观的政治前提保障

历史观本质上就是政治观，既然历史观就是政治观，那就意味着包括新时代党的历史观在内的所有历史观都有自己的政治前提作为基础。从研究内容上看，中国马克思主义哲学的意识形态观就应该包含新时代党的历史观的政治前提，或者说，中国马克思主义哲学的意识形态观能够为新时代党的历史观提供政治前提保障。之所以能够提供政治前提保

---

① 《马克思恩格斯文集》第10卷，北京：人民出版社2009年版，第587页。

障，原因之一就应该是新时代党的历史观需要政治前提。新时代党的历史观的政治前提不是一个逻辑问题而是一个前提预设问题，新时代党的历史观的政治前提是马克思主义。也正是因为政治前提是预设性问题，所以，中国马克思主义哲学的意识形态观本质属性也应该是预设的，且也是预设为马克思主义。

为了保证新时代党的历史观在理论上的正确性和思想上的先进性，新时代党的历史观是需要政治前提保障的历史观。就方法论的视角理解这一保障，就是"要坚持辩证唯物主义和历史唯物主义的方法论，用具体历史的、客观全面的、联系发展的观点来看待党的历史"[1]。这就是说，新时代党的历史观只有政治前提正确，才能够更好地以联系发展的观点和客观全面的观点来理解和思考历史，才能灵活地运用唯物辩证法来理解中国共产党历史的矛盾运动和发展规律。新时代中国共产党的历史观是历史演变的结果，其中政治前提始终贯穿历史观的形成和发展，从而确保了中国共产党发展路线的正确性、科学性和可行性。由此，新时代党的历史观作为具有政治前提的历史观，既能够正确把握历史矛盾运动进程中蕴含的客观规律，也能够根据以往的历史观正确理解中国共产党的历史。

中国共产党百年的发展历史表明，如果没有马克思主义就没有中国共产党的领导和中国式现代化的建设成就，所以马克思主义应该是包括新时代党的历史观在内的所有党的历史观的政治前提。之所以新时代党的历史观的政治前提必然是马克思主义，是因为只有马克思主义才能够开辟出一条真正把握新时代中国式现代化建设发展历史的理解之路。对此观点的逻辑，马克思早就明确做出了论证，即马克思认为，看待历史观问题的"出发点是从事实际活动的人，而且从他们的现实生活过程中还可以描绘出这一生活过程在意识形态上的反射和反响的发展"[2]。按照

---

[1] 《习近平谈治国理政》第4卷，北京：外文出版社2022年版，第19—20页。
[2] 《马克思恩格斯文集》第1卷，北京：人民出版社2009年版，第525页。

马克思的这一理论，新时代党的历史观就是由中国式现代化建设来决定中国特色社会主义理论，或者说，是根据现实生活的人和历史的矛盾运动来正确把握中国共产党历史发展的客观规律，从而真正认识到新时代党的历史观的本质特征和基本内涵。马克思主义作为新时代党的历史观的政治前提，能够保证其理论思想的正确性，从而科学地服务于阐释历史观的基本内容和灵活解答历史观的基本问题。需要指出的是，马克思主义不仅能够完整诠释新时代中国共产党的历史观的本真内容，还能够为新时代党的历史观中可能需要创新的问题提供解答的基本思路。

从意识形态观的政治前提视角理解，中国马克思主义哲学的意识形态观离不开马克思主义表明，马克思主义是中国马克思主义哲学的意识形态观的本质属性。中国马克思主义哲学的意识形态观的本质属性就是马克思主义，也意味着新时代党的历史观的政治前提是中国马克思主义哲学的意识形态观。由于"历史通常都是循着曲折的道路发展的，马克思主义者必须善于重视历史的极其复杂奇特的曲折道路……重视曲折的道路是必要的，但这绝不排斥马克思主义者应该在群众的历史的决定关头善于向群众解释走直接道路的好处，应该善于帮助群众为选择直接的道路而斗争"①。正是因为此，马克思主义才能够牢牢把握新时代党的历史观发展中的主要矛盾，从而保证新时代历史发展中的政治前提不偏离。当然，由于中国马克思主义哲学还是关于中国共产党历史的原创性理解和创新性阐述，所以，中国马克思主义哲学表征的政治前提一定是与新时代的时代精神相适应的政治前提。

（二）中国马克思主义哲学的文本文献就是中国式现代化建设历史的学术性记录

从人类社会发展的历史进程看，意识形态的斗争始终是一个既定社会体制下的核心政治斗争内容。这就是说，在任何一个既定的社会体制

---

① 《列宁专题文集·论马克思主义》，北京：人民出版社2009年版，第138页。

下，从来不只是存在一种意识形态，但有着具有政治合法性的主流意识形态。与此逻辑相适应，如果要证明中国马克思主义哲学是中国式现代化的哲学基础，就要预设中国马克思主义哲学的意识形态观具有政治上的合法性。从社会历史发展规律的视角理解，中国马克思主义哲学的意识形态观具有政治合法性，就意味着这种意识形态观是符合社会历史发展规律的意识形态观。之所以这么理解，是因为我们可以从中国马克思主义哲学的文本文献中寻找根据，也就是说，中国马克思主义哲学的文本文献就是社会发展历史的学术性记录。

中国马克思主义哲学的意识形态观需要政治上的合法性支持表明，中国马克思主义哲学的意识形态观既包括了对于中国马克思主义哲学的吸收，也涵盖了对中国式现代化建设的现实关切。这是因为，由于"哲学思考不能直接越过对思想本身的反思，无法忽略对逻辑前提的批判，也不可缺少变革现实的力量"[①]，中国马克思主义哲学的意识形态观就需要通过哲学思考和批判反思来不断完善自身理论的合理性和合法性，以保证政治上具有合法性。也就是说，政治合法性是中国马克思主义哲学的意识形态观中必不可少的一部分，因为政治合法性归根结底意义上是指人民群众的支持。也就是说，只有中国马克思主义哲学的意识形态观真正具有政治上的合法性，才能够确保中国式现代化发展理论的正当性和人们认同的自觉性，从而保证中国马克思主义哲学在面对重大历史问题时能够为国家制定出正确的、科学的和合理的政治战略提供支持。

之所以认为中国马克思主义哲学的意识形态观具有政治上的合法性，还应该从这一意识形态观与社会历史发展规律相适应的视角加以理解。所谓相适应，就是指中国共产党每一个阶段的意识形态观都能够被人们所认同，都可以在中国马克思主义哲学的理论中得到说明。恩格斯指出，"新的党必须有一个明确的积极的纲领，这个纲领在细节上可以

---

① 曹典顺：《马克思社会建设逻辑——唯物辩证法视域中的马克思社会建设思想研究》，北京：中央编译出版社2020年版，第159页。

因环境的改变和党本身的发展而改动,但是在每一个时期内都必须为全党所赞同。"① 这一纲领既是人民群众能够认可的纲领,又是意识形态的指导性纲领。正是因为此,中国马克思主义哲学的意识形态观的政治合法性符合发展的历史性,能够赋予中国共产党攻克难关、解放思想和守正创新的政治力量。换言之,中国马克思主义哲学的意识形态观具有的政治合法性,不仅使得它在中国共产党的政治建设方面起到重要指导作用,而且这种政治合法性的本质特征也是符合社会历史发展规律的。从实践上看,新时代党的历史观在政治合法性方面更是发挥了重要作用,因为它不仅能够正确把握党的治国理政理念,还有利于更加真实和全面地诠释中国共产党发展历史的正确性。

中国马克思主义哲学的文本文献是记录中国式现代化发展历史的哲学话语表明,中国马克思主义哲学的文本文献就是社会发展历史的忠实性学术记录。所谓忠实性记录,就是指中国马克思主义哲学的文本文献的研究内容应该是"关于人类社会发展的一般规律的理论,是科学意蕴上的社会历史逻辑"②。之所以中国马克思主义哲学的文本文献研究内容要符合社会发展的历史规律,是因为只有如此,才能够保证新时代党的历史观生成的合理性。这就是说,中国马克思主义哲学的文本文献存在的价值,不仅在于其确证了中国马克思主义哲学思想的学术性、科学性和合理性,还"在于论证马克思主义哲学是指引中国人民从站起来、富起来到强起来的行动指南"③。换言之,符合社会历史发展规律的文本文献本身就具有政治合法性,能够为中国人民的发展和中国共产党的意识形态观建设,提供理论上的支持和政治上的保障。

---

① 《马克思恩格斯选集》第 4 卷,北京:人民出版社 2012 年版,第 271 页。
② 曹典顺:《马克思社会建设逻辑——唯物辩证法视域中的马克思社会建设思想研究》,北京:中央编译出版社 2020 年版,第 4 页。
③ 张丽霞:《文本文献学范式的方法论逻辑与新时代党的历史观的认识论意义》,见曹典顺主编:《当代中国马克思主义哲学研究 2023》,北京:中央编译出版社 2023 年版,第 47—64 页。

（三）中国马克思主义哲学的文本文献能够为新时代党的历史观生成提供意识形态合法性的哲学话语根据

世界上没有永远一成不变的理论和观点，所以，研究意识形态观的合法性问题就应该在历史语境中把握。这种历史语境反映在文本文献的视域，就应该是表征不同社会历史发展阶段的文本文献都能够体现出中国共产党的领导作用。新时代党的历史观生成需要的意识形态前提，还应该包含体现中国共产党先进性的中国马克思主义哲学研究成果。这些成果中的马克思主义哲学的相关原理，也就可以称之为新时代党的历史观生成意义上的意识形态基本原理。所以，从文本文献学的视角理解，中国马克思主义哲学的文本文献成果必定要包含表征中国马克思主义哲学关于意识形态理论的研究内容。

新时代党的历史观生成需要中国马克思主义哲学的文本文献成果提供政治正确性支持表明，新时代党的历史观生成离不开中国共产党发挥的重要领导作用。这是因为，"中国特色社会主义社会最本质的特征是中国共产党领导，中国特色社会主义制度的最大优势是中国共产党领导。"[①] 正是由于中国共产党的正确领导，当今中国才能够坚定不移地走中国特色社会主义的发展道路。这种坚定性，就是政治正确的保证。新时代党的历史观的生成也是如此，因为，只有意识形态正确的党的历史观，才能够保证其政治合法性和现实的指导价值。新时代党的历史观的生成具有了意识形态保障，也就具有了中国共产党发展历史的政治理论保障，解决了走什么发展方向和如何发展的根本性问题。也就是说，在新时代党的历史观生成的意识形态保障下，能够有序推进中国式现代化的建设和发展，甚至在未来实现中国特色社会主义的跨越式发展也不是不可能。

[①] 习近平：《决胜全面建成小康社会夺取新时代中国特色社会主义伟大胜利——在中国共产党第十九次全国代表大会上的报告》，载《党建》，2017年11月1日，第11版。

新时代党的历史观生成的意识形态必须政治正确，意味着中国马克思主义哲学的文本文献成果能够体现出中国共产党是具有先进性的政党。马克思曾经指出，党的先进性在于"他们没有任何同整个无产阶级的利益不同的利益"①。马克思的观点很明确，党的先进性就体现为无产阶级的先进性。按照马克思的这一逻辑，中国马克思主义哲学又创新出了"三个代表""党的自我革命"等重要思想。这种创新表明，要灵活运用马克思主义哲学才能够解决中国共产党发展历史过程中出现的具体问题，包括新时代党的历史观生成中的意识形态，也不能离开中国马克思主义哲学的参与。因为"没有革命的理论，就不会有革命的行动"②，且中国马克思主义哲学能够为中国共产党的意识形态建设提供科学的世界观和方法论，所以，在新时代党的历史观的生成中必须始终保持将中国马克思主义哲学中蕴含的先进性理论作为指导原则，以通过中国马克思主义哲学的丰富理论内容来武装全党和加强意识形态建设。

中国马克思主义哲学的文本文献成果中的基本原理，既可以是意识形态理论研究的理论前提，也可以是作为贯穿其中的理论线索，所以，可以认为中国马克思主义哲学的文本文献成果包含意识形态理论的研究内容。中国马克思主义哲学的文本文献成果，本身就是对"马克思主义经典作家的著作、手稿、书信、读书笔记等文献资料和马克思主义哲学发展史中的相关研究资料"③进行系统化和体系化的研究，所以，中国马克思主义哲学的文本文献学成果中的基本原理一定具有意识形态意义上的正确性。正是因为此，深入理解和正确把握中国马克思主义哲学的文本文献研究内容，既能够为新时代党的历史观生成提供理论基础，也能够为新时代中国特色社会主义的发展进行理论创新提供意识形态意义上的理论保障。

---

① 《马克思恩格斯选集》第1卷，北京：人民出版社2012年版，第413页。
② 《列宁专题文集：论无产阶级政党》，北京：人民出版社2009年版，第70页。
③ 张丽霞：《马克思主义哲学研究的文本文献学范式与考据学范式》，载《江苏社会科学》，2023年第3期。

二、中国马克思主义哲学的文本文献为新时代党的历史观的理论逻辑生成提供学术资源

在中国马克思主义哲学范式建设的视野中,新时代党的历史观生成需要建立在科学的理论前提之上,这是因为理论前提是历史观得以存在的根源性支持。这种根源性支持,就是指新时代党的历史观的理论逻辑生成需要科学的世界观和方法论作为理论前提和基础。由于中国马克思主义哲学的基本原理是当下中国式现代化建设的世界观和方法论,所以,中国马克思主义哲学理应是新时代党的历史观理论逻辑生成的理论前提。当然,正如马克思所指出的那样,"理论只要说服人,就能掌握群众"①,所以,还应该有必要对作为中国马克思主义哲学研究成果的文本文献进行系统化梳理和总结性概括,从而发现可以作为新时代党的历史观理论逻辑生成理论前提的哲学基本原理。新时代党的历史观的理论逻辑生成需要这种文本文献作为学术资源,归根结底是要在这些文本文献中寻找新时代党的历史观理论逻辑生成的理论依据和理论原则。以上分析表明,之所以中国马克思主义哲学的文本文献成果能够为新时代党的历史观的理论逻辑生成提供学术资源,是因为中国马克思主义哲学的文本文献成果本身就具有能够为新时代党的历史观提供理论前提、理论根源性支持和理论原则的作用。

(一) 新时代党的历史观生成的理论前提主旨

新时代党的历史观的理论逻辑生成,从事实上和逻辑上来看,都是一项需要预设生成原则的前瞻性工作。这种前瞻性首先表现为人们认为新时代党的历史观的理论逻辑生成需要理论前提的预设,这种预设的目的是要回答新时代党的历史观秉承的世界观和方法论是怎样的。

---

① 《马克思恩格斯文集》第 1 卷,北京:人民出版社 2009 年版,第 11 页。

就新时代党的历史观理论逻辑生成的理论前提主旨应该有哪些的视角理解，我们至少要回答新时代党的历史观理论逻辑生成的理论前提原则应该是什么和新时代党的历史观理论逻辑生成的理论前提理想应该是什么。

新时代党的历史观的理论逻辑生成不是无源之水，而是有着内在的生成机理。新时代党的历史观必须是符合当下历史发展规律的历史观，因为"世界每时每刻都在发生变化，中国也每时每刻都在发生变化，我们必须在理论上跟上时代"[1]。在中国马克思主义哲学范式建设的视野中，新时代党的历史观理论逻辑的生成，既要符合中国式现代化建设的发展状况，也要遵循中国马克思主义哲学的基本原理。从当下中国马克思主义哲学范式建设的实际状况看，新时代党的历史观理论逻辑具有的理论前提预设，不仅保证了新时代党的历史观理论内涵的正确性和准确性，而且也有助于中国马克思主义哲学本身的理论创新。这就是说，只有新时代党的历史观理论逻辑具有了理论前提，才能够有利于正确把握新时代赋予的历史使命，从而助力学术界创造出符合当下时代发展的、具有先进性、科学性和创新性的新时代党的历史观。

新时代党的历史观的理论逻辑前提始终离不开马克思主义哲学理论，而马克思主义哲学理论正是研究人类社会的历史发展规律问题和探寻人类自身解放问题的理论，所以，新时代党的历史观理论逻辑生成的理论前提原则就应该是中国马克思主义哲学的以人民为中心理论。正是由于中国马克思主义哲学中始终贯穿着人民情怀，新时代党的历史观理论逻辑的生成也就应该以人民为中心作为其理论逻辑生成的基本原则。这种基本原则表明，"全党必须永远保持同人民群众的血肉联系，站稳人民立场，坚持人民主体地位，尊重人民首创精神。"[2] 之

---

[1] 习近平：《决胜全面建成小康社会夺取新时代中国特色社会主义伟大胜利：在中国共产党第十九次全国代表大会上的报告》，北京：人民出版社2017年版，第26页。

[2] 《中共中央关于党的百年奋斗重大成就和历史经验的决议》，北京：人民出版社2021年版，第73页。

所以要在新时代中国式现代化建设背景下，将人民为中心理论作为新时代党的历史观理论逻辑的理论前提，本质上是因为"一切脱离人民的理论都是苍白无力的，一切不为人民造福的理论都是没有生命力的"①。这就是说，新时代党的历史观理论逻辑中蕴含的丰富理论都是根植于以人民为中心的理论。

新时代党的历史观理论逻辑生成的理论前提原则应该是中国马克思主义哲学的以人民为中心理论，是因为新时代党的历史观理论逻辑生成的理论前提理想就是要将中国马克思主义哲学的基本原理服务于人民群众。中国马克思主义哲学的基本原理是在继承和发展马克思主义哲学理论的基础上，将马克思主义哲学同中国具体实际相结合提出的具有中国特色的哲学理论。正是由于"中国马克思主义哲学不是一种对抽象的普遍性原则进行泛泛而谈的理论"②，中国马克思主义哲学的基本原理就立足于中国现实来进行理论研究和理论创新。中国最大的现实就是人民利益高于一切，即中国马克思主义哲学的基本原理始终将服务于人民作为唯一理想，这是因为，中国马克思主义哲学的理论认为，"任何思想，如果不和客观的实际的事物相联系，如果没有客观存在的需要，如果不为人民群众所掌握，即使是最好的东西，即使是马克思列宁主义，也是不起作用的"③，也正是基于此，中国马克思主义哲学的基本原理才能够被人民群众主动掌握并灵活运用于现实社会实践之中。

（二）中国马克思主义哲学的文本文献为中国马克思主义哲学基本原理提供理论根源性支持

近年来，伴随构建中国特色哲学社会科学自主知识体系的需要，

---

① 习近平：《高举中国特色社会主义伟大旗帜　为全面建设社会主义现代化国家而团结奋斗：在中国共产党第二十次全国代表大会上的报告》，北京：人民出版社2022年版，第19页。

② 王立胜：《中国马克思主义哲学何以可能》，载《哲学研究》，2021年第7期。

③ 《毛泽东选集》第4卷，北京：人民出版社1991年版，第1515页。

中国马克思主义哲学基础理论研究的成果越来越丰富，因为，学术界必须概括出中国马克思主义哲学的基本原理。如果不这么做，那么，包括新时代党的历史观在内的哲学社会科学的理论前提就成了无源之水、无本之木，即它们将失去理论合法性。中国马克思主义哲学基本原理需要的理论根源性支持，自然是马克思主义哲学的基本原理和认知逻辑。就理论内涵的视角理解，中国马克思主义哲学的文本文献成果要始终体现出它们是对唯物史观基本原理和认知逻辑的坚守。

中国马克思主义哲学的基本原理不能背离马克思主义哲学理论，就是指中国马克思主义哲学基本原理需要马克思主义哲学理论的根源性支持。中国马克思主义哲学基本原理需要具有理论根源性支持来确保蕴含其中的思想理论的科学性和正确性，而"马克思主义就是为解释世界进而改变世界提供的一种哲学解释理论与方法"①，所以，可以据此逻辑认为中国马克思主义哲学基本原理离不开马克思主义的理论支持。在中国马克思主义哲学范式的建设中，中国马克思主义哲学"经过长期建设现已形成由马克思主义哲学基本原理、马克思主义哲学史、马克思主义哲学原著、国外马克思主义哲学、马克思主义哲学中国化等分支构成的相对成熟的学科体系"②。这一学科体系都是与坚持马克思主义哲学的基本原理分不开的，换言之，这一学科体系建立的灵魂就是马克思主义哲学的基本原理。

就哲学基础理论的视角理解，中国马克思主义哲学基本原理的理论根源性支持就是指中国马克思主义哲学贯彻的唯物史观的基本原理和认知逻辑。众所周知，马克思明确指出过，"任何真正的哲学都是自己时代的精神上的精华"③。事实的确如此，但这并没有否定唯物史观的一般

---

① 韩庆祥：《哲学视域的 21 世纪马克思主义与理论话语权》，载《阅江学刊》，2022 年第 2 期。

② 赵士发、柳沛桦：《毛泽东与中国马克思主义哲学学科体系的构建》，载《毛泽东研究》，2023 年第 3 期。

③《马克思恩格斯全集》第 1 卷，北京：人民出版社 1995 年版，第 220 页。

规律性意义。中国马克思主义哲学基本原理的建设之所以离不开唯物史观根源性支持,是由于在理论逻辑、实践逻辑和历史逻辑中都证明了唯物史观的科学性意义。也就是说,马克思的唯物史观就能够为中国马克思主义哲学的研究和发展提供强大的思想武器和科学的方法论原则。正是基于这种判断,唯物史观蕴含着的丰富的哲学思想和理论创新,就能够成为中国马克思主义哲学基本原理在正确把握唯物史观基本原理及方法论的基础上进行理论构建和创新的理论根源。

中国马克思主义哲学的文本文献就是对马克思主义哲学进行系统化梳理、概括和表征表明,中国马克思主义哲学的文本文献要始终体现对唯物史观基本原理和认知逻辑的坚持。习近平提出"要原原本本学习和研读经典著作,努力把马克思主义哲学作为自己的看家本领"①,就包含中国马克思主义哲学范式建设中要坚持唯物史观基本原理和认知逻辑的方法论原则。这是因为,唯物史观是"关于现实的人及其历史发展的科学"②。为了更好地坚持唯物史观基本原理和认知逻辑,就应该保证中国马克思主义哲学的文本文献成果不仅要把握现代社会的历史发展进程,还要研究不同历史时段的唯物史观的思想观念以及蕴含其中的内在逻辑,换言之,中国马克思主义哲学的范式建设,要始终不能背离唯物史观的基本原理和认知逻辑,保证唯物史观的理论根源性支持始终在场。

(三)中国马克思主义哲学的文本文献为新时代党的历史观生成提供理论原则

为了准确把握中国马克思主义哲学的文本文献为什么能够为新时代党的历史观理论逻辑生成提供根源性支持,最为重要的工作之一就是既要阐明为什么新时代党的历史观的理论逻辑生成需要理论原则,还要论

---

① 《习近平关于全面建成小康社会论述摘编》,北京:中央文献出版社 2016 年版,第 192 页。

② 《马克思恩格斯文集》第 4 卷,北京:人民出版社 2009 年版,第 295 页。

证新时代党的历史观理论逻辑生成的理论原则就应该是马克思主义哲学的社会历史理论。无疑，这些马克思主义哲学的社会历史理论都被体现在了中国马克思主义哲学的文本文献之中。

新时代党的历史观理论逻辑生成不仅要根据时代特征和历史发展来更新和丰富自身的理论内涵，还要具有切实可行的理论原则来科学指导历史观的生成和发展，即新时代党的历史观的理论逻辑生成需要理论原则预设。习近平指出，"这是一个需要理论而且一定能够产生理论的时代，这是一个需要思想而且一定能够产生思想的时代。"① 通过中国马克思主义哲学范式建设，一定能够发展和创新出中国马克思主义哲学理论。这一理论之中就包含新时代党的历史观理论逻辑的理论原则。新时代党的历史观的生成依托于当下所处时代的观点表明，新时代党的历史观理论逻辑生成应该有理论原则作为理论前提，因为"马克思的整个世界观不是教义，而是方法。它提供的不是现成的教条，而是进一步研究的出发点和供这种研究使用的方法。"② 由此可见，新时代党的历史观理论逻辑生成的理论原则确立，能够保障生成的历史观不是僵化的历史观，而是随着历史发展与时代相符合的历史观。

就理论内涵的视角理解，新时代党的历史观理论的生成原则离不开马克思主义哲学理论中的社会历史理论，即新时代党的历史观理论逻辑生成的理论原则中包含马克思主义哲学关于社会历史的哲学理论。之所以会如此，是因为在马克思主义哲学理论体系中，社会历史理论既是符合人类社会历史发展规律的理论，也是指导人类社会历史不断进步发展的科学世界观和方法论。正是因为有了这样的世界观和方法论，"当代

---

① 习近平：《在哲学社会科学工作座谈会上的讲话》，北京：人民出版社2016年版，第9页。
② 《马克思恩格斯文集》第10卷，北京：人民出版社2009年版，第691页。

中国共产党人应义无反顾地肩负起创新发展 21 世纪马克思主义的历史责任。"① 新时代党的历史观理论逻辑生成中坚持这样的理论原则，就是这一历史责任的体现。只有正确把握马克思主义哲学的社会历史理论的丰富内涵，新时代党的历史观逻辑生成肩负的弘扬马克思主义哲学、发展和建设中国马克思主义哲学范式的历史使命才能够顺利完成，生成的新时代党的历史观才能是科学的历史观、具有时代特征的历史观和符合人类社会发展规律的历史观。

既然中国马克思主义哲学的文本文献是对马克思主义经典作家理论思想进行的梳理、概括和总结，那么，中国马克思主义哲学的文本文献也就应该包含对马克思主义哲学中的社会历史理论的全面升华。这是因为，在中国马克思主义哲学逻辑与历史相统一的研究方法中，它始终坚持自己应该是"历史过程在抽象的、理论上前后一贯的形式上的反映"②，而且认为"这种反映是经过修正的，然而是按照现实的历史过程本身的规律修正的"③。也就是说，中国马克思主义哲学的文本文献始终体现了当下中国发展的实际情况与马克思主义哲学的社会历史理论的相互统一。之所以会实现这种统一，是因为新时代党的历史观理论逻辑的生成中体现出了"人们自己创造自己的历史……是在直接碰到的、既定的、从过去承继下来的条件下创造"④。总之，中国马克思主义哲学的文本文献包含对马克思主义哲学的社会历史理论的全面研究，它能够为新时代党的历史观理论逻辑生成提供理论原则支持。

---

① 韩庆祥：《哲学视域的 21 世纪马克思主义与理论话语权》，载《阅江学刊》，2022 年第 2 期。
② 《马克思恩格斯文集》第 2 卷，北京：人民出版社 2009 年版，第 603 页。
③ 《马克思恩格斯文集》第 2 卷，北京：人民出版社 2009 年版，第 603 页。
④ 《马克思恩格斯选集》第 1 卷，北京：人民出版社 1995 年版，第 585 页。

三、中国马克思主义哲学的文本文献为新时代党的历史观的实践逻辑生成提供学术资源

新时代党的历史观的实践逻辑生成不能离开中国式现代化的实践逻辑，因为按照唯物辩证法的认知逻辑，实践逻辑根据的寻找只能够在实践逻辑的成果中进行。由于"实践的观点、生活的观点是马克思主义认识论的基本观点，实践性是马克思主义理论区别于其他理论的显著特征"①，所以，学术界研究新时代党的历史观的生成问题就不能不研究其实践逻辑生成的问题。中国式现代化的实践逻辑是中国马克思主义哲学重要的研究内容，也取得了众多的学术研究成果，这些研究成果散存在浩瀚的中国马克思主义哲学的文本文献之中。这些文本文献既能够表征中国马克思主义哲学的基本原理是新时代党的历史观的实践逻辑前提，证明中国马克思主义哲学的文本文献能够为中国马克思主义哲学基本原理提供实践检验性支持，也能够阐明中国马克思主义哲学的文本文献为新时代党的历史观生成提供实践指导。这就是说，中国马克思主义哲学的文本文献就是在马克思主义实践观基础上研究取得的成果，不仅能够为新时代党的历史观的实践逻辑提供学术资源，还有助于推动中国马克思主义哲学范式本身的建设更加走向深入。

（一）中国马克思主义哲学的基本原理是新时代党的历史观的实践逻辑前提

在中国共产党百年的发展历程中，尽管不同历史时期有着不同的历史观表述，但归根结底其意义上都属于马克思主义的历史观。之所以会出现不同的历史观表述，是因为中国式现代化建设的不同阶段有

---

① 习近平：《在纪念马克思诞辰200周年大会上的讲话》，北京：人民出版社2018年版，第9页。

着不同的实践逻辑。也就是说，不同的实践逻辑前提铸造了不同的历史观表述，或者说，不同的历史观表述表明新时代党的历史观生成是需要以当下中国式现代化建设的实践逻辑为前提的。从理论上理解，新时代党的历史观的实践逻辑前提根源于中国式现代化的社会实践，所以，新时代党的历史观的实践逻辑前提就应该是中国马克思主义哲学的实践观。这些哲学实践观，体现在中国马克思主义哲学的基本原理之中。就中国马克思主义哲学的本质特性理解，中国马克思主义哲学的基本原理是正确把握马克思主义哲学实践观基础上创新出来的理论成果。

新时代党的历史观是在中国共产党百年发展历程中进行科学实践的基础上生成的事实表明，新时代党的历史观实践逻辑是需要实践观前提支持的历史观。马克思曾经指出，"人们决不是首先'处在这种对外界物的理论关系中'……而是积极地活动，通过活动来取得一定的外界物。"[1] 按照这一理论理解，新时代党的历史观实践逻辑的生成离不开具体的中国式现代化的实践活动，即需要通过实践活动来科学地认识中国式现代化发展的实际情况，并在这种认知基础上升华为实践逻辑。再者，"全部社会生活在本质上是实践的"[2] 这一唯物史观理论也表明，新时代党的历史观生成不仅需要具有理论前提的支持，还需要具有实践观前提的支持。这就是说，新时代党的历史观实践逻辑就是建立在中国式现代化实践基础上的具有明确的马克思主义哲学前提的历史观。这样的历史观，不仅能够确保中国共产党领导下的中国始终选择正确的社会历史发展道路，而且有助于进一步推动新时代党的历史观的升华。

就理论内涵的视角理解，新时代党的历史观实践逻辑前提应该是中国马克思主义哲学的实践观。这是因为，新时代党的历史观实践逻辑并

---

[1] 《马克思恩格斯全集》第19卷，北京：人民出版社1963年版，第405页。
[2] 《马克思恩格斯文集》第1卷，北京：人民出版社2009年版，第501页。

不是纯粹抽象的理论产物，而是始终关注现实历史将研究视角落在中国式现代化建设上的历史观。新时代党的历史观的实践逻辑前提也不能离开马克思主义实践观，是因为马克思主义实践观是马克思主义哲学的灵魂，即"实践观点是马克思主义首要的和基本的观点，这一基本观点体现在马克思主义全部思想内容之中"①。由此可见，新时代党的历史观实践逻辑始终将马克思主义哲学实践观作为指导原则，即不仅能够将马克思主义实践观落实到新时代发展的历史进程中，而且还能够创新出中国马克思主义哲学的实践观。毛泽东将这种创新视为社会实践的作用，即"马克思主义者认为，只有人们的社会实践，才是人们对于外界认识的真理性的标准"②。从这种意义上理解，新时代党的历史观就是科学的实践的历史观。

中国马克思主义哲学的基本原理中蕴含着马克思主义实践观丰富的理论内涵表明，中国马克思主义哲学基本原理的正确性需要依靠坚持马克思主义哲学的实践观来获得保障。这是因为，"中国马克思主义哲学之所以完全是马克思主义的、完全是中国的、完全是世界的，其逻辑前提是它完全是实践的。"③ 按照这种逻辑理解，在中国马克思主义哲学范式建设中，中国马克思主义哲学的基本原理概括就是要依靠在中国式现代化各个时期的建设过程中获得的理论成果，也可以说，"中国马克思主义哲学正是伴随中国实践而不断丰富的时代精神的精华"④。中国马克思主义哲学的基本原理通过正确把握马克思主义实践观，不仅能够在实践中证明自身理论的科学性和合理性，而且还能够进一步推进对马克思主义哲学的学术研究和理论深化。因此，中国马克思主义哲学的基本原

---

① 马克思主义基本原理（2023年版）编写组编：《马克思主义基本原理》，北京：高等教育出版社2023年，第15页。

② 《毛泽东选集》第1卷，北京：人民出版社1991年版，第284页。

③ 王立胜：《论中国马克思主义哲学的基本特征》，载《武汉大学学报（哲学社会科学版）》，2023年第4期。

④ 曹典顺：《基于中国道路的中国马克思主义哲学生成逻辑》，载《理论探讨》，2021年第3期。

理在正确把握马克思主义实践观的基础上,能够为新时代党的历史观实践逻辑生成提供理论正确性意义上的前提保障。

(二) 中国马克思主义哲学的文本文献为中国马克思主义哲学基本原理提供实践检验性支持

虽然马克思主义的实践观能够指导中国马克思主义哲学的基本原理建设、表达和检验,但毕竟中国马克思主义哲学是马克思主义哲学的中国逻辑,理应有着中国特色的基本原理。这一中国特色的基本原理就包含中国式现代化道路的实践逻辑,或者说,中国式现代化道路的实践逻辑就是中国马克思主义哲学基本原理需要实践检验性支持。从哲学基础理论的视角理解,实践检验性支持就是实践观支持,即中国马克思主义哲学基本原理的实践检验性支持是新时代中国马克思主义哲学的实践观。新时代中国马克思主义哲学的实践观研究成果,都包含在了中国马克思主义哲学的文本文献之中。

中国马克思主义哲学基本原理的创新是在马克思主义哲学的基础上进行中国化意义上的理论创新表明,中国马克思主义哲学基本原理需要实践检验性的支持。中国马克思主义哲学基本原理的创新不能只是纯粹理论上的空想,必须要在实践的基础上进行中国马克思主义哲学的理论创新,"在中国建设社会主义这样的事,马克思的本本上找不出来,列宁的本本上也找不出来,每个国家都有自己的情况,各自的经历也不同,所以要独立思考"[①],这就是说,创新的中国马克思主义哲学基本原理,能够经得起中国式现代化建设的实践检验。通过实践检验的中国马克思主义哲学基本原理,才能够保证理论的客观性、真实性和真理性,邓小平指出"马克思、恩格斯创立了辩证唯物主义和历史唯物主义的思想路线,毛泽东同志用中国语言概括为'实事求是'四个大字"[②]。当

---

① 《邓小平文选》第3卷,北京:人民出版社1993年版,第260页。
② 《邓小平文选》第2卷,北京:人民出版社1994年版,第278页。

然，具有实践检验性的支持，还包括可以验证人们对于中国马克思主义哲学基本原理的认识前提是否是建立在马克思主义哲学的实践观基础之上。这是因为，"人的思维是否具有客观的真理性，这不是一个理论的问题，而是一个实践的问题。"① 中国马克思主义哲学基本原理具有了实践的检验之后，不仅能够确保中国马克思主义哲学基本原理的客观真理性，而且能够促使该理论不断创新和发展。

中国马克思主义哲学基本原理的实践检验性支持离不开中国式现代化实际和新时代发展的现实要求表明，中国马克思主义哲学基本原理的实践检验性支持离不开新时代中国马克思主义哲学的实践观支持。这是因为，当代中国马克思主义哲学的实践观支持，能够"不断回答中国之问、世界之问、人民之问、时代之问，作出符合中国实际和时代要求的正确回答，得出符合客观规律的科学认识，形成与时俱进的理论成果，更好指导中国实践"②。也就是说，中国马克思主义哲学基本原理的实践检验性支持就是当代中国马克思主义哲学实践观，能够着眼于中国具体实际来解决中国实践面临的具体问题，比如关于中国如何建设世界一流大学的问题，习近平指出"办好中国的世界一流大学，必须有中国特色……要认真吸收世界上先进的办学治学经验，更要遵循教育规律，扎根中国大地办大学"③，或者说，中国马克思主义哲学的实践观能够将马克思主义的实践观灵活应用到中国式现代化的社会实践之中。

中国马克思主义哲学的文本文献中包括马克思主义实践观点理论的研究表明，中国马克思主义哲学的文本文献就是当代中国马克思主义哲学实践观的学术性文库。中国马克思主义哲学始终根植于当代中国实践，从而形成了当代中国马克思主义哲学的实践观，如在庆祝中

---

① 《马克思恩格斯选集》第 1 卷，北京：人民出版社 2012 年版，第 134 页。

② 习近平《高举中国特色社会主义伟大旗帜　为全面建设社会主义现代化国家而团结奋斗：在中国共产党第二十次全国代表大会上的报告》，北京：人民出版社 2022 年版，第 17—18 页。

③ 《习近平谈治国理政》第 1 卷，北京：外文出版社 2014 年版，第 174 页。

国共产党成立100周年大会上，习近平向全世界庄严宣告百年大党能够勇往直前的力量之源在于，始终秉持"江山就是人民、人民就是江山"①的实践观。这种当代中国马克思主义实践观，始终将马克思主义实践观作为指导原则，通过对中国具体实际情况进行考察和分析，不仅能够为中国式现代化建设和发展提供实践指导原则，而且能够检验出中国式现代化发展道路中存在的问题，并提供合理的理论解决方案。由此可见，中国马克思主义哲学的文本文献成果就包含当代中国马克思主义实践观的研究成果，这种成果是对中国式现代化发展现状梳理、总结和概括出来的，是能够为中国马克思主义哲学基本原理提供实践检验性支持的实践观。

（三）为什么中国马克思主义哲学的文本文献能够为新时代党的历史观实践逻辑生成提供学术资源

之所以中国马克思主义哲学的文本文献能够为新时代党的历史观实践逻辑生成提供学术资源可以成为一个学术性问题，是因为并不是所有的研究成果都可以称之为中国马克思主义哲学的文本文献。这就是说，虽然研究中国式现代化的文章和著作不计其数，但并不代表这些文本文献就是准确地、科学地和正确地概括了中国式现代化建设的社会实践。因此，阐明为什么中国马克思主义哲学的文本文献能够为新时代党的历史观实践逻辑生成提供学术资源，首先就要坚定新时代党的历史观实践逻辑生成需要社会实践检验的原则，且这种社会实践意义上的实践观必定是实事求是的实践观。正是因为此，一定要保证中国马克思主义哲学的文本文献是在坚持实事求是实践观原则指导下的研究成果。

要想表征新时代党的历史观是科学的历史观就不能只停留于思想层面，还要将其延伸至实践检验的层面，新时代党的历史观实践逻辑生成

---

① 习近平：《在庆祝中国共产党成立100周年大会上的讲话》，载《人民日报》，2021年7月2日，第2版。

需要社会实践的检验。新时代党的历史观是科学的历史观，就是指其"以科学的态度对待科学、以真理的精神追求真理"①。因为无论是科学的态度，还是真理的精神，都需要在社会实践中加以检验。实践证明，新时代党的历史观实践逻辑不仅能够帮助规范中国共产党的思想发展路线，明确指导中国共产党在实践中如何做，而且还能够将实践作为标准来检验中国共产党发展历程中获得的经验是否科学。中国的社会实践不断检验着人民群众是历史的创造者这一原理，"淮海战役的胜利是靠老百姓用小车推出来的，渡江战役的胜利是靠老百姓用小船划出来的。任何时候我们……都不能忘了人民这个根，永远做忠诚的人民服务员。"②需要指出的是，新时代党的历史观生成的过程中往往会面临各种挑战，也因为这种挑战是经常性存在的，所以更加需要实践的检验。新时代党的历史观实践逻辑在实践指导下获得的科学的世界观和方法论，不断使得新时代党的历史观持续出现理论的创新和发展。

新时代党的历史观实践逻辑生成过程是贯彻理论联系实际原则的过程的观点表明，新时代党的历史观的实践逻辑生成需要实事求是的实践观给予支持。由于"实事求是是马克思主义的精髓"③，所以，实事求是的实践观就是马克思主义的实践观。就实践观的本质性特征理解，新时代党的历史观追求实事求是的实践观认知路线。因为，实事求是不仅是马克思主义思想的精髓，而且"永远是中国共产党人应该遵循的思想方法"④。通过实事求是的实践观的贯彻，能够将中国社会发展的客观规律和人们的主观能动性统一到新时代党的历史观的实践逻辑生成之中。需要指出的是，新时代党的历史观实践逻辑生成需要实事求是的实践观给

---

① 习近平：《高举中国特色社会主义伟大旗帜　为全面建设社会主义现代化国家而团结奋斗：在中国共产党第二十次全国代表大会上的报告》，北京：人民出版社 2022 年版，第 20 页。
② 《习近平论中国共产党历史》，北京：中央文献出版社 2021 年版，第 13 页。
③ 《邓小平文选》第 3 卷，北京：人民出版社 1993 年版，第 382 页。
④ 《习近平著作选读》第 1 卷，北京：人民出版社 2023 年版，第 248 页。

予支持，不仅有利于科学认识中国式现代化的历史发展进程，而且还有利于科学总结中国式现代化建设的成功经验。

中国马克思主义哲学的文本文献是根植于当代中国具体实践进行的马克思主义哲学研究表明，中国马克思主义哲学的文本文献是实事求是实践观指导下的研究成果。中国马克思主义哲学的文本文献，不仅体现了中国马克思主义哲学范式建设研究是在实事求是实践观基础上进行的哲学研究，还体现了要在"两个结合"中找到马克思主义哲学中国化的新道路和新境界。正是基于这种研究目的，中国马克思主义哲学的文本文献就展现出了理论现实性、科学性和原创性的学术性特征。在中国马克思主义哲学范式建设中，新时代党的历史观实践逻辑之所以表现为实事求是的实践观，实践上是因为它是具有现实性的实践逻辑，研究目的上是因为它认为"历史不能选择，但现在可以把握，未来可以开创"[①]。这就需要马克思主义哲学文本文献研究者通过实事求是的实践性研究来为新时代党的历史观提供科学的世界观和方法论支持，从而正确把握历史。由此可见，中国马克思主义哲学的文本文献就是实事求是的实践观指导下的研究成果，这些成果不仅能够推动马克思主义中国化实现新的飞跃，而且能够为新时代党的历史观实践逻辑生成提供学术资源。

（作者张丽霞系江苏师范大学哲学范式研究院教授，哲学博士，主要研究方向为马克思主义哲学基础理论，马克思主义文本文献学；李根，江苏师范大学哲学范式研究院研究生）

[①] 习近平：《习近平谈治国理政》第 1 卷，北京：外文出版社 2018 年版，第 238—239 页。

恩格斯晚年关于唯物史观运用的探索及其对中国马克思主义部门哲学范式建设的启示

于桂凤

[摘　要] 唯物史观既提供了马克思主义部门哲学变革的理论基础，又通过部门哲学的时空发展走向具体化。中国马克思主义部门哲学就是唯物史观在中国场域具体运用生成的一种理论形态，拓展了唯物史观的意义空间和发展图景。推进新时代中国马克思主义部门哲学范式建设，有必要加强唯物史观运用问题的研究。恩格斯晚年关于唯物史观运用的探索启示我们，新时代推进中国马克思主义部门哲学范式建设的着力点是：第一，从存在论高度厘定所要构建的中国马克思主义部门哲学知识体系的实体性内容；第二，从方法论维度探寻部门哲学研究切中现实、走向深入的突破口；第三，从价值论角度强化唯物史观社会历史叙事的规范维度研究，特别是其经济叙事、政治叙事、文化叙事、社会叙事和生态叙事的规范维度研究。

[关键词] 唯物史观运用　部门哲学范式建设　方法论

马克思主义哲学革命不仅体现在本体论、认识论、价值论和方法论等一般哲学层面的革命，而且体现在经济哲学、政治哲学、文化哲学、社会哲学和生态哲学等部门哲学层面的革命。唯物史观既提供了马克思主义部门哲学变革的理论基础，又通过部门哲学的时空发展走向具体化。中国马克思主义部门哲学就是唯物史观在中国场域具体运用生成的一种理论形态，拓展了唯物史观的意义空间和发展图景。推进新时代中国马克思主义部门哲学范式建设，有必要加强唯物史观研究，尤其是唯物史观运用问题研究。这种研究不仅有助于我们深刻理解和把握马克思恩格斯运用唯物史观考察经济、政治、文化、社会和生态等领域性问题的方法论原则，而且有助于我们正确运用唯物史观指导、研究中国式现代化的经济实践、政治实践、文化实践、社会实践和生态实践等，总结中国式现代化各领域实践的经验、规律和智慧，推动中国马克思主义部门哲学知识体系的建构。为此，本文重点分析恩格斯晚年关于唯物史观运用问题的开创性探索，并在此基础上探讨这种探索对中国马克思主义部门哲学范式建设的启示意义。

一、唯物史观运用问题的自觉

开创性探索唯物史观运用问题是恩格斯晚年关于唯物史观的阐释中颇具特色并产生了深远影响的部分。那么，恩格斯晚年为什么会提出并反复强调唯物史观的运用问题？或者说唯物史观的运用何以会成为一个需要严肃对待、反复强调的"问题"？

源于唯物史观实践性的理论特质。马克思恩格斯都不是纯粹的理论家，他们以参与者而非旁观者的姿态介入现实的社会历史发展中，其理论是要付诸实践的，因而必然会有理论运用的问题。而且，理论运用状况会直接影响到理论的实践效应。理论运用得科学合理，就能实现预期的实践目标。否则，不但难以取得预期的实践成效，还有可能导致极其不利的后果。恩格斯晚年严厉批判恩斯特之流对唯物史观的错误运用，就是因为这种错误运用在理论上和实践上都造成了消极影响。如何运用对于唯物史观来说不是一个小问题，而是极其重要，因为唯物史观是无产阶级在资本主义时代里最重要、最强大、最锐利的武器，它最主要的功能不是"纯粹的科学认识",而是"行动"①。唯物史观何以会成为具有如此强大功能的武器?从方法论上讲,在于它从实践出发,"是关于人类社会发展的一般规律的理论,是科学意蕴上的社会历史逻辑"②,按其真正的本质来理解历史,从而帮助无产阶级掌握实际存在的历史联系,找到推动历史发展的真正动力,认识真实的社会状况,并在此基础上采取正确的行动。作为武器,唯物史观的"锐利"之处就在于对真相和本质的精准揭露,而这又是保证行动正确的必要条件。由此,在无产阶级运动中,唯物史观运用是为了"在资产阶级用各种意识形态成分来修饰和掩盖了真实情况即阶级斗争状况的一切场合,用科学的冷静之光来透视这些面纱,指出这些面纱多么虚伪、骗人,多么同真相不一致"③。从中我们也可以理解为什么恩格斯一再强调唯物史观的行动指南之意。唯物史观与无产阶级运动的内在关联决定了唯物史观的运用将关系到无产阶级的命运和前途问题。此外,检验唯物史观的真理性也离不开唯物史观的运用。在《共产党宣言》1872年德文版序言中,马克思恩格斯非常谦虚但又十分客观地表达了这个文本中的一些提法已不合时宜的观点,如第二章末尾提出的十大革命措施已经"根本没有特别的意义",第三章关于社会主义文献的批判是"不完全"的,第四章关于共产党人对待各种反对党派的态度的论述就其实际运用来说"已经过时"。但有一点是可以肯定的,即不管世事如何变化,《共产党宣言》所阐述的唯物史观基本原理是完全正确的,其正确性就是在工人运动的运用中被证明的。当然,唯物史观的运用领域是非常广泛的,不仅仅局限于工人运动实践。由此,唯物史观的正确性或科学性的证明也不限于工人运

---

① 卢卡奇:《历史与阶级意识——关于马克思主义辩证法的研究》,杜章智、任立、燕宏远译,北京:商务印书馆1999年版,第313页。

② 曹典顺:《马克思社会建设逻辑——唯物辩证法视域中的马克思社会建设思想研究》,北京:中央编译出版社2020年版,第4页。

③ 卢卡奇:《历史与阶级意识——关于马克思主义辩证法的研究》,杜章智、任立、燕宏远译,北京:商务印书馆1999年版,第313页。

动的运用中。如根据恩格斯在《路易·波拿巴的雾月十八日》德文第三版序言中的分析,马克思既运用唯物史观研究法兰西第二共和国历史,又用这段历史检验了唯物史观。而且,恩格斯强调,即使已经过去了33年(从1852年到1885年——引者注),"我们还是必须承认,这个检验获得了辉煌的成果。"① 列宁称唯物史观是"唯一科学的历史观",认为其科学性已经在《资本论》的运用中得到证明:"自从《资本论》问世以来,唯物主义历史观已经不是假设,而是科学地证明了的原理。"② 这表明,唯物史观运用内含自我确证真理性的意义。同时,唯物史观也会在实践运用中得到修正、完善和发展。总之,唯物史观运用既是唯物史观实践功能实现的内在要求,又是唯物史观以历史实践证明自身真理性并不断自我完善的必然结果。

  鉴于运用唯物史观研究实际问题的重任。根据考茨基的说法,马克思逝世之后,"恩格斯还要继续担负同马克思分工时承担的任务:运用唯物史观研究当前的问题,捍卫马克思和恩格斯的理论免遭攻击和歪曲。"③ 以问题为导向,面向重大现实问题是马克思恩格斯的哲学研究活动始终坚守的原则,也是他们的理论与理论创新的鲜明特质。唯物史观就是他们在研究重大现实问题的过程中创立的,其基本原理和观点正是在对现实问题的关注和求解中萌芽、发展和逐渐成熟起来的。例如,恩格斯在对英国工人阶级状况的考察中"异常清晰"地发现,在以往历史著作中根本不起作用或者只起极小作用的"经济事实"在现代世界却是一个"决定性的历史力量"——构成现代阶级对立的基础,进而成为全部政治史的最终的基础。④ 马克思也在解决令其苦恼的物质利益难题的过程中得出:"市民社会制约和决定国家,因而应该从经济关系及其发

---

① 《马克思恩格斯全集》第28卷,北京:人民出版社2018年版,第247页。
② 《列宁专题文集.论辩证唯物主义和历史唯物主义》,北京:人民出版社2009年版,第163页。
③ 《马克思恩格斯全集》第28卷,北京:人民出版社2018年版,第681页。
④ 《马克思恩格斯文集》第4卷,北京:人民出版社2009年版,第232页。

展中来解释政治及其历史,而不是相反。"① 而且,马克思明确指出:"我所得到的,并且一经得到就用于指导我的研究工作的总的结果"②,即意味着唯物史观思想一经形成,马克思就把它当作研究工具用于自己当下实际的研究工作中。马克思关于 1848 年革命及其经验的总结,对资本主义经济关系和生产方式的探究,对中国和印度问题的剖析,对俄国土地问题的探讨,对巴黎公社革命性质、意义和经验的分析,对文化人类学问题的研究,无不闪耀着唯物史观的思想光芒和哲学智慧。恩格斯甚至说:"在马克思所写的文章中,几乎没有一篇不是贯穿着这个理论的。"③ 他称赞《路易·波拿巴的雾月十八日》是马克思运用唯物史观的"十分出色的例子"。

  恩格斯也将唯物史观自觉运用于历史和现实问题的研究中,并在这个过程中论证、拓展和深化了唯物史观思想。从恩格斯晚年的革命活动和理论活动可以看出他关注的重要问题,进而把握其唯物史观运用的重点领域和主要成就。其中很重要的一项工作是对无产阶级革命事业的持续关注和指导。恩格斯晚年独自承担起了指导工人运动的历史重任,他不仅密切关注英国和美国等国家工人运动进展,而且身体力行地参加了一些工人运动的活动,如参加"五一"游行活动。"恩格斯在生前最后十年所完成的丰富著作中的大部分,都是为无产阶级斗争的实际需要服务的。"④ 这些著作既是唯物史观运用所取得的成果,也丰富、充实了唯物史观思想。可以说,运用唯物史观准确分析无产阶级运动新发展和资本主义新变化,指导无产阶级及其政党根据新形势提出行之有效的革命策略,成为恩格斯晚年最重要的实践任务。此外,恩格斯晚年也非常重视运用唯物史观研究和阐释历史。关于原始社会的历史即史前史、德国

---

① 《马克思恩格斯文集》第 4 卷,北京:人民出版社 2009 年版,第 232 页。
② 《马克思恩格斯文集》第 2 卷,北京:人民出版社 2009 年版,第 591 页。
③ 《马克思恩格斯文集》第 10 卷,北京:人民出版社 2009 年版,第 593 页。
④ 弗·梅林:《德国社会民主党史》Ⅳ,青载繁译,上海:生活·读书·新知三联书店 1966 年版,第 217—218 页。

的历史、普鲁士农民的历史和原始基督教的历史等的研究，是恩格斯晚年历史研究的重点内容。而且，这些历史研究最终都是为了理解和说明当代问题的历史逻辑，比如关于德国历史的研究是为了探究德国当代政治状况的历史根源。恩格斯晚年继续关注东方社会问题，尤其是俄国社会问题，分析的主导工具依然是唯物史观。在《俄国沙皇政府的对外政策》中，恩格斯就运用唯物史观分析了俄国外交成就的物质基础，俄国对德国、英国和法国等国家的外交政策形成的历史背景和内在逻辑。恩格斯对历史与现实问题的唯物史观分析的精辟性与透彻性，既彰显了唯物史观强大的解释力和说服力，又确证了它严谨的科学性和客观的真理性。

将唯物史观运用于具体的历史与现实问题分析的过程也是推动唯物史观"具体化"的过程。唯物史观"具体化"不仅考察唯物史观基本原理在具体历史语境中的表现形式，而且把握唯物史观所揭示的社会基本矛盾如何决定具体对象的历史进程和发展趋势。①"具体化"既体现了马克思恩格斯的唯物史观运用的鲜明特色，也是其重要贡献所在。

出于纠正错误运用唯物史观现象的现实考量。虽然唯物史观是发现了人类历史发展规律的历史科学，但只有正确地运用它，才能发挥其作为科学的价值和力量。恩格斯特别强调："只要问题一关系到描述某个历史时期，即关系到实际的应用……就不容许有任何错误了。"② 他晚年之所以把唯物史观运用当作一个重要的问题来对待，就是因为在唯物史观的实际运用中出现了错误运用的现象。如海尔曼·巴尔先生指责恩斯特在研究斯堪的纳维亚半岛的妇女运动时错误地运用了唯物史观。恩格斯着重批判了恩斯特之流把唯物史观的方法当作现成的公式并按照其来剪裁各种历史事实的错误做法。根据恩格斯的分析，这种运用可能导致的结果是使这种方法变成与自己相反的东西。主要表现在以下几个方

---

① 唐正东：《青年恩格斯哲学思想的形成与发展》，上海：上海人民出版社2022年版，第347页。

② 《马克思恩格斯文集》第10卷，北京：人民出版社2009年版，第593—594页。

面：其一，唯物史观本身是研究历史的理论，但是把唯物史观公式化的那些"朋友"却把唯物史观"当做不研究历史的借口"①，如在依附于德国社会民主党的青年作家中，很少有人愿意下功夫去研究经济学史、商业史、农业史和社会形态发展史。② 其二，唯物史观本身是发展着的理论，公式化之后却被变成了一成不变的僵死的教条，理论本身及其运用的灵活性不见了。其三，唯物史观本身是辩证法的思维方式，公式化之后却退化到马克思所批判并已经克服了的形而上学思维方式的水平。按照这一形而上学思维方式，马克思主义理论视野中辩证发展的社会主义社会被理解为固定不变的东西。其四，唯物史观本身是整体性的理论，公式化之后变成了碎片化的理论，因为把本不属于唯物史观的不正确的东西强加到它身上，同时又把属于唯物史观的本质规定性的东西又丢掉了。如对唯物史观的经济决定论阐释，就抹杀了唯物史观中的自由性、创造性、偶然性和可能性等因素，只看到规律、因果必然性，意义和价值维度被取消了。其五，唯物史观本身是反对黑格尔式构造抽象体系的理论，许多德国青年却利用唯物史观的套语把自己相当贫乏的历史知识尽快构成体系，并以此为傲。

把唯物史观教条化、公式化使之转变为自己的对立面，带来了如下消极后果：一是造成了思想混乱。恩格斯责备那些把唯物史观教条化的所谓的新"马克思主义者"在思想上"造成过惊人的混乱"。这种思想混乱会干扰工人阶级的认知和行动，而且有"可能把一个甚至最强大的、拥有数百万成员的党，在所有敌视它的人的完全合情合理的嘲笑中毁灭掉。"③ 二是为攻击唯物史观提供了借口，如面对德国青年利用唯物史观的套语构造抽象体系，恩格斯警示他们："那时就可能有一个巴尔特冒出来，并攻击在他那一圈人中间确实已经退化为套语的东西本

---

① 《马克思恩格斯文集》第10卷，北京：人民出版社2009年版，第586页。
② 《马克思恩格斯文集》第10卷，北京：人民出版社2009年版，第587页。
③ 《马克思恩格斯文集》第4卷，北京：人民出版社2009年版，第396页。

身。"① 三是影响唯物史观功能发挥，既影响其理解历史和解释历史的理论功能，又制约其改变历史和改变世界的实践功能。因为被教条化的唯物史观不再深入研究历史，更无法切中现实，已经变成非历史的、无现实性的抽象的东西。正是由于这些消极后果，恩格斯不得不重视唯物史观运用问题。恩格斯不仅对错误运用唯物史观的做法进行了批判，而且对如何正确运用唯物史观提出了一些建设性的建议和原则。

二、唯物史观运用前提的反思

一般说来，人们错误运用唯物史观的原因是多方面的。在恩格斯看来，主要原因是没有正确地理解唯物史观。对唯物史观的不正确理解，或出于无知和认识上的局限性，或出于偏见和不良动机的故意歪曲。无论出于何种原因，无论是哪种错误理解，都会制约唯物史观的科学运用。科学运用唯物史观，充分、准确地理解它是最基本的认识论前提。

要充分、准确地理解唯物史观必须对它进行全面而深入地研究。恩格斯说："人们往往以为，只要掌握了主要原理——而且还并不总是掌握得正确，那就算已经充分地理解了新理论并且立刻就能够应用它了。"② 恩格斯至少表达了以下两层意思：其一，仅仅掌握了唯物史观的"主要原理"，还不能算作充分地理解了唯物史观。唯物史观的内容是一个有机整体，"主要原理"只是唯物史观的核心内容，还不是也不能代表和反映唯物史观的全部内容。要全面、充分地理解它，还要把握"主要原理"之外的其他内容。其二，在没有正确且充分掌握唯物史观的条件下，就不能贸然或随意地运用它。否则，产生的后果只会弊大于利，这一点已经被"青年派"用实际行动所证明。这也意味着科学运用唯物史观是有条件的，即至少要在正确、充分地理解了唯物史观的前提下才

---

① 《马克思恩格斯文集》第 10 卷，北京：人民出版社 2009 年版，第 587 页。
② 《马克思恩格斯文集》第 10 卷，北京：人民出版社 2009 年版，第 594 页。

能运用它，而这就要求深入研究唯物史观。那些错误理解和运用唯物史观的德国青年作家恰恰没有对唯物史观作进一步研究。对他们而言，唯物史观更像是装点门面的饰品，而非研究历史的工具。唯物史观"第一次使人们有可能以严格的科学态度对待历史问题和社会问题"①。如果这些德国青年作家能够深入研究唯物史观，他们就会知道，按照唯物史观的方法去做历史研究的话，他们"必须重新研究全部历史，必须详细研究各种社会形态的存在条件，然后设法从这些条件中找出相应的政治、私法、美学、哲学、宗教等等的观点"②。上述功利性动机却使这些青年作家不可能以严谨的科学态度对待唯物史观和历史问题，他们中很少有人能够真正这样去做，大部分人更愿意做"贴标签"和构造抽象体系的工作。而且，他们天真地以为，只要把唯物史观的标签贴到事物上去，问题似乎就已经解决了。这看似抬高了唯物史观的作用，实则消解了唯物史观的功能，因而错误至极，于理论和实践都毫无积极意义。

　　要根据原著研究唯物史观。深入研究唯物史观，必须研读原典，即马克思恩格斯的原著。恩格斯致信布洛赫说："我请您根据原著来研究这个理论，而不要根据第二手的材料来进行研究"③。唯物史观思想存在于马克思恩格斯的诸多原著中，这些原著是唯物史观思想的载体，是理解唯物史观的第一手的材料。虽然根据二手资料可以使研究容易得多，但无法全面系统地呈现唯物史观的本来面目。不研究第一手的材料，不读马克思恩格斯的原著，是不可能全面准确地抓住唯物史观的核心要义和精神实质的，也不可能深刻理解唯物史观的理论价值和科学定位它在思想史上的地位。巴尔特和恩斯特就是最好的例子。恩格斯批评巴尔特不从原著出发解读唯物史观，先是制造一种"应当"意义上的唯物主义的历史理论，然后发现这个臆造出来的理论与马克思原著中的东西根本

---

①《列宁专题文集.论辩证唯物主义和历史唯物主义》，北京：人民出版社2009年版，第160页。

②《马克思恩格斯文集》第10卷，北京：人民出版社2009年版，第587页。

③《马克思恩格斯文集》第10卷，北京：人民出版社2009年版，第593页。

不相符合。但是，巴尔特不但不反思自己的错误，反而批评马克思自相矛盾、不会运用自己的理论。恩斯特虽然没有像巴尔特那样主观臆造出一种唯物主义历史理论，但他完全按照马克思的论敌杜林的观点去理解马克思的历史观，歪曲在马克思那里历史是无人的历史，完全按照自身的逻辑自动演进，人是受经济关系摆布的被动的存在。恩格斯精辟地指出，恩斯特把杜林对马克思的歪曲同马克思的理论本身相混淆。从恩格斯对布洛赫的建议以及他回应其他人围绕唯物史观提出的问题的相关论述来看，关涉唯物史观的著述，既有马克思阐述和运用唯物史观思想的文章和著作，也有他自己阐释唯物史观的著作。

恩格斯认为马克思所写的每一篇文章几乎都贯穿着唯物史观的思想。列宁在回应米海洛夫斯基的莫名的疑问即"马克思在哪一部著作中叙述了自己的唯物主义历史观"时，也表达了类似的观点，即"马克思在哪一部著作中没有叙述过自己的唯物主义历史观呢？"[①] 这一反问意味着，马克思的文章与著作是人们掌握唯物史观思想的第一手的资源。在当时的恩格斯看来，被其称为马克思运用唯物史观的"光辉范例"的《路易·波拿巴的雾月十八日》，包含有许多关于唯物史观的"提示"的《资本论》，蕴藏着唯物史观起源的《关于费尔巴哈的提纲》，"阐述唯物主义历史观"的《德意志意识形态》，马克思主义世界观首先在其中问世的《哲学的贫困》和《共产党宣言》及其多个版本的序言，他自己的对唯物史观做了详尽阐述的《反杜林论》和《路德维希·费尔巴哈和德国古典哲学的终结》，都是理解唯物史观不能不仔细研读的重要文献。当然，从整体性视角来看，除上述文献之外，马克思恩格斯其他的"原著"，如马克思的《人类学笔记》和《古代社会史笔记》，恩格斯的关于历史唯物主义的书信，《家庭、私有制和国家的起源》和《论基督教的历史》，为马克思著作的出版或再版而撰写的序言或导言等，也是把

---

① 《列宁专题文集.论辩证唯物主义和历史唯物主义》，北京：人民出版社2009年版，第164页。

握唯物史观思想不可或缺的文本资源。总之，经典文献和非经典文献都是掌握唯物史观的重要参考文献。

作为唯物史观的创立者，马克思恩格斯不仅是最先运用唯物史观的人，而且是正确运用唯物史观的典范。认真阅读他们的原著，不仅可以读出他们是如何创立唯物史观的，而且能够读出他们是如何运用唯物史观的。创立过程与运用过程实际上是一体两面的关系。如前文已经提到过的，恩格斯明确把《路易·波拿巴的雾月十八日》看作马克思运用唯物史观分析历史的"光辉范例"。实际上，恩格斯自己也有运用唯物史观分析历史与社会问题的"光辉范例"，如他运用唯物史观对家庭的发展史、私有制的形成史和国家的起源的深刻阐述，对德国历史的多视角的深入分析。当然，如果带着主观偏见去阅读马克思恩格斯的原著，就有可能像米海洛夫斯基那样找不到任何有关唯物史观及其运用的踪迹。列宁在对米海洛夫斯基的批判中，谈到了《共产党宣言》《哲学的贫困》和《资本论》中的唯物史观原则与方法的运用问题。在《共产党宣言》中，对现代法律制度、政治制度、家庭制度和宗教制度等的解释，对各种社会主义和共产主义理论的批判，都是唯物主义的，最终都追溯到生产关系的根源。在《哲学的贫困》中，马克思对蒲鲁东社会学的剖析，对他所提出的解决各种历史问题的方法的批判，也都是从唯物主义观点出发的，并在谈到历史问题的解决时"总是举出生产关系"①。《资本论》则是马克思"用唯物主义方法科学地分析一个（而且是最复杂的一个）社会形态的范例"，而且是"大家公认的无与伦比的范例"。② 从列宁论述的语境来看，这里所说的唯物主义方法应该是指唯物史观，这里所说的社会形态是指资本主义社会。由此，根据列宁的观点，《资本论》是马克思运用唯物史观分析资本主义社会的范例。列宁还把《资本论》

---

① 《列宁专题文集. 论辩证唯物主义和历史唯物主义》，北京：人民出版社2009年版，第163页。

② 《列宁专题文集. 论辩证唯物主义和历史唯物主义》，北京：人民出版社2009年版，第163—164页。

看作是唯物史观从假设转变为科学的证明。这也启示我们，唯物史观的创立、运用和论证过程具有整体性和统一性。深入理解这种整体性和统一性，对于把握唯物史观运用及其意义具有重要作用。总之，全面把握唯物史观及其运用，必须回到马克思恩格斯的文本。不完整地阅读他们的文本是造成唯物史观理解偏差的重要原因。

三、唯物史观运用原则的探索

在恩格斯晚年的相关文本中，我们可以读出他关于唯物史观运用原则的卓见。例如，要按照本来面貌运用唯物史观，要把唯物史观看作方法而非教条，要联系工人运动实际运用唯物史观，要推进唯物史观民族化、世界化和时代化，等等。对唯物史观运用原则的开创性探索是恩格斯晚年哲学活动的重要组成部分，也是我们理解恩格斯晚年独特的理论贡献不可或缺的维度。

要按照唯物史观的本来面貌运用它。根据恩格斯的观点，既要按照本来面貌理解唯物史观，也要按照本来面貌运用唯物史观。这是保证唯物史观理论本色的必然要求，但要真正做到这一点绝非易事。恩格斯在1892年3月致信倍倍尔指出："二十年来，唯物史观在年轻党员中通常只不过是用来自我吹嘘的辞藻，现在终于开始按其本来面貌得到应用——作为研究历史的主导思想来应用"。[①] 在恩格斯看来，所谓按照唯物史观的本来面貌应用它，实质上就是把唯物史观作为研究历史的主导方法或主导工具，因为唯物史观的本真意义是研究历史的方法。德国的年轻党员没有达到这种认识自觉，他们只是把唯物史观当成"自我吹嘘的辞藻"，而不愿意去研究真正的历史。即使他们去研究历史，其主导思想也不是本真意义上的唯物史观，而是被歪曲的唯物史观或其他唯心

---

① 中共中央马克思恩格斯列宁斯大林著作编译局：《恩格斯论历史唯物主义书信选编》，北京：人民出版社2021年版，第28页。

主义历史观，结果必然是历史也遭到歪曲。在按照本来面貌应用唯物史观方面，恩格斯对考茨基、爱德和梅林的研究成果给予了肯定。他赞扬考茨基和爱德"写过一些很好的作品"，高度评价梅林的《莱辛传奇》是一篇"出色的作品"，是论述那一段德国历史的"最佳作品"。从恩格斯的分析来看，梅林对德国普鲁士历史的研究呈现出以下优势：一是研究内容更为详细；二是研究视野更加开阔；三是表达方式更加果断和明确[1]；四是研究更加深入和透彻，表现为梅林对"普鲁士历史这一团乱麻进行了清理，指出了其中真正的联系"[2]。"真正的联系"也是本质的联系、必然的联系。这反映出用唯物史观方法研究历史可以达到本质和规律层面的认识。这些优势正是要求按本来面貌运用唯物史观研究历史的意义所在。

要把唯物史观作为研究历史的方法而非教义来运用。"马克思的整个世界观不是教义，而是方法。它提供的不是现成的教条，而是进一步研究的出发点和供这种研究使用的方法。"[3] 在恩格斯的理解中，就唯物史观的本来面貌来说，它首先是一种研究历史的方法。这种研究方法虽然以历史为研究对象，但"使人有可能展望一个崭新的世界，开辟独立活动的无限远景，激励我们的思想大胆地飞向尚未研究的领域"[4]。如果把这种研究方法教条化、公式化则不会产生这种效果，而是有可能教条式地预测未来，丧失现实的批判性。这恰恰是马克思恩格斯所反对的。正因如此，恩格斯反复申明唯物史观的方法论本质，突出唯物史观的研究指南或指导思想的特性，严厉批判那些将唯物史观变成僵化的教条、现成的公式来运用的现象。这种教条式、公式化的运用实际是把唯物史

---

[1] 中共中央马克思恩格斯列宁斯大林著作编译局：《恩格斯论历史唯物主义书信选编》，北京：人民出版社2021年版，第28页。

[2] 中共中央马克思恩格斯列宁斯大林著作编译局：《恩格斯论历史唯物主义书信选编》，北京：人民出版社2021年版，第43页。

[3] 《马克思恩格斯文集》第10卷，北京：人民出版社2009年版，第691页。

[4] 中共中央马克思恩格斯列宁斯大林著作编译局国际共运史研究室编：《卢森堡文选》上卷，北京：人民出版社1984年版，第472页。

观当成统一的模板应用到历史现象的分析与考察中。梅林认为，只要把唯物史观当作模板滥用，"它就会像一切历史观的模板一样导致同样的颠倒是非，而且，就是把它正确地作为方法来使用，也会随着使用者的才能和学力的不同，或者随着他们所处理的材料来源的种类和方法的不同，而导致许多见解上的差异。"① 历史证明，唯物史观教条化难以形成关于历史的客观的、统一的认识，反而会导致历史认识上的主观主义和相对主义。把唯物史观当作公式生搬硬套到一切历史研究中，逻辑上潜在地预设了历史事物之间的绝对同一性，抹杀了它们之间的客观差异性，必然忽视对历史事物特性的深入研究。唯物史观以生成的观点、发展的观点看待历史，这种生成的观点、发展的观点也适用于唯物史观本身，因为它是不断生成和发展着的理论。把唯物史观当成现成的公式运用，实际上是以现成论思维对待唯物史观，把它视为一成不变的教条，否定了唯物史观的发展性和开放性。这既有悖于唯物史观的理论本性，也有碍于唯物史观的理论创新。

要联系工人运动实际运用唯物史观。这主要是针对无产阶级政党及其领袖而提出的要求。恩格斯指出："越少从外面把这种理论硬灌输给美国人，而越多由他们通过自己亲身的经验（在德国人的帮助下）去检验它，它就越会深入他们的心坎。"② 恩格斯之所以不建议德国人把马克思主义理论从外面硬灌输给美国，一个关键原因在于美国与德国的工人运动状况是不同的，德国工人运动的经验不一定适合于美国的工人运动。唯物史观是无产阶级的世界观和方法论，但它只有与各国工人运动具体实际相结合，才更容易被工人阶级所掌握，进而才有可能发挥其作为科学的世界观和方法论的功能。恩格斯批判北美社会主义工人党的宗派主义和教条主义错误，就在于他们脱离工人运动的实际，把理论强加于工人。世界各国的工人运动既有一般工人运动的普遍性，又有其自身

---

① 梅林：《保卫马克思主义》，吉洪译，人民出版社1982年版，第74页。
② 《马克思恩格斯文集》第10卷，北京：人民出版社2009年版，第562页。

的特殊性。唯物史观运用与各国工人运动具体实际相结合，既要认识到各国工人运动的普遍性，更要考虑到各国工人运动的特殊性。这就要求无产阶级政党正确运用唯物史观指导本国工人运动，一方面，需有对一般工人运动之普遍性的理性自觉，指导本国工人运动遵循工人运动的一般规律，保证其目标的统一性和方向的正确性。另一方面，要有对本国工人运动之特殊性的高度自觉，根据本国工人运动具体实际选择适合的革命道路和制定正确的斗争策略，提高本国革命实践的可行性和成功率。早在《共产党宣言》中，关于不同国家共产党人对反对党派的态度的阐述，鲜明体现了唯物史观运用与各国具体实际相结合的原则。就工人运动普遍性的角度来说，共产党人对反对党派的总体态度是：支持一切反对现存资本主义社会的革命运动，努力争取全世界民主政党之间的团结和协作。但从工人运动特殊性的角度来看，不同国家的共产党人对本国反对党派的具体态度是有一定差异的，他们所支持和团结的反对党派是不相同的。例如，在德国，共产党人团结社会民主党反对保守和激进的资产阶级，但对其从传统中承袭下来的空谈和幻想色彩保有批判的权利。在瑞士，共产党人支持激进派，但对这个政党是由相互矛盾的分子组成保持政治清醒。在波兰，共产党人支持发动过1846年克拉科夫起义的政党。只有这种从各国国情和工人运动实际出发的"战略性联合"，才能产生建设性的实践效果。现代无产阶级运动的历史与实践，特别是20世纪中国、俄国及西欧无产阶级运动实践证明，如果无产阶级政党及其领袖的唯物史观运用脱离本国工人运动实际，特别是忽视其特殊性，工人运动是绝对不可能成功的。反之，凡是工人运动最终取得胜利的国家，一定是联系本国工人运动实际正确运用唯物史观及整个马克思主义理论的国家。

要不断推进唯物史观的世界化、民族化和时代化。这是唯物史观与各国工人运动实际相结合的必然结果，也是其客观要求。就历史事实来说，在马克思恩格斯活着的时候，唯物史观就已经开启了世界化、民族化和时代化的进程，《共产党宣言》在世界各国的出版和不断再版就是证明。可以说，《共产党宣言》的世界传播史是我们理解唯物史观世界化、民族化和时代化的历史的一个重要窗口。在《共产党宣言》1872年德文版序言中，关于唯物史观一般原理及其运用的重要论述，已经表达出唯物史观要世界化、民族化和时代化的思想。一是阐明了唯物史观的真理性和科学性，为唯物史观的世界化、民族化和时代化的可能性奠定了理论基础。他们认为，《共产党宣言》所阐述的唯物史观的一般原理是"完全正确"的。正因如此，唯物史观才可能具有最大的普适性，可以运用于世界各个民族和各个时代。二是提出了唯物史观的实际运用"随时随地都要以当时的历史条件为转移"[①] 的观点，为唯物史观的世界化、民族化和时代化的必要性提供了理论依据。根据马克思的分析，英国的农民被剥夺生产资料之后成为了无产者，最终变成了雇佣工人，与之同时发展起来的是资本主义生产方式，但同样被剥夺了生产资料和生活资料的古代罗马的农民也是无产者，却没有变成雇佣工人，而是成为了"游民"，与他们一起发展起来的是奴隶制的生产方式。由此，他得出：即使是极为相似的事变，如果发生在不同的社会历史条件下，产生的结果也将会有所不同。这也成为唯物史观的实际运用要随时随地以当时的历史条件为转移的重要根据。各个民族的历史条件不同，社会发展道路必然也会不同。针对米海洛夫斯基在俄国社会发展道路问题上对自己的歪曲，马克思进行了自我辩护和澄清，批驳了米海洛夫斯基将"特殊"混淆为"普遍"的逻辑错误："他一定要把我关于西欧资本主义起源的历史概述彻底变成一般发展道路的历史哲学理论，一切民族，不管它们所处的历史环境如何，都注定要走这条道路，——以便最后都达到在保证社会劳动生产力极高度发展的同时又保证每个生产者个人最全面的发展的这样一种经济形态。"[②] 如果按照唯物史观的理论逻辑来分析，西欧有西欧的历史环境，俄国有俄国的历史环境，由于历史环境的不

[①] 《马克思恩格斯文集》第2卷，北京：人民出版社2009年版，第5页。
[②] 《马克思恩格斯文集》第3卷，北京：人民出版社2009年版，第466页。

同，俄国不可能照搬西欧的社会发展道路。马克思也从来没有说过所有国家都必须走西欧的道路，反倒是认为，如果俄国不顾自身历史环境的变化，"继续走它在1861年所开始走的道路，那它将会失去当时历史所能提供给一个民族的最好的机会，而遭受资本主义制度所带来的一切灾难性的波折。"① 米海洛夫斯基歪曲马克思，在认识论根源上看，实质上是把唯物史观等同于了一般历史哲学理论。马克思带有讽刺意味地指出，一般历史哲学理论的"最大长处"是超历史的：它分析问题从来不考虑具体历史条件，其运用也绝不会以当时的历史条件为转移。相比之下，唯物史观的理论特质之一恰恰在于它坚持辩证的历史主义原则，批判并终结了超历史的一般历史哲学理论。唯物史观的世界化、民族化和时代化本身就是对超历史的思维方式的否定，这也是唯物史观直到今天依然保持先进性、具有生命力和发挥影响力的奥秘所在。

四、唯物史观运用探索对中国马克思主义部门哲学范式建设的启示

上述唯物史观运用原则体现了理论与实践、历史与现实、普遍性与特殊性等多重辩证统一的特征。从唯物史观与马克思主义经济哲学、政治哲学、文化哲学、社会哲学、生态哲学和道德哲学等部门哲学的共生关系来说，唯物史观的本质规定性在一定意义上也决定着马克思主义部门哲学的本质规定性。由此，恩格斯提出的唯物史观运用原则，对新时代马克思主义部门哲学范式建设也具有规范作用和启示意义。

第一，新时代推进中国马克思主义部门哲学范式建设，需要从存在论高度厘定所要构建的中国马克思主义部门哲学知识体系的实体性内容。从目标导向上看，构建中国马克思主义部门哲学知识体系是新时代中国马克思主义部门哲学范式建设的目标。如果搞不清楚这个知识体系

---

① 《马克思恩格斯文集》第3卷，北京：人民出版社2009年版，第464页。

的现实的存在论根基，就无法确定其"应有"的实体性内容，进而也就很难把它建构起来，即使建构起来也不一定能够满足"实有"的现实需要。就当前中国社会发展的特定语境而言，厘定所要构建的中国马克思主义部门哲学知识体系的实体性内容，重在阐明它与发展着的中国式现代化实践之间的内在关系。宏观地看，二者的关系本质上也可以理解为知识逻辑、道路逻辑和文明逻辑之间的关系。只有洞悉了二者之间的真实关系，才有可能明晰中国马克思主义部门哲学知识体系的生成逻辑、核心主题、本质规定、存在形态、主导功能和拓展方向。

第二，新时代推进中国马克思主义部门哲学范式创新，需要从方法论维度探寻部门哲学研究切中现实、走向深入的突破口。恩格斯晚年提出的唯物史观运用原则，如联系工人运动实际运用唯物史观、要把唯物史观看作方法而非教条和推进唯物史观世界化、民族化和时代化，在一定意义上也可以理解为发展和创新马克思主义理论的方法论原则，并且直到今天依然有效。这些原则启示我们，推进中国马克思主义部门哲学范式创新不能停留于思想内部，仅仅满足于思想与思想之间的碰撞和对话，而是要走向思想外部，在思想与时代、思想与世界和思想与现实的多重互动中激生创新点。就实质内容来说，如此生成的创新点应该是思想内容、历史内容和现实内容的有机统一。

第三，新时代推进中国马克思主义部门哲学范式建设，需要从价值论角度强化唯物史观的社会历史叙事，特别是其经济叙事、政治叙事、文化叙事、社会叙事和生态叙事的规范维度研究。唯物史观在马克思主义哲学中的地位，决定了研讨马克思主义部门哲学离不开唯物史观的视域，否则就难以理解马克思主义部门哲学独特的致思方式，更不可能推动其创新发展。但是，学界对于马克思主义部门哲学，如政治哲学与唯物史观之间关系的理解却一直有争议和分歧。关于二者的关系问题实质上可以理解为"相容性"问题，即马克思主义政治哲学与唯物史观是否相容的问题。其中，持否定观点的学者认为马克思主义政治哲学与唯物史观是不相容的，理由是政治哲学是规范理论，而唯物史观是价值无涉的实证科学。甚至有学者据此否定马克思主义政治哲学的存在及其合法性。而唯物史观与工人运动、唯物史观与资本主义批判的内在相关性已经表明，唯物史观的包括政治叙事在内的社会历史叙事有着鲜明的价值立场，是事实和价值的统一与认知和规范的统一。否定唯物史观的规范维度，不但曲解了它的理论性质，而且会削弱它的理论功能，如弱化其对部门哲学的指导意义。因此，就马克思主义部门哲学范式建设而言，深化研究唯物史观的经济叙事、政治叙事、文化叙事、社会叙事和生态叙事的规范维度，是必要的，也是有意义的。

（作者于桂凤系湖北大学马克思主义学院教授，江苏师范大学哲学范式研究院研究员，哲学博士；研究方向为马克思主义哲学）

以时代问题推动中国马克思主义哲学范式建设创新

——"反思的问题学"研究范式2023年研究综述

孟献丽　张钰莹

[摘　要] 问题是理论创新的起点，也是理论创新的动力。马克思主义哲学之所以能不断发展，关键就在于其立足于时代问题。"反思的问题学"理论范式以"问题"为核心，响应时代呼声，为马克思主义哲学创新带来新的活力。2023年，学术界主要围绕习近平文化思想、中华民族现代文明、"两个结合"、人类命运共同体、全球文明倡议、新质生产力等重大理论问题进行了深刻研究与探讨，进一步推动了马克思主义哲学理论创新。

[关键词] 反思的问题学　习近平文化思想　中华民族现代文明　"两个结合"　人类命运共同体　全球文明倡议　新质生产力

问题意识是马克思主义哲学永葆活力的重要法宝。马克思指出："问题是时代的格言，是表现时代自己内心状态的最实际的呼声。"① 在时代发展的历程中，问题意识作为主线始终贯穿马克思主义哲学发展脉

---

① 《马克思恩格斯全集》第1卷，北京：人民出版社1995年版，第203页。

络之中，成为其不断前行与创新的关键。同时，以问题为核心是马克思主义哲学理论发展的内在要求，也是"反思的问题学"研究范式遵循的重要原则。

一、坚持问题意识是马克思主义哲学创新的应有之义

以问题为核心，坚持问题意识是马克思主义哲学创新的应有之义。不同历史时期有其不同时代问题，只有坚持以时代问题为导向，才能紧跟时代步伐，解决时代问题。马克思主义哲学是与时俱进的，是在不断解决人类现实问题中向前发展的。习近平总书记曾指出："问题是创新的起点，也是创新的动力源。只有聆听时代的声音，回应时代的呼唤，认真研究解决重大而紧迫的问题，才能真正把握住历史脉络、找到发展规律，推动理论创新。"① 中国特色社会主义进入新时代，更需要注重"问题意识"。没有"问题意识"，理论和实践都会停滞不前。没有任何一个国家的发展可以离开创新，对于问题的敏锐发现就是创新的动力和源泉。

实践是推动认识不断向前发展的强大动力，而这种动力正是源自实践中发现的新问题。"问题"揭示了我们对世界认知的局限性，同时也为我们指明前进的方向，推动我们的认识不断迈向新的高度，推动马克思主义哲学不断向前发展。习近平总书记也始终将"问题意识"贯彻于国家治理的方方面面，他提出："不断强化问题意识，积极面对和化解前进中遇到的矛盾。问题是事物矛盾的表现形式，我们强调增强问题意识、坚持问题导向。"② 坚持问题意识，敢于提出问题，是马克思主义哲学最可贵的品质，也是马克思主义哲学保持生机活力与不断创新的应有之义。

---

① 《之江新语》，杭州：浙江人民出版社 2007 版，第 225 页。
② 习近平：《坚持运用辩证唯物主义世界观方法论提高解决我国改革发展基本问题本领》，载《人民日报》，2015 年 1 月 25 日。

二、2023年学术界围绕的重大现实问题

以问题为核心是"反思的问题学"的鲜明特征，也是马克思主义哲学理论创新的重要路径。2023年，国内学术界主要围绕习近平文化思想、中华民族现代文明、"两个结合"、人类命运共同体、全球文明倡议、新质生产力等重大理论问题进行了系统研究与探讨，进一步推动了马克思主义哲学的理论创新。

（一）习近平文化思想

作为新时代我国文化领域的一项重大理论创新，习近平文化思想丰富和发展了马克思主义的文化理论，具有深厚的哲学意蕴，丰富的理论意涵与理论特色，成为当今学术研究的热议话题。目前，学界对于习近平文化思想的研究主要集中在生成逻辑、内涵特征和重大意义三个方面。

1. 习近平文化思想的生成逻辑

习近平文化思想作为科学的思想，有其内在的生成逻辑。目前，学界从不同的层面对习近平文化思想生成逻辑进行了探讨。范丽娟从历史逻辑、理论逻辑和实践逻辑三个维度出发，认为习近平文化思想是从习近平总书记关于宣传文化思想工作的重要论述再到习近平文化思想逐步递进发展的。习近平文化思想坚持了马克思主义的世界观和方法论，坚持了马克思主义和中华优秀传统文化的"魂脉"与"根脉"，推进了中华优秀传统文化综合创新、焕发生机活力。[①] 韩振峰指出，马克思主义文化理论是习近平文化思想形成发展的重要理论依据；中国共产党的文化理论为其提供了直接的思想来源；"两个结合"为其提供了科学的方

---

① 范丽娟：《习近平文化思想的形成逻辑、丰富内涵及原创性贡献》，载《江淮论坛》，2023年第6期。

法路径。① 姜秀敏等学者认为，从生成逻辑看，习近平文化思想兼具东西方文化理论的视野优点，延续了党历代领导人对文化时代判断的世界视野，对人和文化主体性的重视超越了西方对资本的重视，具有宏大的世界视域。② 王之富等认为习近平文化思想"以人民为中心的工作导向"是马克思主义群众观在文化领域的赓续发展，并对习近平文化思想的生成逻辑、丰富内涵、实践路径进行了深入研究，论述了习近平文化思想的初心使命、依靠力量与评判标准。③

2. 习近平文化思想的内涵特征

习近平文化思想这一重大理论成果内涵丰富、逻辑严谨。李前进等从习近平文化思想的理论主题、内涵特征及价值意蕴三个层面展开论述，指出习近平文化思想的形成是党中央关于文化建设的标志性理论成果，对马克思主义文化理论发展作出了原创性的贡献。④ 宋友文认为习近平文化思想以坚定中国特色社会主义文化自信为战略出发点，以培育践行社会主义核心价值观为中轴，以建设中华民族现代文明为落脚点构成了一个科学完备、逻辑严密的科学体系，体现了马克思主义的历史观和文化观的统一，是对马克思主义文化理论的创新性发展和原创性贡献。⑤ 张士海认为习近平文化思想继承和发展了马克思主义"世界的物质性为第一性"的原则，正确指明了文化的起源与本质，认为习近平文化思想鲜明特点体现在七个方面：以建设社会主义文化强国作为新时代

---

① 韩振峰：《习近平文化思想开辟了马克思主义文化理论发展新境界》，载《中国高校社会科学》，2023 年第 6 期。

② 姜秀敏、陈麒：《习近平文化思想的生成逻辑及世界贡献》，载《中共天津市委党校学报》，2023 年第 6 期。

③ 王之富、王彦龙：《习近平文化思想"以人民为中心的工作导向"：生成逻辑、丰富内涵与实践路径》，载《中共南京市委党校学报》，2023 年第 6 期。

④ 李前进、栾云镪：《习近平文化思想的理论主题、鲜明特征和价值意蕴》，载《南京工业大学学报（社会科学版）》，2023 年第 6 期。

⑤ 宋友文：《习近平文化思想的科学体系和理论创新》，载《南京社会科学》，2023 年第 12 期。

文化建设的目标指向，以马克思主义文化理论作为新时代文化建设的根本遵循，以满足人民精神文化需要作为新时代文化建设的价值旨归，以"为什么进行文化建设、怎样进行文化建设"为主题对新时代文化建设统筹谋划，以推进"两个结合"作为新时代文化建设的方法遵循，以增强"时效度"作为检验新时代文化建设水平的重要标尺，以维护国家文化安全作为新时代文化建设的关键环节。①

此外，张明通过系统梳理习近平文化思想的主干内容，指出习近平文化思想是以习近平同志为主要代表的中国共产党人关于中国特色社会主义文化建设规律的系统性认识和总结，涉及新时代文化建设的方方面面，既有文化理论观点上的创新和突破，又有文化工作布局上的部署要求，明体达用、体用贯通，是一个内涵极为丰富的理论体系。② 申文等人深刻阐释了习近平文化思想的人民性，指出人民是文化的创造主体和源泉，文化繁荣应以实现人民需求为宗旨，在文化工作上坚持党性和人民性的统一。③ 方世男则从三个维度阐释了习近平文化思想的理论特质，指出其具有严密的逻辑体系、独特的理论品格、深厚的理论情怀。④

3. 习近平文化思想的重大意义

习近平文化思想传承发展的是"体用有分、体用不二"的中国文化传统，成功破解的是"中西之间、体用之辩"的中国近代文化思潮，是马克思唯物史观的创新应用，是中华优秀传统文化的历史主动，是中国特色社会主义道路、理论、制度的文化自信，是世界百年未有之大变局的文化自觉。⑤ 张彦等认为习近平文化思想代表了马克思主义中国化时

---

① 张士海：《习近平文化思想的鲜明特点》，载《思想理论教育导刊》，2023年第12期。
② 张明：《习近平文化思想的理论背景、科学体系与时代价值》，载《求索》，2023年第6期。
③ 申文、梁立曼：《论习近平文化思想中的人民性》，载《党史纵览》，2023年第12期。
④ 方世男：《习近平文化思想的理论特质》，载《马克思主义理论学科研究》，2023年第12期。
⑤ 田鹏颖：《习近平文化思想的世界观意义》，载《中国特色社会主义研究》，2023年第6期。

代化在文化思想领域的最新成果,构成了习近平新时代中国特色社会主义思想的文化篇,开辟了马克思主义文化理论发展的新境界,以鲜明的原创性提出了一系列新判断、新范畴、新观念,极大地丰富和发展了文化形态论、文化本质论、文化主体论、文化领导论和文化交往论。① 罗永宽等人指出,习近平文化思想的原创性贡献集中体现在强调"文化自信"方面,习近平文化思想中"两个结合"的思想新路线,揭示了中华文明五种特性,阐明了建设中华民族现代文明的新使命。② 苗遂奇等人认为这一思想坚持胸怀天下,统筹把握人类发展大潮流、世界变化大格局,从文化文明角度回答了"世界怎么了,我们怎么办"的时代之问,凝结着对人类文明发展的睿智思考和深刻洞见,对促进世界和平与繁荣,推动人类发展进步具有深远的影响。③

(二) 中华民族现代文明

2023年6月2日,习近平总书记在文化传承发展座谈会上强调:"在新的起点上继续推动文化繁荣、建设文化强国、建设中华民族现代文明,是我们在新时代新的文化使命。要坚定文化自信、担当使命、奋发有为,共同努力创造属于我们这个时代的新文化,建设中华民族现代文明"④。目前,学界围绕"中华民族现代文明"这一重大概念展开深入探讨,并对中华民族现代文明的理论内涵、建设理路和价值意蕴等方面展开具体研究。

---

① 张彦、杨思远:《习近平文化思想的原创性贡献及其逻辑展开》,载《内蒙古社会科学》,2023年第6期。

② 罗永宽、郁熠铭:《习近平文化思想对马克思主义文化理论的原创性贡献》,载《学习与实践》,2023年第12期。

③ 苗遂奇、郭慧、赵瑞熙:《习近平文化思想的实践价值和世界意义》,载《党建》,2023年第11期。

④ 习近平:《担负起新的文化使命 努力建设中华民族现代文明》,载《人民日报》,2023年6月3日。

1. 中华民族现代文明的理论内涵及生成逻辑

中华民族现代文明是习近平在文化传承发展座谈会上阐述的重大论断，有着极具中国特色的理论内涵。邹绍清指出，中华民族现代文明是一个相对的时间文化范畴，具有广义和狭义之分。从广义上说，中华民族现代文明是指中华民族在进入近现代历史以来探索和推进现代化进程中所创造的物质文明和精神文明的总和；从狭义上说，中华民族现代文明是指中国共产党领导人民在推进中华民族伟大复兴的历史进程中所创造的物质财富和精神财富的总和。[①] 韩庆祥从"第二个结合"、中国式现代化的理论体系和人类文明新形态三个维度对中华民族现代文明展开说明，他认为，中华民族现代文明是中华优秀传统文化的文明指向和创造，是文化之善即文化的进步方面。中华民族现代文明注重"化人"过程中使人成其为人的积极成果，注重"内化于人""化人为善""德行天下"的进步过程；注重中华民族的自我确证、自我约束、自我完善、自我进步；注重各个民族之间的统一性、交融性、互鉴性；注重中华民族现代文明所具有的时代价值和世界意义，能为创造人类文明新形态提供丰富的思想资源和坚实的思想基础。[②]

李包庚从建设中华民族现代文明的"总开关"、必由之路、根本保障、发展方向和人类情怀五个方面来阐述其时代逻辑，指出中华民族现代文明是指现代以来中国人民在继承和发扬中华民族文化和文明、借鉴吸收外来文化和文明的基础上所创造的文明成果，表现为物质文明、精神文明、制度文明和生态文明等多维度的文明成果，是文明交流互鉴与自主创新的时代产物。[③] 康震指出，中华民族现代文明的历史逻辑包括

[①] 邹绍清：《中华民族现代文明的丰富蕴涵与精神标识》，载《思想理论研究》，2023年第9期。

[②] 韩庆祥：《从三维逻辑理解和把握中华民族现代文明》，载《教学与研究》，2023年第10期。

[③] 李包庚：《建设中华民族现代文明的时代逻辑》，载《探索》，2023年第5期。

中国传统文化的自我发展和传统文化现代化的时代发展两方面，①并从时间坐标、空间分布、形态类别和格局立场等多个维度展开分析。杨灿等人认为中华民族现代文明是基于对马克思主义文化理论的继承与发展、对中国近现代文化发展历史潮流的顺应。②

2. 中华民族现代文明的建设理路

建设中华民族现代文明是立足新时代的重要文化使命。王延中认为建设中华民族现代文明必须明确和坚持中华文化的主干性、主体性和时代性的三大原则，为推进中华优秀传统文化的传承发展、为推进中国式现代化和中华民族现代文明建设提供强大精神力量。③杨灿等从坚定新时代的文化自信、立足深厚的中华文明、弘扬塑魂的革命文化、发扬先进的社会主义文化和推进文明的综合创新五个方面梳理了习近平有关推进中华民族现代文明重要论述的践行理路。④孟维嘉主要从建设中华民族现代文明的基础、原则和进路三个方面对中华民族现代文明对建设理路做出阐释。孟维嘉指出，建设中华民族现代文明要求手段与目的、形式与实质的有机统一，必须处理好文明时间与文明空间、文明传承与文明创新、文明自觉与文明自信、文明交流与文明互鉴的辩证关系。⑤李红权等认为建设中华民族现代文明，要从历史进路、理论进路与实践进路三个维度出发，以中华文明突出特性筑牢中华民族现代文明的历史基础，以"两个结合"为法宝推动中华民族现代文明现代转化，在新的历

---

① 康震：《中华民族现代文明的历史逻辑、实践路径与价值导向》，载《中国社会科学》，2023年第8期。

② 杨灿、陈克蛾：《中华民族现代文明重要论述的建构历程、生成渊源及践行理路》，载《学术探索》，2023年第9期。

③ 王延中：《中华民族现代文明建设的三大问题》，载《马克思主义研究》，2023年第8期。

④ 杨灿、陈克蛾：《中华民族现代文明重要论述的建构历程、生成渊源及践行理路》，载《学术探索》，2023年第9期。

⑤ 孟维嘉：《中华民族现代文明的建设理路》，载《理论与改革》，2023年第5期。

史起点坚守建设中华民族现代文明的历史使命，赋能中华民族现代文明发展。① 袁祖社从准确理解中国作为一个"文明体"的完整涵义和"文明社会"的确切意蕴、切实贯彻传承和发展中华优秀传统文化的总方针和根本性原则以及明确文明崛起论的智识论内涵这三个层面说明了建设中华民族现代文明的实践进路。②

3. 中华民族现代文明的价值意蕴

中华民族现代文明建设意味着中华文明发展进入新阶段，展现了中华民族的发展愿景和中华文明的发展前景，开启了人类文明发展的新阶段，将深刻影响人类文明发展进程，改变人类文明发展格局。③ 徐俊六指出，中华民族现代文明是中华传统文明的延续与发展，具有丰富的时代内涵与深邃的社会意蕴，充分体现中华文明的突出特性，充分展示中华文明的自立、自信、自觉与自强，助推了中华文化共同体与中华民族共有精神家园的建构，也充分展示了中国共产党文化理论创新的新高度，为世界文明发展贡献中国力量。④ 李包庚认为中华民族现代文明是中国式现代化书写的新的文明形态，是经由"两个结合"所形成的"有机统一的新的文化生命体"，终结了西方文明的理论霸权和文化霸权，破除了"修昔底德陷阱"的固化思维，破解了"历史终结论""文明冲突论"等西方文明的话语陷阱，摆脱了对西方资本主义文明的路径依赖，拓展了后发国家走向现代文明的路径选择，为人类对更好文明形态的探索提供了中国方案。⑤ 王淑芹指出，中华民族现代文明是中华民族

---

① 李红权、赵忠璐：《建设中华民族现代文明的三重进路》，载《湖南社会科学》，2023年第4期。

② 袁祖社：《建设中华民族现代文明的理论内蕴及实践进路》，载《人民论坛·学术前沿》，2023年第7期。

③ 陈金龙：《中华民族现代文明的生成、特质与价值》，载《中国社会科学》，2023年第8期。

④ 徐俊六：《中华民族现代文明的历史逻辑、时代意涵与建设路径》，载《贵州社会科学》，2023年第8期。

⑤ 李包庚：《建设中华民族现代文明的时代逻辑》，载《探索》，2023年第5期。

在中国式现代化推进的新时代,在物质文明、制度文明、生态文明与精神文明协调互济,传统美德与时代精神融合相长,人类优秀文化"文明互鉴"基础上所形成的既传承中国古代文明又超越西方现代文明的一种新型文明形态。中华民族现代文明具有古今的融贯性、建设领域的全面性、建设内容的精神性以及建设对象的整体性四大特征。①

(三)"两个结合"

自习近平总书记在庆祝中国共产党成立100周年大会上首次提出的"两个结合"重大概念,到党的二十大报告深刻阐述其基本内涵和实践意义,再到习近平总书记在文化传承发展座谈会上发表重要讲话再次强调"两个结合"的重要意义,激发了学术界对"两个结合"的研究热情,产生了一系列研究成果。这些成果主要集中在"两个结合"的科学内涵、逻辑关系和价值意义等方面。

1."两个结合"的理论逻辑、历史逻辑、实践逻辑

国内学者主要围绕理论逻辑、历史逻辑、实践逻辑三个维度了来探讨马克思主义中国化"两个结合"理论体系所蕴含的价值意蕴。从理论逻辑上来看,杨小军等指出,马克思主义中国化"两个结合"的重大科学论断坚持守正创新发展马克思主义,不断开创马克思主义中国化新境界。②吴文珑认为马克思主义经典作家注重"结合"的相关论述是"两个结合"的重要理论来源,为"两个结合"的推进提供了充分的学理依据,"两个结合"蕴含着马克思主义本质特性的内在要求。③徐国民等认为"两个结合"充分体现了马克思主义真理之树根植本国、本民族历史

---

① 王淑芹:《关于中华民族现代文明特性的思考》,载《马克思主义理论学科研究》,2023年第11期。

② 杨小军、丁馨妍:《马克思主义中国化"两个结合"的四重逻辑》,载《吉首大学学报(社会科学版)》,2023年第3期。

③ 吴文珑:《"两个结合"的理论逻辑、历史逻辑和实践逻辑》,载《马克思主义研究》,2023年第5期。

文化沃土的内在要求。① 瞿琦、郑波指出，马克思主义经典作家论述为"两个结合"生成学理支撑，"两个结合"既是理论创新，又是实践探索；既是行动指南，又是宝贵经验，体现了马克思主义对普遍与特殊、理论与实践的统一性探讨。②

从历史逻辑来看，"两个结合"是对中华优秀传统文化的继承发展，一是传承和发展中华优秀传统文化是新时代新的文化使命，二是传承和发展中华优秀传统文化是马克思中国化时代化的必然选择。③ 徐伟指出，优秀传统文化为马克思主义中国化提供了落地生根的肥沃土壤，党的百年奋斗历程又为马克思主义时代化凝练了宝贵辉煌的历史经验，这是"两个结合"中最为坚实的历史发展基础。④

从实践逻辑来看，王敏等认为马克思主义中国化"两个结合"是对唯物辩证法的笃学践行。⑤ 杨小军、丁馨妍指出在百年历史实践中，我们党将马克思主义运用于中国具体历史实际之中，作为马克思主义"化"中国社会主义的具体方法，探索出不同历史时期"中国式"社会主义实现的具体路径，提出"化"中华优秀传统文化的根本方法，激发党和人民接续奋斗的精神动力，赓续践行探索中国特色社会主义的实践主线，体现着"两个结合"的内在实践逻辑。⑥ 徐斌指出"两个结合"在实践应用上从侧重马克思主义之"用"转为马克思主义之"体用合一"，是将马克思主义"体""用"融会贯通的结合，马克思主义在与

---

① 徐国民、王国洪：《马克思主义中国化"两个结合"的科学内涵与实践路径》，载《江苏大学学报（社会科学版）》，2023年第2期。

② 瞿琦、郑波：《"两个结合"的生成逻辑、科学内涵和实践进路》，载《哈尔滨工业大学学报（社会科学版）》，2023年第5期。

③ 瞿琦、郑波：《"两个结合"的生成逻辑、科学内涵和实践进路》，载《哈尔滨工业大学学报（社会科学版）》，2023年第5期。

④ 徐伟：《深刻理解"两个结合"的逻辑意蕴》，载《人民论坛》，2023年第6期。

⑤ 王敏、陶思睿：《马克思主义中国化"两个结合"的精义》，载《常州大学学报（社会科学版）》，2023年第5期。

⑥ 杨小军、丁馨妍：《马克思主义中国化"两个结合"的四重逻辑》，载《吉首大学学报（社会科学版）》，2023年第3期。

包括中华优秀传统文化的中国具体实际良性互动的过程中，"内发"地擢升马克思主义之"体"，提升其发展性与创新性，以更好地发挥马克思主义之"用"，凸显其效用性与适用性。①

2."两个结合"的理论阐释

关于"两个结合"思想的理论阐释。乔清举指出，"两个结合"相对独立而又相互联系，领域不同而又交织融合，特点各异而又本质一致，形成辩证统一关系。"两个结合"适应党所处的不同历史阶段和担负的不同任务，共同构成党的理论创新方法论的重要内容。② 韩东晖从"第一个结合"与马克思主义中国化的时代内涵和判准出发，运用"结合"概念的语义学分析说明了"第二个结合"的历史演进特征，指出"两个结合"构建了新时代中国特色社会主义的坐标系，交织而成马克思主义中国化时代化的经纬线，其理论视野、价值构建和实践导向彰显了综合创新、胸怀天下的历史方位。③ 金思扬通过对"两个结合"是自主性结合、贯通性结合、差异性结合和互动性结合这四个特性的阐述，提出"两个结合"并不是无主体的对象之间的自发性碰撞，不是主体之间的简单交叠，而是在党的领导下，中国马克思主义者开展的自主自觉的实践和理论创造活动。④

3."两个结合"的重大意义

"两个结合"是习近平关于新时代如何实现马克思主义中国化时代化、中华民族文明如何传承发展的重要论述。"两个结合"既是对马克

---

① 徐斌：《"两个结合"思想升华的三层意蕴及原创性贡献》，载《甘肃社会科学》，2023年第3期。

② 乔清举：《论"两个结合"及其在习近平文化思想中的意义》，载《哲学研究》，2023年第12期。

③ 韩东晖：《"两个结合"与马克思主义中国化时代化新境界》，载《现代哲学》，2023年第3期。

④ 金思扬：《"两个结合"是内涵丰富的主题创造性过程》，载《岭南学刊》，2023年第3期。

思主义中国化时代化百年历史经验的系统总结,也是对中华文明发展规律的深刻把握。① 李冉指出,"两个结合"是对马克思主义的原创性贡献,"两个结合"彰显了中国共产党坚持和发展马克思主义的科学态度和真理精神,让马克思主义始终保持了蓬勃生机和旺盛活力,是我们取得成功的最大法宝。② 徐斌认为"两个结合"扩展了马克思主义中国化的深度与广度、重建与挺立了中华文化的主体性、昭示了中国特色的人类指向。胡丽认为"两个结合"指明了马克思主义中国化的发展新方向、激发了中华优秀传统文化的发展新活力和描绘了世界文化文明的发展新样态。

(四)人类命运共同体

"这个世界,各国相互联系、相互依存的程度空前加深,人类生活在同一个地球村里,生活在历史和现实交汇的同一个时空里,越来越成为你中有我、我中有你的命运共同体。"③ 自习近平总书记在莫斯科国际关系学院的演讲中首次提到构建人类命运共同体的倡议以来,人类命运共同体的内涵和重要意义又在不同场合被多次强调,逐渐成为学术关注和研究的热点。分析有关文献可发现,其主要研究内容聚焦于理论渊源、思想内涵和建构路径三个层面。

1. 人类命运共同体的理论渊源

构建人类命运共同体具有坚实的理论依据,全面继承和创新发展了马克思主义意涵的"共同体""世界历史"和"人类解放"等思想,创造性转化和创新性发展了"协和万邦""人心和善"和"和而不同"的中华优秀传统文化,传承和升华了中国始终坚持的和平外交理念,呈现

---

① 肖贵清:《习近平关于"两个结合"的重要论述及其意义》,载《理论视野》,2023年第9期。
② 李冉:《深刻理解和把握"两个结合"》,载《红旗文稿》,2023年第14期。
③ 习近平:《顺应时代前进潮流促进世界和平发展:在莫斯科国际关系学院的演讲》,载《人民日报》,2013年3月24日。

出丰富而厚重的理论底蕴。① 刘同舫指出,人类命运共同体的伟大构想植根于"新唯物主义"的哲学基础,蕴含了鲜明的世界历史意义和人类文明意蕴,并以马克思创立的"新唯物主义"和"人类社会"为立足点,强调了人类命运共同体使终立足"人类社会",彰显出新唯物主义力求改变世界的理论特质,超越了以私人利益为基础的资本主义发展模式的解释原则,走向契合人类交往本质并以共同利益为基础的"自由人联合体",实现了新唯物主义理论逻辑与现代文明发展历史逻辑的辩证统一。②

2. 人类命运共同体的思想内涵

人类命运共同体是马克思世界历史理论的时代表达。③ 汤德森等将人类命运共同体理念分为政治领域互通、经济领域互融、文化领域互网、安全领域互助和生态领域互建五个方面,说明了习近平人类命运共同体理念坚持了马克思主义世界历史理论和共同体思想等理论,是随着时代变化而不断进步、发展的新时代马克思主义,是马克思主义时代化的最新成果。④ 王春英、仉佳璐认为人类命运共同体理念从解答"中国强大了,中国向何处去"到为"世界怎么了,我们怎么办"贡献了"中国方案",是马克思主义共同体思想的继承发扬,是破解"文明冲突论"的文明理念创新,是解构"西方中心论"的历史理念创新。⑤ 根据习近平总书记在第70届联合国大会的重要讲话,李传兵认为人类命运共同

---

① 张玉霞:《构建人类命运共同体的理论依据、重大意义及实践路径》,载《学术探索》,2023年第3期。

② 刘同舫:《"新唯物主义"与人类命运共同体的哲学根基》,载《北京师范大学学报(社会科学版)》,2023年第4期。

③ 孙伟平、贺敏:《人类命运共同体的理论内蕴、双重内涵与实践路向》,载《马克思主义哲学》,2023年第6期。

④ 汤德森、杨邦、张晨:《习近平人类命运共同体理念的丰富内涵与时代价值》,载《社会主义研究》,2023年第2期。

⑤ 王春英、仉佳璐:《人类命运共同体理念:时代背景、理论创新与实践路径》,载《江西社会科学》,2023年第7期。

体的内涵可阐释为建立平等相待、互商互谅的伙伴关系；营造公道正义、共建共享的安全格局；谋求开放创新、包容互惠的发展前景；促进和而不同、兼收并蓄的文明交流；构筑尊崇自然、绿色发展的生态体系。①

3. 人类命运共同体的建构路径

孙伟平等从"主客二元对立"向"主体际"思维模式的转变、从世界秩序"推及"向世界秩序"内生"的转换和从"解释世界"向"改变世界"的转化三个方面为建构人类命运共同福祉提供了实践路径。② 张玉霞指出，构建人类命运共同体需要清醒认识资本主义"虚假共同体"的本质，立足主观层面培育全人类的共同价值，激发全人类形成合理、公平、平等的价值追求，增强各国人民的人类命运共同体意识；从客观层面打造开放、透明、公正的世界经济发展格局，推动经济全球化健康发展，整体改革和完善全球治理体系，完善和健全话语传播体系，全方位提升国际认同，使构建人类命运共同体成为世界各国繁荣发展的重要支撑。③ 王春英、仉佳璐指出，中国始终以人类命运共同体理念为引领，以维护世界和平和促进共同发展为宗旨，坚持通过协商对话、共建共享和平等合作等方式处理国际事务，积极参与全球治理，提出"一带一路"倡议、全球发展倡议、全球安全倡议和全球文明倡议，着力破解全球治理和平赤字、发展赤字、治理赤字和信任赤字等问题，努力构建人类命运共同体。④

---

① 李传兵：《人类命运共同体思想的世界意义及实践路径》，载《湖南社会科学》，2023年第6期。

② 孙伟平、贺敏：《人类命运共同体的理论内蕴、双重内涵与实践路向》，载《马克思主义哲学》，2023年第6期。

③ 张玉霞：《构建人类命运共同体的理论依据、重大意义及实践路径》，载《学术探索》，2023年第3期。

④ 王春英、仉佳璐：《人类命运共同体理念：时代背景、理论创新与实践路径》，载《江西社会科学》，2023年第7期。

（五）全球文明倡议

全球文明倡议是继全球发展倡议和全球安全倡议后，中国向世界提供的又一重要倡议。全球文明倡议对于推动世界文明交流，促进人类命运共同体有着十分重大的意义。从国内现有的研究成果来看，问题意识突出，研究视角多元，主要围绕其理论内涵、生成逻辑和世界意义三个方面展开。

1. 全球文明倡议的理论内涵

张新平、董一兵从逻辑前提、价值基础、发展动能和实践路径四个方面详细展开了全球文明倡议的内涵描写，认为全球文明倡议作为人类文明交流史上的重大成果，是长期酝酿与发展的产物，深受习近平文明观的影响，具有丰富的理论内涵与严密的内在逻辑。① 韦红等指出，全球文明倡议提出"尊重世界文明多样性"和"加强国际人文交流合作"的重要主张，既充分尊重文明多样性的客观现实，又努力推动不同文明交流互鉴，以实现文明多元与文明共通的辩证统一。② 邢丽菊认为全球文明倡议的主要内容包括：共同倡导尊重世界文明多样性；共同倡导弘扬全人类共同价值；共同倡导重视文明传承和创新；共同倡导加强国际人文交流合作。这四个"共同倡导"的核心是实现文明交流互鉴，全面体现文明的多样性、共通性、发展性和实践性特征，同时分别对应回答了"为什么需要交流互鉴""为什么能够实现交流互鉴""交流互鉴什么内容"和"如何实现交流互鉴"四个维度的问题，具有科学系统的逻辑统一性。③ 李艳平、陈绍辉系统地分析了人类文明的历史进程并揭示

---

① 张新平、董一兵：《全球文明倡议：理论内涵、生成逻辑与世界意义》，载《新疆社会科学》，2023 年第 6 期。
② 韦红、郝雪：《"三大全球倡议"：全球治理新思维及推进路径》，载《社会主义研究》，2023 年第 6 期。
③ 邢丽菊：《全球文明倡议的理论内涵及时代意蕴》，载《现代国际关系》，2023 年第 7 期。

人类文明的现实困境，指出推动落实全球文明倡议，缔造了一种遵循人类文明客观规律与担当为人类求解放崇高使命联袂共生的人类新文明。①

2. 全球文明倡议的生成逻辑

在张新平等看来，全球文明倡议并非一蹴而就，是立足于马克思主义文明观，植根于中华文明观，融合与借鉴了古今中外诸多思想精华的智慧结晶。② 朱中博指出，全球文明倡议由中方提出不是偶然的，倡议基于中华文明五千余年的厚重积淀，结合中国式现代化开辟人类文明新形态、引领世界文明进步的前景，彰显了中国领导人推动中外文明繁荣共进的天下胸怀，体现引领不同文明共生交融潮流的使命担当。③ 邵新盈从历史逻辑、理论逻辑和现实逻辑三个方面展开描述了全球文明倡议的生成逻辑，他强调全球文明倡议根植于中华优秀传统文化，是马克思主义基本原理与中华优秀传统文化的有机结合，生成于新中国与全球文明交流融合和沟通互鉴的具体实践，对促进人类文明进步和世界和平发展具有重要意义。④ 卢静指出全球文明倡议是继2021年提出全球发展倡议和2022年提出全球安全倡议后，新时代中国为国际社会提供的又一重要公共产品，是紧紧围绕构建人类命运共同体所提出的第三个全球性倡议。⑤ 朱旭、贺钰晶从全球文明倡议的前提条件、根本遵循、动力源泉与关键路径四个方面详细梳理了全球文明倡议的内在逻辑。⑥

---

① 李艳平、陈绍辉：《马克思的文明理论与人类文明新形态的实践创新——简论全球文明倡议的世界意义》，载《社会主义研究》，2023年第3期。
② 张新平、董一兵：《全球文明倡议：理论内涵、生成逻辑与世界意义》，载《新疆社会科学》，2023年第6期。
③ 朱中博：《全球文明倡议：缘起、内涵与中国实践》，载《国际问题研究》，2023年第5期。
④ 邵新盈：《全球文明倡议的生成逻辑、时代价值和实践路径》，载《当代世界》，2023年第5期。
⑤ 卢静：《全球文明倡议：理念与行动》，载《人民论坛》，2023年第11期。
⑥ 朱旭、贺钰晶：《全球文明倡议的内在逻辑、理论基础与时代价值》，载《人文杂志》，2023年第10期。

3. 全球文明倡议的世界意义

全球文明倡议是一条致力于文明间通力合作、水乳交融的正确道路，是属于全人类文明的共同事业，其展现了中华文明的历史担当、推动了人类现代化进程并廓清世界文明发展迷思。① 王枫桥从理论层面和实践层面阐述了全球文明倡议的世界意义，认为全球文明倡议不仅实现了人类命运共同体知识体系的意义增量，也向全世界展现了中国共产党和中国人民的文明观，为不断回答世界之问、时代之问、历史之问贡献了中国智慧、提供了中国方案。② 全球文明倡议尊重世界文明多样性，秉持开放包容态度，强调以文明交流超越文明隔阂、文明互鉴超越文明冲突和文明包容超越文明优越，顺应世界历史潮流，符合人类和平发展愿望，在实现中华民族伟大复兴的战略全局与世界百年未有之大变局相互交织激荡的关键时刻，必将极大丰富世界文明百花园，为促进人类和平发展事业和推动构建人类命运共同体做出新的更大贡献。③

（六）新质生产力

2023 年 9 月，习近平总书记在黑龙江考察时指出："要立足现有产业基础，扎实推进先进制造业高质量发展，加快推动传统制造业升级，发挥科技创新的增量器作用，全面提升三次产业，不断优化经济结构、调整产业结构。整合科技创新资源，引领发展战略性新兴产业和未来产业，加快形成新质生产力。"④ 发展新质生产力是党中央立足

---

① 张新平、董一兵：《全球文明倡议：理论内涵、生成逻辑与世界意义》，载《新疆社会科学》，2023 年第 6 期。
② 王枫桥：《习近平关于全球文明倡议的深刻内涵及意义》，载《理论视野》，2023 年第 7 期。
③ 邢丽菊：《全球文明倡议的理论内涵及时代意蕴》，载《现代国际关系》，2023 年第 7 期。
④ 习近平：《牢牢把握在国家发展大局中的战略定位 奋力开创黑龙江高质量发展新局面》，载《人民日报》，2023 年 9 月 9 日。

世界科技现状与本国生产力的实际情况而作出的重大战略部署。目前，学术界针对新质生产力的出场逻辑、内涵意义和实践路径等方面进行了深入研究。

1. 新质生产力的出场逻辑

目前学界有关新质生产力理论研究主要从理论逻辑、历史逻辑和现实逻辑三个方面进行探讨。首先，是新质生产力形成的理论逻辑。蒲清平等将新质生产力视为马克思主义生产力理论的传承与发展，强调了习近平总书记提出"新质生产力"这一新要求、新概念，代表了生产力的跃迁和质变，是在根植于马克思主义生产力理论的基础上，对马克思主义生产力理论的当代发展，丰富发展了马克思主义生产力理论的内涵。① 李政等则认为发展生产力是经济学的重要主题之一，也是经济思想史中的核心主题，为新质生产力提供了重要的理论逻辑。② 此外，胡洪彬指出，新质生产力这一重要论述同马克思主义生产力理论是一脉相承的，其在理论精髓上具有内在一致性，可谓充分彰显了马克思主义世界观和方法论，本质上是马克思主义生产力理论同新时代我国生产力发展实际相结合的产物。③ 其次，是新质生产力形成的历史逻辑。习近平总书记提出的"新质生产力"，作为当前先进生产力的具体表现形式，既是对人类发展历程中科学技术推动生产力发展的经验总结，也推动且有赖于未来产业的诞生、成长和壮大。④ 胡洪彬梳理了党百年来解放和发展生产力的历程，指出百余年来中国共产党始终代表了先进生产力的发展要求，代表了中国最广大人民的根本利益，亦由此为新时代习近平总书记

---

① 蒲清平、黄媛媛：《习近平总书记关于新质生产力重要论述生成逻辑、理论创新与时代价值》，载《西南大学学报（社会科学版）》，2023年第6期。

② 李政、廖晓冬：《发展"新质生产力"的理论、历史和现实的"三重"逻辑》，载《政治经济学评论》，2023年第6期。

③ 胡洪彬：《习近平总书记关于新质生产力重要论述的理论逻辑与实践进路》，载《经济学家》，2023年第12期。

④ 蒲清平、黄媛媛：《习近平总书记关于新质生产力重要论述生成逻辑、理论创新与时代价值》，载《西南大学学报（社会科学版）》，2023年第6期。

关于新质生产力重要论述的提出提供了历史镜鉴。① 李政、廖晓东则从生产力的发展史角度出发，认为人类社会生产力由传统生产力向新质生产力演进，这是历史必然规律。② 最后，是有关新质生产力的现实逻辑。时代乃思想之母，新时代以来我国社会经济发展的新要求及其客观现状，为新质生产力重要论述的提出提供了现实性土壤。③ 蒲清平等指出新质生产力的重要论述是正确分析国内外科技发展形势之后作出的准确判断，是破解经济转型转轨时代命题的科学回答，为我们以科技创新推动产业创新和以产业升级构筑新竞争优势指明了方向。④

2. 新质生产力的丰富内涵

新质生产力之"新"，本质上既在于"技术"之新，也在于"领域"之新，新质生产力之"质"，则不仅意味着更高的发展"质量"，更代表着更好更优的生活"品质"。⑤ 戴翔从新质生产力的"新""质"和"力"三个维度对新质生产力的内涵和特征进行了解读，指出新质生产力的关键在于"质"，起点在于"新"，落脚点则在于"力"。其中"新"的变化主要体现为作为生产力载体和表现形式的产业有了战略性新兴产业和未来产业等新起点；"质"的变化主要表现为超越传统的"物质变换"范畴；"力"的变化主要表现为从以往热力、电力、网力到算力的升级。⑥ 周文等从"新"和"质"两方面指出新质生产力是实现

---

① 胡洪彬：《习近平总书记关于新质生产力重要论述的理论逻辑与实践进路》，载《经济学家》，2023 年第 12 期。
② 李政、廖晓冬：《发展"新质生产力"的理论、历史和现实的"三重"逻辑》，载《政治经济学评论》，2023 年第 6 期。
③ 胡洪彬：《习近平总书记关于新质生产力重要论述的理论逻辑与实践进路》，载《经济学家》，2023 年第 12 期。
④ 蒲清平、黄媛媛：《习近平总书记关于新质生产力重要论述生成逻辑、理论创新与时代价值》，载《西南大学学报（社会科学版）》，2023 年第 6 期。
⑤ 胡洪彬：《习近平总书记关于新质生产力重要论述的理论逻辑与实践进路》，载《经济学家》，2023 年第 12 期。
⑥ 戴翔：《以发展新质生产力推动高质量发展》，载《天津社会科学》，2023 年第 6 期。

关键性、颠覆性的技术突破和创新驱动发展的高阶性、跃迁性和革命性的生产力，并由新质型的劳动工具、劳动者和劳动对象构成，展现出数字经济新形态。①蒲清平等将新质生产力定义为：由"高素质"劳动者、"新介质"劳动资料和"新料质"劳动对象构成，以科技创新为内核，以战略性新兴产业和未来产业为阵地，以高质量发展为旨归，适应新时代、新经济和新产业的新型生产力。②

3. 新质生产力的形成路径

关于新质生产力的形成路径。贾品荣指出，提高全要素生产率、提升自主创新能力、深度融入绿色化、打造数字核心技术和释放人才活力是新质生产力形成的关键之处。③周文等指出新质生产力的形成要以处理好政府和市场的关系为主线，走好高水平科技自立自强这一必由之路，抓好健全和完善科技创新体系这一重要环节，筑牢战略性新兴产业和未来产业的主阵地。④曾立等认为推动新质生产力的形成与壮大要以新型举国体制确保关键核心技术攻关，健全以创新能力为导向的高水平人才培养体系，充分发挥有效市场和有为政府对新质生产力萌发的协同作用，布局和形成一大批以新促质的新兴和未来产业。⑤张乐认为新质生产力为中国式现代化提供新动能，要建设创新型人才梯队，形成创新高地；加快实施创新驱动发展战略，奠定科技创新优势；加快实施创新

---

① 周文、许凌云：《论"新质生产力"：内涵特征与重要着力点》，载《改革》，2023年第10期。

② 蒲清平、向往：《新质生产力的内涵特征、内在逻辑和实现途径——推进中国式现代化的新动能》，载《新疆师范大学学报（哲学社会科学版）》，2023年第6期。

③ 贾品荣：《加快形成新质生产力的重点及实现路径》，载《光明日报》，2023年10月31日。

④ 周文、许凌云：《论"新质生产力"：内涵特征与重要着力点》，载《改革》，2023年第10期。

⑤ 曾立、谢鹏俊：《加快形成新质生产力的出场语境、功能定位与实践进路》，载《经济纵横》，2023年第12期。

驱动发展战略，奠定科技创新优势。①

三、坚持问题导向、回应"时代之问"

坚持问题导向、回应"时代之问"，是马克思主义哲学在新时代保持生机与活力的关键一招。习近平总书记指出，"坚持问题导向是马克思主义的鲜明特点。问题是创新的起点，也是创新的动力源。"② 马克思主义正是在问题的发现与解决中实现创新发展的，问题消解的过程正是推动时代发展的创新过程，也是马克思主义哲学进行理论创新的过程。不同历史时期有其不同时代问题，只有坚持以时代问题为导向，才能紧跟时代步伐，解决时代问题。正如习近平总书记所说，"面对快速变化的世界和中国，如果墨守成规、思想僵化，没有理论创新的勇气，不能科学回答中国之问、世界之问、人民之问、时代之问，不仅党和国家事业无法前进，马克思主义也会失去生命力、说服力。"③ "反思的问题学"研究范式以时代问题回应马克思主义哲学创新，为科学认识问题和解决问题提供独特思路。

"一个时代有一个时代的问题，一代人有一代人的使命"④。时代不断发展变化，马克思主义哲学便聚焦于新时代反映出的新问题，在关注时代问题和回应时代需求中不断发展。马克思曾强调："一个时代的迫切问题，有着和任何在内容上有根据的因而也是合理的问题共同的命运：主要的困难不是答案，而是问题。因此，真正的批判要分析的不是

---

① 张乐：《以新质生产力发展推进中国式现代化建设》，载《人民论坛》，2023 年第 21 期。

② 习近平：《在哲学社会科学工作座谈会上的讲话》，载《人民日报》，2016 年 5 月 19 日。

③ 《习近平新时代中国特色社会主义思想的世界观和方法论专题摘编》，北京：中央文献出版社、党建读物出版社 2023 年版，第 44—45 页。

④ 《习近平著作选读》第 2 卷，北京：人民出版社 2023 年版，第 142 页。

答案，而是问题。"① 新时代以来，随着客观现实的不断变化，问题与矛盾无处不在，对于更艰巨更复杂的问题形式，如若没有强烈的问题导向，新时代的难题很难被破解。因此，站在新时代的前沿，必须坚持问题导向，只有以"问题"为核心，紧紧抓住时代问题，回应时代问题，才能推动时代发展。习近平总书记曾指出："每个时代总有属于它自己的问题，只要科学地认识、准确地把握、正确地解决这些问题，就能够把我们的社会不断推向前进"。②

  问题意识是时代发展的产物，时代发展也需要问题意识。马克思主义哲学是关注现实的科学，其理论诞生的源头无一不来自于前人凭借强烈的问题意识找出时代问题并进行创新探索。马克思主义哲学创立、发展以及丰富的过程就是坚持问题导向，不断发现问题并认识和解决问题的过程。在新的历史征程上，面对"时代之问"，更应突破教条，辩证理性地分析问题，合理运用系统思维和大局思维，要全面审视与批判已有的理论认识，破立结合。与此同时，以问题为导向进行实践探索，洞悉时代发展变化中涌现的新问题与新理论，以敏锐的问题意识回应"时代之问"，立足实践并遵循马克思主义哲学的精神本质，以彻底的批判精神有效解决前进道路上的艰难险阻，在不断变化的世情国情党情中为马克思主义哲学的理论创新与社会主义现代化建设的实践创新注入源源不断的内生动力。

（作者孟献丽系浙江工商大学教授，江苏师范大学哲学范式研究院研究员，博士；研究方向为马克思主义理论与社会发展问题。作者张钰莹系宁波大学马克思主义学院硕士研究生）

---

① 《马克思恩格斯全集》第1卷，北京：人民出版社1995年版，第203页。
② 《之江新语》，杭州：浙江人民出版社2007年版，第235页。

中国马克思主义哲学范式建设中的人学研究演进

马丽娟

[摘 要] 中国马克思主义哲学之人学研究的不断演进既源自马克思主义哲学不断创新的内在要求，也源自中国特色社会主义建设实践的飞速发展。中国马克思主义哲学范式建设的人学研究经历了从建构体系化的人学理论到马克思主义人学在新时期中国建设实践中的运用再到马克思主义人学在新时代中国建设实践中的展开的演进过程。建构体系化的马克思主义人学阶段即马克思主义人学之理论哲学研究阶段，该阶段以讨论"人性""人道主义""社会主义有无异化"为开端，以呼吁建构马克思主义人学的实践哲学形态为终结。马克思主义人学在新时期中国建设实践中的运用阶段即马克思主义人学的实践哲学研究阶段，该阶段产生了马克思主义实践人学，其被运用于对党和国家重大理论的分析以及对第三次科技革命浪潮的回应中。新时代马克思主义人学思想随新时代中国建设实践而来，在新时代中国建设实践中不断展开，并在新时代中国建设实践中走向未来。

[关键词] 人学研究 体系化人学 新时期马克思主义人学 新时代马克思主义人学

习近平总书记指出："中国式现代化是亿万人民自己的事业，人民是中国式现代化的主体，必须紧紧依靠人民，尊重人民创造精神，汇集全体人民的智慧和力量，才能推动中国式现代化不断向前发展"。① 中国式现代化以人民对美好生活的向往为出发点和落脚点，以实现人的自由全面发展为最终目标，坚持以人民为中心，为全体人民共同富裕而奋斗，中国式现代化"图卷"中，处处凸显着"大写"的"人"。无独有偶，人的问题也是马克思重点关注的问题，从青年马克思提出"全人类解放"的价值追求，到《资本论》时期马克思提出"人的自由全面发展"，人的问题贯穿于马克思的每一本著作，不仅如此人的问题也贯穿于马克思哲学的存在论、认识论、方法论与价值论等各个方面。

"中国马克思主义哲学范式建设，既是马克思主义哲学自身发展的内在要求，也是解决新时代语境下中国马克思主义哲学所面临的重大理论问题和实践问题的必然之举"。② 中国马克思主义哲学范式建设的人学研究以社会历史发展为现实根基，以马克思主义经典著作为理论根基，经历了从建构体系化人学理论到马克思主义人学在新时期中国建设实践中的展开再到马克思主义人学在新时代中国建设实践中的展开的演进过程。本文将深挖该演进过程中每一个研究阶段产生的渊源，呈现该研究阶段的重要成果，揭示每一个研究阶段如何为下一个演进阶段奠基。最后，对未来的人学研究方向进行展望，以期推动中国马克思主义哲学范式建设中人学研究的进一步发展。

一、建构体系化的马克思主义人学

中国马克思主义哲学人学研究的理论哲学阶段，经历了从"人"的问题研究的兴起到自我体系的建构再到与"他者"对话的过程。人

---

① 习近平：《中国式现代化是中国共产党领导的社会主义现代化》，载《求是》，2023年5月31日。
② 曹典顺：《中国马克思主义哲学研究的范式建设维度》，载《南通大学学报（社会科学版）》，2023年第5期。

学研究兴起于"文革"的结束与十一届三中全会后的思想解放运动，这一时期学界关注的热点是人性、人道主义、人的现代性与人的主体性等问题。20世纪90年代，随着"人"的问题成为中国马克思主义哲学界关注的热点问题，学界发出建立"马克思主义人学"的呼吁，学者们围绕着马克思主义人学的性质、对象、方法与意义等问题著书立说，成果丰硕，马克思主义人学成为中国马克思主义哲学的"显学"。随后，伴随着中国马克思主义哲学界掀起的西方马克思主义研究热潮，西方马克思主义与马克思主义人学的对话成为马克思主义人学研究的主流范式。

（一）人学理论体系化研究的历史前提

国内具有现代意义的人学研究兴起于20世纪70年代末80年代初。这一思潮既是两次世界大战后国际人道主义复苏的产物，也是我国在改革开放初期对"文化大革命"中"忽视人""否定人"之失误深刻反省的结果。这一时期中国马克思主义哲学人学研究关注的主题是"人性""人道主义""异化"与"人的本质"。

1. 人道主义的复苏：关注"人性""人道主义"与"异化"

关于人性问题，当时中国马克思主义哲学界争论的焦点是马克思主义经典作家是否同意作为"共性的人性"。换句话说，"人性"问题究竟是属于资产阶级的，抑或是社会主义国家也存在人性问题。关于这一问题，有的学者采取较为审慎的态度，有的学者则直截了当地肯定人性的共同性，指出："人性不仅可以是共同的。不是共同的就不是人性。"① 关于人道主义问题，当时学界集中讨论的焦点是社会主义与人道主义相容吗？关于这一问题存在两种截然对立的观点，一种观点认为以马克思主义为指导的社会主义不存在人道主义；另一种观点则在区分社会主

---

① 黄枬森：《关于人的理论的若干问题》，载《哲学研究》，1983年第4期。

人道主义与资本主义人道主义的基础之上,承认社会主义的人道主义。①关于异化问题,当时中国马克思主义哲学界讨论的焦点则是社会主义社会是否存在异化?当时许多国内学者断然否定社会主义社会存在"异化",这一时期也有些学者开始正视"异化"问题,提出"消灭异化现象,包括劳动异化现象,仍然需要一个过程,社会主义国家确实要自觉地预防和克服异化的现象"。②

2. 改革开放的"春天":关于"人的现代化"与"人的主体性"的讨论

随着改革开放的到来与社会主义现代化建设的展开,中国马克思主义学术界转而开始研究"人的现代化"与"人的主体性"问题。当时学界对于"人的现代化"问题的讨论主要集中在人的"价值观念"的变革、市场经济与人的道德、人的素质的现代化以及知识经济与人的现代化等方面。为了实现人的价值观念的变革,有学者指出要在政治生活方面建立人民群众的主人翁意识;在经济生活方面应克服空想社会主义,敢想敢干;在文化与社会生活方面应将商品经济与道德建设,集体与个人统一起来。③ 有学者提出人的素质的现代化是社会主义现代化的重要组成部分,要弘扬人的素质现代化。④ 关于人的主体性问题,有学者指出,为了弘扬中国人民的主体性,要正确处理民族、集体与个体三者之间的关系,社会发展规律、自然规律要与弘扬人的主体性协调发展。⑤

---

① 参看李炳君、雷念曾:《社会主义人道主义同资产阶级人道主义的区别》,载《新疆大学学报(哲学社会科学版)》,1984年第4期。
② 李由义:《马克思著作中异化劳动的概念及其在历史唯物主义中的地位》,载《暨南大学学报(哲学社会科学版)》,1980年第4期。
③ 参看鹤良:《深化价值理论研究推进价值观念变革》,载《湖北社会科学》,1987第12期。
④ 戚克非:《社会主义初级阶段与人的素质》,载《学习与探索》,1988年第2期。
⑤ 张曙光:《哲学主体性研究五题》,载《学术论坛》,1989年第2期.

3. 人学研究的深入：体系化人学理论的建构

整个 20 世纪 80 年代，人的问题成为中国马克思主义哲学界关注的热点问题，围绕着人的问题，学界经过多次讨论与争锋，产出了许多学术成果。进入 20 世纪 90 年代，随着学界对于人的问题的研究范围越来越广，研究内容越来越深刻，"一些对人的问题感兴趣且有一定思考的专家学者感到有必要把'人'这一对象作为一门科学来研究，阐明关于人的基本理论，建立一门相对独立的人学"①，作为独立学科的人学理论与马克思主义人学理论由此产生。

（二）人学理论体系化研究的重要成果

20 世纪 90 年代，人学成为"显学"，作为独立研究对象的"人学"开始成为中国马克思主义哲学界的研究热点。学者们致力于构建作为独立学科的"人学"，而独立学科的构建则必须澄清该学科的性质、研究对象、研究方法以及限定其研究范围。于是 20 世纪 90 年代至新世纪之交的十年，中国马克思主义哲学界人学理论研究主要讨论的焦点为：人学的性质、人学的研究对象与方法、马克思主义人学的研究对象、研究方法与研究意义等。

1. 人学的性质

关于人学性质的研究大约有四种观点，第一种观点认为"人学不等于人的哲学，人学是一门基础学科，其包含人的自然科学、人的社会科学和人的精神科学三大类"。② 第二种观点认为人学是关于作为整体的人及其本质的科学。第三种观点认为人学是处于人的哲学与人的科学之间的一门交叉学科。第四种观点认为人学是关于个人问题的学说体系。这四种观点可以归纳为两种类型，一是人学是关于整体的人及其本质的科学，二是人学研究的是个体。在当时的中国马克思主义哲学界，第一种

---

① 韩庆祥：《90 年代人学研究述评》，载《教学与研究》，1996 年第 1 期。
② 黄楠森：《人学的对象和基本内容》，载《高校社会科学》，1990 年第 5 期。

类型占主流。

2. 人学的研究对象与方法

人学的性质决定了其研究对象的范围与研究的方法论原则。整体性的人学认为人学的研究对象包括两个部分:"作为整体的人和人的本质。整体的人包含人与自然的关系、人与社会的关系、人的历史、人的个人生活;人的本质则包含人的本性、人的地位与人的发展。"个体性的人学则认为人学的研究对象是"个人的价值因素和科学因素"。人学的性质与对象共同规定了人学研究的方法论原则,人学研究的方法论原则包括:"类研究与个体研究的统一、自然属性研究与社会属性研究的统一以及科学研究与哲学反思的综合。"①

3. 马克思主义人学的性质、架构与方法

马克思主义人学是在马克思主义哲学的指导下,研究人的本质、人的异化及其扬弃、人的价值、人的自由全面发展等问题的统一科学。袁贵仁的《马克思的人学思想》一书作为较早的全面、准确阐述马克思主义人学思想的著作而受到中国马克思主义哲学界的广泛关注。他从"人性""人的本质""人的主体性""人的需要""人的价值""人权""人的自由""民主""平等""公正"与"人的发展"等几个方面来架构马克思主义人学体系。关于马克思主义人学的研究方法有学者指出,马克思主义人学的研究方法包含"主体与实践、存在与本质相统一的方法、对象化的方法、个体与类相统一的方法。"② 有学者提出"人学辩证法"的概念,所谓人学辩证法是指:"切实达到对人的完整把握,必然要求超越物种逻辑,而求助于辩证逻辑,即人学辩证法,人学辩证法是对实践辩证法的展开与深化。"③

---

① 参看董武清:《"人学"的对象和性质研究》,载《哲学动态》,1995年第4期。
② 阮青:《马克思主义人学研究方法论研讨会述要》,载《哲学动态》,1998年第1期。
③ 贺来:《人学辩证法刍议》,载《哲学动态》,1998年第3期。

（三）马克思主义人学与西方哲学的对话

中国马克思主义哲学界对待西方马克思主义的态度经历了全盘否定到逐步了解再到与之对话三个阶段。学界对西方马克思主义持全盘否定态度的时代背景是西方意识形态的政治挤压以及苏联马克思主义对中国马克思主义哲学的指导与统治。随着 20 世纪末的苏联解体与东欧剧变以及 21 世纪的到来，学界掀起了研究西方马克思主义的热潮，强调其服务于中国马克思主义哲学研究的价值立场。中国马克思主义哲学与西方马克思主义之间的对话正是在此时代背景下展开的。马克思主义人学作为当时中国马克思主义哲学的"显学"，亦展开了同西方马克思主义人学之间的对话。

1. 马克思主义人学与西方马克思主义对话

西方马克思主义与马克思主义人学思想之间的对话是围绕着马克思主义人学的核心问题展开的，这些核心问题包括"人的本质"问题、"人的主观能动性"问题、主观辩证法与人的主体性问题等。关于人的本质问题，法兰克福学派的弗洛姆提出人的本质由"人的生存矛盾"决定；马尔库塞则认为"爱欲"是人的本质，劳动是人的"爱欲"的发泄；萨特则提出成熟时期的马克思主义是人学空场，用"存在主义"去填补这个空场，并提出了"存在主义马克思主义"哲学流派，提出"存在先于本质"。关于人的主观能动性问题，法兰克福学派主张从意识形态角度进行解释，其将对当代工业社会的意识形态批判看成是唤醒人的自我意识与主观能动性的主要途径。关于人的主体性问题，卢卡奇认为马克思主义辩证法的核心是主体创造性，客体是主体创造性的被动对象，人的主体性得以彰显。①

---

① 参看高振强：《西方马克思主义与马克思主义人学》，载《河南社会科学》，2000 年第 2 期。

2. 马克思主义人学与"生存论"哲学对话

所谓"生存论转向"指的是 21 世纪初,中国马克思主义哲学界兴起的一股研究克尔凯郭尔、叔本华、尼采与海德格尔存在主义哲学,并用"生存论"思想来解读马克思主义哲学的热潮。有学者指出,"生存论转向"不同于 20 世纪末中国马克思主义哲学届纷繁复杂的学术转向,"生存论转向是一个在存在论上的因而更具有研究意义的转向,弄清生存论转向,直接有益于明确其他哲学转向的意义"。① 生存论顾名思义关注人的生存问题,克尔凯郭尔存在主义的"人"是一个顺从上帝"弱小无助"的人,尼采则直接宣布"上帝已死",其哲学中的人是"由自己的意志支配自己生存"的"超人",而海德格尔哲学中的人则作为"此在",与世界不可分割。由此可见"人"本身就是生存论哲学的志趣所在。马克思主义人学与生存论转向之间的对话,有助于厘清人学研究的存在论基础,"人学的存在论就是生存论"。②

3. 马克思主义人学与胡塞尔现象学对话

胡塞尔现象学批判现代人被科学的世界观遮蔽,从而遗忘了人与世界之间的原初关系,"原本从根源处体悟宇宙人生之意义的人的理性成了单面的认知理性,人本身所固有的内在丰富性被挤压,人逐渐丧失了人性"。于是胡塞尔主张用"现象学还原的方法"去把握人与世界的原初关系,澄清人生存在世界上之意义。所谓"现象学还原的方法"是指"终止一切对事实的质朴信念和设定态度,悬置一切与世界存在相关的理论观点和价值准则",从而寻找人与世界的原初关系以及人存在的意义。挖掘胡塞尔现象学中的人学意蕴,"作为一种新的思维方式为重新理解人与世界、从而也为理解真正意义的人生提供了可能"。③

---

① 邹诗鹏:《生存论转向与当代生存哲学研究》,载《求是学刊》,2001 年第 5 期。
② 参看邹诗鹏:《生存论转向与当代生存哲学研究》,载《求是学刊》,2001 年第 5 期。
③ 参看尚党、卫陈林:《胡塞尔现象学的人学意蕴》,载《江苏大学学报》,2002 年第 4 期。

纵观从20世纪80年代初到21世纪初，中国马克思主义哲学人学研究的理论哲学研究阶段可谓精彩纷呈，成果丰硕。其对社会主义现代化建设伊始，人的主体性、现代化的塑造发挥了重要作用。但这一时期的人学研究也有不容忽视的问题，例如人学的范围过于宽泛界限不明，人学研究过于注重理论建构轻视社会实践等问题。正是这些问题促使中国马克思主义哲学的人学研究从理论哲学研究阶段到实践哲学研究阶段的演进。

二、马克思主义人学在新时期中国建设实践中的运用

随着社会的发展和理论研究的深入，单纯的理论哲学研究逐渐暴露出其局限性。学者们认识到，马克思主义哲学的本质在于实践，"实践既是马克思哲学的一个非常重要的哲学范畴，也是衡量中国道路是否正确的唯一标准"①，人学问题的研究必须与现实的社会实践相结合。这一认识推动了中国马克思主义哲学范式建设中人学研究的实践哲学研究阶段的到来。实践哲学研究阶段，马克思主义人学的研究视阈包括"马克思主义实践人学"的产生与马克思主义实践人学在现实中的运用。马克思主义实践人学在现实中的运用包含两个方面，一是用"马克思主义实践人学"去阐释党和国家领导人的重要思想，这些思想是对当时的社会现实最精要的浓缩；二是用"马克思主义实践人学"回应当代科技革命对"现实的人"发起的挑战，阐释中国特色社会主义现代化建设实践中对于"现实的人"的内涵之丰富与发展。

（一）用实践论诠释马克思主义人学

中国马克思主义哲学界对实践问题的讨论由来已久，它起源于"文

---

① 曹典顺：《马克思社会建设逻辑——唯物辩证法视域中的马克思社会建设思想研究》，北京：中央编译出版社2020年版，第7页。

化大革命"结束后,理论界兴起的"关于真理标准问题"的讨论。时至21世纪,学界关于实践问题的讨论已经日臻成熟,产生了实践本体论、实践认识论、实践辩证法等理论。学者们将实践理论与马克思主义人学相结合,就产生了"马克思主义实践人学",并从实践在马克思主义人学中的基础地位、马克思主义实践人学的价值、马克思主义实践人学的方法等纬度展开对"马克思主义实践人学"的讨论。

1. 强调实践在马克思主义人学中的基础与决定性地位

关于实践在马克思主义人学中的基础性地位,有学者指出,"马克思一贯重视人的历史创造者地位和人作为历史目的的地位。肯定实践论在新唯物主义哲学中的理论核心地位,也就是肯定'现实的人'在其中的理论核心地位……人的实践论认为实践、交往、创造、革新为人的一般本性,人在不断推进的实践中改变着自己的本性,人类社会历史的归宿是实现每一个人全面而自由的发展"。① 还有学者从实践与人关系的角度,阐释实践的基础性地位,并指出"实践哲学是把感性理解为实践活动的唯物主义哲学,强调实践对人的基础与本质意义。人是通过实践生成的、并以实践为类特性,而实践是人作为有生命的个人存在的实践,二者而为前提,互相包含。"②

2. 研究马克思主义实践人学的价值内涵

21世纪初"马克思主义实践人学"与"马克思的实践人学"概念开始出现。有学者指出马克思的实践人学的价值内涵包括两个方面:一是人文批判价值,二是实践生成价值。所谓人文批判价值是指:"通过实践活动消灭哲学(抽象的德国古典哲学),消灭抽象的人,让哲学回归现实,关注现实人的生存与命运,才是真正的哲学。消灭人的自我异

---

① 陆剑杰:《以实践论为理论核心的原则如何贯彻——对马克思主义哲学新教材的浅见》,载《南京社会科学》,2006年第12期。
② 张奎良:《实践哲学:马克思哲学的最终归结》,载《哲学研究》,2006年第5期。

化,回归人的生活世界和真实的人的关系是马克思的人文追求和人文旨归。"① 马克思的实践人学不仅具有人文批判的价值,而且实现了从传统的"实体存在论"向"实践生成论"的变革,因此马克思主义实践人学具有实践生成的价值,"实践生成论"关注"现实的人"和人的实践中的生成过程。

3. 阐释马克思主义实践人学的方法论

随着中国马克思主义哲学人学研究的实践哲学研究阶段的兴起,有些学者将马克思主义人学的方法阐释为"实践辩证法"。所谓"实践辩证法"是指将实践作为人学把握人的发展过程的切入点,将人理解为"实践的存在"而不是实体性的存在;从实践的内在本性和规律研究人,人是实践着的主体,是在尊重客观规律的前提下发挥主观能动性改造客观事物的主体;从实践的内在发生、发展逻辑去把握、理解和阐释人,人作为社会存在物,不是父母将人生成,人是在实践活动中诞生的。在实践辩证法的视阈中"历史是现实人的自由自觉的活动史,即人的实践的发生、发展的过程史,人在实践中对自然、社会和人自身的对立统一关系的生成发展史"。②

(二)用马克思主义人学阐释新时期党和国家领导人的重要思想

党和国家领导人的重要思想与社会现实之间的关系最为密切,它直接来源于当时的社会实践,是对当时的社会现实最切近的凝练与概括,同时党的重要理论又直接用以指导当时的社会实践,是社会实践最基本的遵循,可以说党的重要思想就代表当时的社会实践。从 2000 年到 2012 年是中国特色主义建设与发展的重要时期,这一时期最具代表性的党和国家领导人思想包括"人的全面发展""以人为本""和谐社会"

---

① 马毅:《马克思的实践人学价值内涵》,载《中国社会科学院研究生院学报》,2006 年第 6 期。

② 侯继迎、倪志安:《论马克思的实践辩证法》,载《理论探讨》,2007 年第 1 期。

与"科学发展观"等。以阐释社会现实为己任的中国马克思主义哲学,用马克思主义人学去解读"三个代表""以人为本""和谐社会"与"科学发展观"等重要思想,这构成了马克思主义人学实践哲学研究的重要内容。

1. "人的全面发展"思想对马克思主义人学的发展

江泽民领导中国特色社会主义建设时期,高度重视"人",提出了一系列关于"人"的问题的重要理论,有学者统称这些理论为"江泽民人学","江泽民人学"思想是围绕着"人的全面发展"问题展开的。因此中国马克思主义哲学界对于"江泽民人学"思想的阐释也是围绕着"人的全面发展"问题展开的。有学者提出江泽民关于"人"的重要论述是对马克思主义人学的丰富与发展。具体而言,江泽民提出将社会主义制度作为实现人民群众全面发展的根本手段;将建设有中国特色社会主义民主政治作为保障人民群众行使当家做主权利的基本途径;指出人的全面发展是最广大人民利益的最高形式;大力发展生产力以促进"人的全面发展";发挥人民群众在社会主义建设中的主体地位,为"人的全面发展"创造条件;强调人的理想、信念在人的全面发展中的重要性等重要思想,这些重要思想丰富并且发展了马克思主义人学。①

2. "以人为本"思想对马克思主义人学的发展

科学发展观的核心内容是"以人为本"思想。随着科学发展观的提出及其在中国特色社会主义建设实践中的展开,中国马克思主义哲学界掀起了用马克思主义人学阐释"以人为本"思想的热潮。有学者指出,作为科学发展观核心内容的"以人为本"思想转化为现实的前提是马克思主义人学中阐发的生活在世俗世界的"现实个人","以人为本"思想实现的条件是马克思主义人学所指出的"人是目的与价值的统一","以人为本"思想实现的基础乃是马克思主义人学所阐明的人的生成性本

---

① 刘建鑫:《马克思主义人学的与时俱进——江泽民对马克思主义人学思想的丰富和发展》,载《理论探讨》,2003年第4期。

质,"以人为本"思想实现的关键是马克思主义人学所阐发的群众史观,"以人为本"思想实现的决定性因素是马克思主义人学关于"人的现实"发展观。"以人为本"思想与马克思主义人学之间的关系是马克思主义人学为"以人为本"思想转化为现实提供理论基础,而"以人为本"思想则是对马克思主义人学的丰富与发展。①

3."社会主义和谐社会"思想对马克思主义人学的发展

科学发展观提出的同一时期,党的另一个重要思想——"社会主义和谐社会"思想也得到阐发,并且科学发展观与社会主义和谐社会思想之间有着密切的关系。因此,学术界在阐释科学发展观与马克思主义人学之间的关系的同时,也注重对"社会主义和谐社会"思想与马克思主义人学之间关系的阐发。有学者指出马克思主义人学中包含着"人与自然和谐""人与社会和谐""人与自身和谐"以及"社会结构各要素之间和谐"等重要的和谐思想。而这也正是"和谐社会"的题中应有之义。②

(三)马克思主义人学在现实生活中的应用

20世纪末至21世纪初,人类所面临的最大现实是第三次科技革命的产物(例如计算机、互联网、克隆人、网络虚拟人等)对人类世界以及"现实的人"所带来的前所未有的机遇与挑战。中国人面临的现实则是伴随着第三次科技革命的浪潮,中国特色社会主义现代化如火如荼的发展。回应第三次科技革命对"现实的人"发起的挑战与产生的机遇,以及新时期中国特色社会主义现代化建设的生动实践对人的现代化的丰富与发展,是马克思主义人学的重要使命之一。

---

① 参看陈曙光:《以人为本的人学沉思——历史、可能、现实的三种视域》,载《马克思主义研究》,2006年第8期。
② 参看刘志、周家华:《马克思主义人学思想在当代中国的实践》,载《求索》,2013年第7期。

1. 知识经济的兴起与人的发展

21世纪以来知识经济在全世界的经济发展中逐渐有了霸权性趋势，用马克思主义人学视阈阐释知识经济的发展对"人"带来的影响，成为马克思主义人学关注的一个重要领域。学界关于"知识经济的兴起与人的发展"这一主题的分析主要包含两个方面：一是知识经济与人的全面发展，二是知识经济与人力资源的开发。关于"知识经济与人的全面发展"有学者指出，知识经济的发展促进人的能力（体力、智力、创造力等）的全面发展，促进人的需求（终生学习、交往需求、享受与发展的需求）的全面发展，为人与自然的和谐发展创造条件等。① 关于"知识经济与人力资源开发"有学者指出，在知识经济这一时代背景下"人力资源开发"的重要性空前提高，人力资源开发关乎经济发展、人的素质提升与人的现代化，应通过"转变观念优先开发人力资源，人力资源开发应以创新为目标，增强教育与科研开发投入力度、改革分配制度建立人力资本投入与回报合理机制、建设人力资源市场体系等"措施促进人力资源开发。②

2. 第三次科技革命与"人格统一性"

21世纪初，第三次工业革命方兴未艾。第三次工业革命的浪潮席卷的主要领域——生物技术领域出现了许多突破性的进展，例如由于基因工程的发展而出现的"克隆人"与"复制人"，由于医学技术的进展而出现的"裂脑人"与"换体人"，由于超级冷冻技术的发展而出现的"冷冻人"，由于信息网络技术的发展而出现的"网络虚拟人"等。这些科学技术的发展无一不是对传统人学思想的挑战，于是用马克思主义人学回应这些挑战成为当时中国马克思主义哲学界的一个研究热点。有学

---

① 参看王瑞芳：《知识经济与人的发展》，载《社会主义研究》，2000年第3期。
② 参看马斌、李中斌：《知识经济背景下人力资源的开发与人的现代化》，载《自然辩证法研究》，2005年第4期。

者指出"裂脑人"的出现带来的问题是人的意识与行为能否统一的问题,"克隆人""网络虚拟人"则使得传统的关于"人格的自我统一性,人格自我的本质思考与价值思考"受到挑战,回应这些问题与挑战的理论武器则是马克思主义人学的两条重要原则——现实性与实践性,这两条原则规定了"人"是在特定的历史条件中被实践活动"建构"出来的,因此是不断生成的。根据以上原则可以判断克隆技术、虚拟人格、冷冻人等技术的发明创造物并不能威胁到现实人的"人格自我"与"人格统一性",它们的价值在于它们是人类进化与优化的重要手段,也是人类社会从"必然王国"向"自由王国"飞跃的技术载体。①

3. 深圳现代化实践与人的现代化

以马克思主义人学视角分析中国特色社会主义现代化建设实践,阐释中国特色社会主义现代化建设实践对马克思主义人学思想的丰富与发展,以及马克思主义人学对中国特色社会主义现代化建设实践的引领与指导,是以穿透实践为己任的马克思主义人学之题中的应有之义。深圳的现代化建设作为中国特色社会主义现代化建设的生动实践,受到马克思主义人学的关注。马克思主义人学对深圳现代化实践的研究是围绕着深圳现代化与人的现代化之间的关系而展开的。有学者指出,深圳的现代化与人的现代化是密不可分的,社会是由人构成的,社会的现代化归根结底是人的现代化,二者是同一过程的两个方面。实现深圳人的现代化要求人与自然之间关系的和谐发展,人与社会和谐发展以及人与人之间关系的和谐发展,这三者是实现深圳人现代化的基本条件。②

中国马克思主义哲学人学研究的实践哲学研究阶段,经历了从马克思主义实践人学的提出到马克思主义人学在现实中的运用的演进过程。

---

① 参看沈亚生:《当代科学技术革命与人格自我论研究的理论创新》,载《自然辩证法研究》,2006年第3期。

② 参看刘志山:《人的现代化:深圳现代化的人学维度》,载《深圳大学学报(人文社会科学版)》,2005年第3期。

实践哲学研究的兴起，不仅深化了中国学者对马克思主义人学思想的理解，也为解决现实问题提供了理论指导。马克思主义人学在不断彰显新时期（特别是21世纪以来）中国特色社会主义建设实践中人的地位，在回应第三次科技革命浪潮对人之地位的冲击的过程中，不断进行着自我革新与发展。随着中国特色社会主义现代化建设进入新时代，人被置于更为突出的地位，这就为马克思主义人学的发展开辟了广阔天地，马克思主义人学在新时代中国将大有可为。

三、马克思主义人学在新时代中国建设实践中的展开

马克思主义人学最鲜明的特征应该是与时俱进和创新性。随着中国特色社会主义现代化建设进入新时代，马克思主义人学研究在理论与实践的双重维度中实现了历史性突破。这一突破既源于马克思主义人学自身的鲜明特征，也根植于新时代中国特色社会主义现代化建设对"人"的深刻观照。新时代马克思主义人学以实践为根基，以问题为导向，构建了兼具理论深度与现实关怀的研究范式，为中国式现代化建设提供了重要的价值引领与思想支撑。

（一）新时代马克思主义人学的理论创新

新时代我国建设实践跨越式的发展，世界百年未有之大变局以及新一轮的科技革命都要求重新确立人之生存意义，人之主体性地位以及重估人之价值。马克思主义人学理论在革新其存在论根基，重塑人的主体性与拓展人的价值论之过程中，回应着时代的诉求，同时也实现了自身的发展与创新。

1. 马克思主义人学研究的存在论革新

新时代马克思主义人学的存在论革新既是对21世纪初中国马克思主义哲学研究的"生存论转向"思潮的深入与发展，同时又带着新时代

的印记。学界用"实践生成论"与"感性生活存在论"来表征马克思主义人学本体论在新时代的革新。关于"实践生成论"的内涵,有学者指出,马克思恩格斯将实践、辩证法与历史思维引入唯物主义,形成了"生成性思维","生成性思维"是对既成性思维的超越,生成性思维的内在动力是实践,实践生成论视角下的"人"及其生活是在"实践"中不断生成的,是"现实的人"及其现实生活过程。① 关于"感性生活存在论"有学者指出马克思在哲学的根基处(存在论)发动了哲学革命,开辟了哲学的"感性生活本体论"面向,"感性生活本体论"的内涵是:"人的感性生活是人之为人的最本原的基础、最后的原因,尊重人的生命价值也因此上升为最终的意义承诺。"感性生活本体论是与实体(形而上学性质)本体论的决裂,是对人本价值的高度彰显。②

2. 马克思主义人学研究之主体性重塑

十一届三中全会之后,中国马克思主义哲学界就曾掀起过关于人的主体性的讨论热潮。当时讨论的重点是针对"文化大革命"对人的"忽视"与"否定",建构人的主体性问题。新时代以来,我国政治、经济、文化、生态、社会建设均取得了巨大成就,在此时代背景下,重塑"中华民族文化主体性"与个人的主体性,促进精神文明与物质文明协调发展成为新时代马克思主义人学关注的热点之一。学界主要从"第二个结合"来谈中华民族文化主体性的塑造。有学者指出:"中华文化主体性的内核是中华民族的思想自我,而努力巩固中华民族文化主体性,则是建设中国民族现代文明的一个带有基础性、前提性的时代命题。……在第二个结合视域下我们创立了习近平新时代中国特色社会主义思想,吸收借鉴人类一切优秀文明成果,从而增强了

---

① 参看韩庆祥:《马克思主义"实践生存论"及其本源意义》,载《哲学动态》,2019年第12期。

② 陈曙光:《存在论的断裂与马克思的重建——马克思人学存在论革命研究(下)》,载《探索》,2014年第4期。

文化自信，坚定了走向未来的勇气。"① 新时代个人主体性之重塑的需求来源于技术的促逼（数智技术、生成式 AI），人很容易陷入价值虚无主义。马克思以历史唯物主义为基础的人学理论，在"现实、历史与类特性"三个方面重塑人的主体性，使得主体性研究场域实现了实践转向，"在人类共同体形态演进中描绘出一副消解主体异化、释放人的主体潜能的文明图景"。②

3. 马克思主义人学研究的价值论拓展

马克思主义人学的价值论关注人的价值，并强调人之价值的最终实现形式是"人的自由全面的发展"。新时代在全球化、信息化的背景下，世界范围内思想文化交融与交锋日益频繁，各种价值观相互碰撞。西方国家企图通过"和平演变""颜色革命"等方式对我国进行思想文化渗透，企图动摇我国的社会主义意识形态基础。"社会主义核心价值观"正是在此时代背景下提出的。有学者指出："社会主义核心价值观以人的全面发展为价值取向，既是对当前市场化物的依赖关系作出的价值调整，也是对人的依赖关系的反思与重构，它的提出和构建对于当前市场化变革中我国价值体系的重整有重大的理论和现实意义。"③ "全人类共同价值"是针对西方的霸权主义、强权政治与普世价值观而提出的。西方所谓的"普世价值"往往以冲突与征服为手段，忽视不同国家和民族的多样性与特殊性。全人类共同价值则强调"和平、发展、公平、正义、民主、自由"，这些价值超越了国家、民族、文化和意识形态的界限，是对西方"普世价值"的有力回应，"全人类共同价值理论"也是

---

① 本刊记者：《以"第二个结合"巩固中华文化主体性——访清华大学马克思主义学院邹广文教授》，载《马克思主义研究》，2025 年第 1 期。

② 参看邵芳强、张婕：《重塑人的主体性：马克思人学研究主体性范式的理论变革》，载《浙江社会科学》，2024 年第 11 期。

③ 荣光汉：《社会主义核心价值观与人的全面发展》，载《思想政治教育研究》，2016 年第 5 期。

对马克思"世界历史理论"的继承与发展。"社会主义核心价值观"与"全人类共同价值"理论都是对新时代马克思主义人学价值论的重要拓展与创新。

（二）新时代马克思主义人学在社会建设实践中拓展

新时代中国特色社会主义建设实践中无处不体现着对"人""人民"与"全人类"的现实关切。新时代马克思主义人学被运用于我国治国理政的具体方略中，本小节将以局部（以人民为中心）——整体（五位一体总布局）——全人类（人类命运共同体）为线索，展现马克思主义人学与新时代中国特色社会主义建设实践之间的辩证互动关系。

1."以人民为中心"理念对马克思主义人学的拓展

"以人民为中心"理念在十八大以来逐渐形成并得到系统阐述。十八届五中全会首次明确提出"坚持以人民为中心的发展思想"，强调把增进人民福祉、促进人的全面发展作为发展的出发点和落脚点。十九大报告将"坚持以人民为中心"作为新时代坚持和发展中国特色社会主义的基本方略之一，明确提出"必须始终把人民利益摆在至高无上的地位，让改革发展成果更多更公平惠及全体人民，朝着实现全体人民共同富裕不断迈进"。① 作为新时代我国治国理政基本方略之一的"以人民为中心"理念，因处处彰显着"人"的重要地位而受到马克思主义人学的关注与研究。学界主要从阐释"以人民为中心"的内涵入手，来阐明其与马克思主义人学的关系，有学者指出强调"共创、共享和共治"的"以人民为中心"理念是对马克思主义"群众史观"的继承与发展，"以人对美好生活的向往"为目标的"以人民为中心"理念是对马克思主义"人的自由全面的发展"思想的继承与发展，以构成"人类命运共

---

① 习近平：《决胜全面建成小康社会，夺取新时代中国特色社会主义伟大胜利——在中国共产党第十九次全国代表大会上的报告》，新华社，2017年10月27日电。

同体"为价值旨趣的"以人民为中心"理念是对马克思主义"人的真正共同体"思想的继承与发展。①

2. "五位一体"总体布局的马克思主义人学意蕴

十八大报告明确提出，建设中国特色社会主义的总布局是经济建设、政治建设、文化建设、社会建设、生态文明建设"五位一体"。这一布局的形成经历了从"两个文明"到"三位一体""四位一体"，再到"五位一体"的逐步完善过程。"五位一体"总体布局是新时代中国共产党治国理政的重要战略部署，体现了全面协调可持续发展的理念，为实现"两个一百年"奋斗目标和中华民族伟大复兴提供了战略规划与方向引领。"五位一体"总体布局在新时代中国特色社会主义建设中的重要地位与丰富内涵，受到新时代马克思主义人学的重视，学界对其讨论的焦点是"五位一体"总体布局中如何确保"以人为本"，保障人之地位。有学者指出"以人为本"作为新时代中国的"经济发展理念""中国共产党的执政理念""新时期的思维方式""社会建设的基本原则"以及"生态文明建设的价值取向"，无一不展现着人在"五位一体"总体布局中的主体地位。

3. 马克思主义人学为"人类命运共同体"理念奠定理论基础

2013年3月习近平总书记在莫斯科国际关系学院首次提出"人类命运共同体"理念。2015年在联合国成立70周年系列峰会上，习近平总书记提出了构建人类命运共同体的"五位一体"总体框架，2017年在联合国日内瓦总部，他又提出了建设"五个世界"的总目标。"人类命运共同体"理念是一个系统而丰富的思想体系，其核心是"建设持久和平、普遍安全、共同繁荣、开放包容、清洁美丽的世界"。新时代中国马克思主义哲学界主要关注马克思主义人学为"人类命运共同体"理念

---

① 参看朱雪微：《五位一体视阈下以人为本思想的深度解读》，载《科学社会主义》，2013年第3期。

的理论奠基意义,有学者指出:"马克思人的本质理论是人类命运共同体理念的人性基础,马克思人的需要理论是人类命运共同体理念的动力基础,马克思人的历史理论是人类命运共同体理念的历史基础。"①

(三)新时代马克思主义人学与多元社会潮流

马克思主义人学一向以回应时代发展对人提出的挑战与提供的机遇为己任。今天的时代课题集中反映为在技术的井喷式发展中人何以自我确证,何以保持人格统一性,何以不被机器取代的问题。用马克思主义人学的视角分析人工智能与人类智慧的关系、人的虚拟生存与现实的人之间的关系以及新型人类文明所要求的新型人学正是新时代马克思主义人学对时代课题的深切关照。

1. 人工智能与人类智慧

近年来人工智能呈井喷式发展。其主要进展包括大模型技术的持续性突破、具身性智能体量产、生成式 AI 的广泛应用等。人工智能被广泛应用于人类生活、工作与学习的各个场景,成为了一种势不可挡的社会潮流,也成为了新时代马克思主义人学无法忽视的研究对象。学界对于人工智能的人学视阈分析主要包含两个方面:一是人工智能能否替代人类智慧;二是人工智能的发展与人的未来。关于第一个方面,有学者指出,人工智能只能"模拟、替代、延伸和扩展人的部分智能",而不能模拟人的"想象、情感、直觉、潜能、意会知识","人工智能只是智能化的工具",二者是相互促进的关系。② 关于第二方面,有学者指出讨论人工智能与人的未来之间的关系,必须以马克思的唯物史观为指导,在唯物史观的视阈下,人工智能与人的未来之间的关系是"人工智能的

---

① 张富文:《人类命运共同体理念的马克思人学基础探析》,载《理论导刊》,2021年第6期。

② 参看胡敏中、王满林:《人工智能与人的智能》,载《北京师范大学学报(社会科学版)》,2019年第5期。

发展和应用有助于异化劳动向自由自觉劳动转变、有助于社会关系朝着真正的人际关系发展、有助于人的自由全面发展和自由人联合体的形成，以及有助于按需分配原则的确立。"①

2. "数字"生存与现实的"人"之重构

人的"数字生存"是指人类借助现代信息技术，通过数字化手段将现实世界中的事物、关系和活动转化为符号化的形式，从而创造出一个与现实世界相对应的数字空间。在这个数字空间中，人们以虚拟身份参与各种社会交往、文化活动和实践活动，体验与现实相似甚至超越现实的生存状态。人的数字化生存包含三个维度，即"数字人、数字生活与数字人格"，"数字人"是人的数字化生存的"前提"，"数字生活"是人的数字化生存的"内容"，"数字人格"是人的数字化生存的"形象"。在数字世界中，人的自我统一性与生活都受到来自虚拟世界的挑战，这就要求重构人格、人的生活以及人与世界的关系，而这种重构的实现不是简单的回归到现实本身，而是以虚实交融为"座驾"，构建虚实一体的人格、人的生活与人与世界的关系。②

3. "新第二开端"与新人学

海德格尔曾经提出"第二开端"概念，用以指代自己思想构造的基点，为了与海氏的"第二开端"概念进行区分，有学者提出了"新第二开端"概念。"新第二开端"是指由于人类对自然环境与资源的破坏，当前的人类文明已走向末路，人类的文明类型必须彻底改变，而新文明类型即"第二开端"。"新第二开端"理论倡导的是"以人之转变为轴心，建构未来人学"，"未来人学"的建构，要求人学革命，人学革命的

---

① 参看陈高华、赵文钰：《人工智能与人的未来：一条马克思的路径》，载《江汉论坛》，2022年第4期。

② 参看徐强：《数字生存：一种存在论意义上的探讨》，载《人文杂志》，2024年第5期。

轴心是"从过去为了某种东西转到为了人自身的超拔和成全,从过去把目光投向对象转到把目光投向自身,从过去让什么东西'是'向我要'是'、我去'是'(万物)、我要自己展开成为人的一系列转换",并以此为轴心展开对"信仰、信念、价值观、伦理规范、社会道德、法律制度、行动体系"等一系列范畴与准则的重建。[1]

纵观马克思主义人学在新时代中国特色社会主义现代化建设中的展开过程,其理论突破表现为存在论的革新、主体性的重建以及价值论的拓展。其现实突破表现为马克思主义人学在对我国新时代建设实践中,与"人"相关的治国理政方略的有效阐释,以及在不断回应多元社会潮流对现实的人之挑战中,不断丰富自我。新时代中国特色社会主义现代化建设实践与马克思主义人学交相辉映,理论与实践亦步亦趋,共同发展。

四、结语

从改革开放初期至今,中国马克思主义哲学界始终密切关注"人",孜孜不倦地研究"人",关于"人"的理论成果汗牛充栋。总览马克思主义人学研究之演进过程,每一次理论的推进都源于现实的重大进展,同时又为现实提供重要的理论根基与指南,这也正是以发展马克思主义哲学,解决重大时代问题为旨趣的中国马克思主义哲学范式建设的题中应有之义。马克思主义人学的丰富与发展亦可反映中国马克思主义哲学范式建设的进展。

展望未来,中国马克思主义哲学范式建设中的人学研究应在以下几个方面继续深化:第一,加强对马克思主义经典文本的深度解读,特别是要注重对马克思成熟时期(《资本论》及其手稿)及晚期(《人类学

---

[1] 参看刘啸霆:《新地平线——第二开端理论概释》,载《江海学刊》,2025年第1期。

笔记》）著作的研究，深入挖掘其中蕴含的丰富的马克思主义人学思想。第二，坚持问题导向，密切关注当代中国社会发展中的重大现实问题，如人工智能发展对人的影响、全球化背景下的文化认同等，为人学理论研究注入新的活力。第三，加强跨学科研究，借鉴自然科学、科学技术哲学、人类学等相关学科的研究成果和方法，拓展人学问题研究的视野和深度。第四，积极参与国际学术对话，推动中国马克思主义哲学范式建设中的人学研究之国际化传播，提升中国马克思主义哲学研究的国际影响力。

（作者马丽娟系江苏师范大学哲学范式研究院副教授，哲学博士，主要研究方向为历史唯物主义与经济哲学）

学术、文本、历史与现实：论当代中国马克思主义哲学范式建设的四大维度

胡海龙

[摘　要] 研究范式是研究群体在进行学术研究时采用的总体方法与基本路径，是研究思维的集中体现。学术维度、文本维度、历史维度与现实维度构成了当代中国马克思主义哲学研究范式的四大维度。当代中国马克思主义哲学中存在教科书范式、原理范式、哲学史范式、文本学范式、对话范式、反思的问题学范式、中国化范式、部门哲学范式和出场学范式等九种研究范式，其中教科书范式、文本学范式、反思的问题学范式、出场学范式分别是某个时期的轴心范式。九种范式本身及以轴心范式转换为中心的范式图谱演进皆可以在学术维度、文本维度、历史维度与现实维度等四大维度的视域下进行分析。

[关键词] 范式　学术　文本　历史　现实

改革开放以后，中国马克思主义哲学研究迎来了空前的繁荣，学术观点、成果层出不穷。如不能在纷杂复杂的各种学术现象背后找出其内在理路，对中国的马克思主义哲学状况的研究难免沦为库恩所批判的"轶事或年代的堆栈[①]"。笔者认为当代中国马克思主义哲学研究乱花渐

---

① 库恩：《科学革命的结构》，金吾伦、胡新和译，北京：北京大学出版社2012年版，第1页。

欲迷人眼背后是作为其基底的不同的范式之间的差异。关于当代中国马克思主义哲学研究存在哪些范式？每种范式的优劣之处为何？范式之间彼此的关系为何？范式之间如何演进等一系列问题，学界中以任平、曹典顺、张丽霞、汪信砚等为代表的一批学者陆续系统发表了相关论文、著作。其中任平认为这些研究中存在教科书范式、原理范式、哲学史范式、文本学范式、对话范式、反思的问题学范式、中国化范式、部门哲学范式和出场学范式等九种研究范式。范式之间彼此地位不是平等的，每个时期都有处于主导与支配地位的轴心范式。轴心范式经历了从教科书范式到文本学范式，再到反思的问题学范式最后到出场学范式的三次转变。① 本文旨在抛砖引玉，提供一种维度的视域来审视九大范式和范式之间的转换。笔者认为可以从学术维度、文本维度、历史维度与现实维度等四个维度分析各个范式，说明其轴心范式三次转变的内在逻辑理路。

一、范式的含义

"范式（paradigms）"一词来自希腊文，原指语言学的词源、词根，后来引申规范、模式（这两个词也恰好连接构成了汉语中的"范式"一词）。"范式"成为一个当代学术概念，肇始于美国学者库恩在科学哲学中的应用。库恩本人并没有对"范式"进行一个严格的、封闭的、前后一致的定义（如玛格丽特·玛斯特曼曾总结库恩本人仅《科学革命的结构》一书中，"范式"一词有多达 21 种不同的含义②）。随着库恩范式理论在科学史研究中的爆火，"范式"一词在科学、经济学、社会学、哲学等领域得到大量借用，这种广泛运用也使得"范式"一词的含义具

---

① 任平：《当代中国马克思主义哲学创新范式图谱》，载《中国社会科学》，2017 年第 1 期。

② 参考 Margaret, Masterman. *The Nature of a Paradigm. Criticism and the Growth of Knowledge*. Cambridge: Cambridge University Press, 1970: 61。

有一定的含混性与多样性。本文中"范式"一词，是指研究者在进行学术研究时采用的总体方法与基本路径①，是"特定的学科意识和相似的思维方式②"。具体来说，本文中"范式"一词具有学术研究的方法论、学术思想的核心观点、学术共同体的边界三重含义。

就学术研究的方法论而言，大到一个学科，小至某种学说成立的合法性依据往往依赖于其选择独特的方法论作为研究工具，如实验方法之于自然科学，唯物辩证法之于马克思主义。某种意义上研究工具甚至比研究结论本身更为重要，正如马克思所言："各种经济时代的区别，不在于生产什么，而在于怎么样生产，用什么劳动资料生产。"③ 在当代学界内部，特定的范式具有了某种典型、范例的意味，后来研究者会自觉模仿遵循这一典范进行学术研究工作。很多学术研究本质上都是以某种范式作为操作流程，进行标准流水线式的学术生产，遵循统一范式进行的学术产品生产往往表现出一种同质化的倾向。因为范式重要的方法论地位，可以说"每一个重要研究范式的变革，都引起创新学术图景的整体转换"④。

就学术思想的核心观点而言，处于不同范式下的学术团体往往共许某种学术观点，这种学术观点是该学术团体内部思想进一步学术建构的基础。而该范式以外的学术团体则不承认此核心观点，对这些团体来说，建构在此核心观点上的诸多建构则成为空中楼阁。如历史上燃素说的支持者共许燃素的存在，而"氧化说"的支持者不同意"燃素存在"这一核心观点，自然对建构在"燃素存在"基础上的种种观点本身不屑一顾。

---

① 参考任平：《当代中国马克思主义哲学创新范式图谱》，载《中国社会科学》，2017年第1期。

② 曹典顺：《建构当代中国马克思主义哲学研究的"范式"与"学派"》，载《哲学研究》，2012年第3期。

③ 《马克思恩格斯文集》第5卷，北京：人民出版社2009年版，第210页。

④ 任平：《当代中国马克思主义哲学创新范式图谱》，载《中国社会科学》，2017年第1期。

就学术共同体的边界而言,基于共同的研究方法和共许的核心观点,学者形成了可以内部交流的学术共同体,这种共同体可以是有组织形式、学缘关系的紧密组织,也可以是"没有现实交流,甚至可以是没有谋面的学者"①之间组成的松散学术共同体。但共同体之间的成员基于共同的范式可以进行"思想深处的交流"②。就此意义上,范式是学术共同体的边界,不同的范式造就了不同的学术共同体,正如库恩所言:"一种范式是,也仅仅是一个科学共同体所共有的东西。"③而隶属于不同范式的研究者因为缺乏共许的学术观点和学术方法论基础,其彼此之间的交流往往是鸡同鸭讲,难以达成实质上的交流,致使双方实际上位于不同的共同体。例如,同样是研究心理学的学者,行为主义流派的学者可以完全不关心当代精神分析流派内的学术动向。当然在现实中有时候这种边界并非泾渭分明,"我们还能看到同一个学者虽然以某个范式研究为主体,但并未完全阻断他尝试着在使用其他范式作研究"④。

二、范式的维度

任何哲学学术都可以采取不同的解释体系⑤,对于当代中国马克思主义哲学的不同解读体系集中表现为不同的范式。任平认为当代中国马

---

① 曹典顺:《建构当代中国马克思主义哲学研究的"范式"与"学派"》,载《哲学研究》,2012年第3期。
② 曹典顺:《建构当代中国马克思主义哲学研究的"范式"与"学派"》,载《哲学研究》,2012年第3期。
③ 库恩:《必要的张力》,范岱年、纪树立等译,北京:北京大学出版社2004年版,第288页。
④ 任平:《当代中国马克思主义哲学创新范式图谱》,载《中国社会科学》,2017年第1期。
⑤ 曹典顺:《出场学的存在与逻辑》,载《江海学刊》,2014年第2期。

克思主义哲学研究中存在九大研究范式①。这些范式皆可以从学术、文本、历史与现实等四个维度进行解读。

这四个维度中,学术维度代表了思想系统化、理论化的倾向。哲学是世界观,并且是系统化、理论化的世界观。系统化是把思想材料分类为概念、命题、范畴、原理等诸类别,然后对之一定的逻辑顺序进行组合,使得其成为一个有机的整体。正如堆积在地上的沙子、钢筋、水泥不能被称为大厦一样,没有系统化的零散思想材料也不能被称为学术。可以说系统化是哲学的内在要求,对此黑格尔论述说:"哲学若没有体系,就不能成为科学。没有体系的哲学理论,只能表示个人主观的特殊心情,它的内容必定是带偶然性的。"②思想材料只有经过了系统化,才逐渐摆脱了个人色彩、增加某种公共性、必然性的力量。从马克思主义哲学传入中国至今,系统化一直是一个没有句号的进行时,今日我们依旧在"加快构建中国特色哲学社会科学学科体系、学术体系、话语体系"③。理论化是对具体事物的抽象,人们面对纷繁复杂的世界,欲建立一套解释世界的理论体系,总是要有抽象思维的介入,经历以某种由个别到普遍,从具体到抽象的过程。所谓理论就是脱离个别事物的一般化,脱离具体事例的抽象。④ 不可否认,思想只有经过了体系化、理论化才能达到某种深度,如恩格斯指出的:"一个民族要想站在科学的最高峰,就一刻也不能没有理论思维。"⑤ 学术维度对于范式来说意味着思想的成熟与深化,意味着通过现象达到了本质。曹典顺曾评

---

① 参考任平:《当代中国马克思主义哲学创新范式图谱》,载《中国社会科学》,2017年第1期。

② 黑格尔:《小逻辑》,贺麟译,北京:商务印书馆1980年版,第5页。

③ 习近平:《高举中国特色社会主义伟大旗帜　为全面建设社会现代化国家而团结奋斗——在中国共产党第二十次全国代表大会上的报告》,载《人民日报》,2016年5月19日。

④ 杰弗里·亚历山大:《社会学二十讲》,贾春增译,北京:华夏出版社2000年版,第2页。

⑤ 《马克思恩格斯选集》第3卷,北京:人民出版社2012年版,第875页。

价道:"学术性不仅是范式建设的内在要求,还是范式建设的本质特征。"① 但学术维度也有着自己的反面,毕竟理论总是灰色的,唯有生活之树常青。理论的抽象把常青的现实做了单一化地处理,忽略现实的复杂性、多样性,有某种沦为教条主义的风险。

文本维度代表了对思想载体的忠实。哲学思想的流传、讨论依赖着其在历史中形成的文本文献,这些文本文献是抽象思维的现实而具体的载体。对于思想的解读离不开文本的整理、阅读。如果文本源头出现问题,学术思想的总结则无从谈起。在马克思主义哲学界,《马克思恩格斯全集》历史考证版(MEGA^2)的出版可以说是文本研究领域的一大里程碑。文本文献的掌握在一定意义上对于学术思想有着决定作用,一个全新文本的发现,往往可以改变某个学术领域的整体观点、格局。可以说在学术维度上,学界表现了高度的严谨性,偏重于学术维度的学者多具有"宁坐十年冷板凳,不写半句空文章"的学术精神。文本维度的反面则是脱离现实、技术至上与学术霸权。脱离现实意味着醉心于书斋之中"两耳不闻窗外事"。学者们皓首穷经,到头只在书海寻章摘句,对窗外的现实世界未有分毫改变。于此时,马克思主义哲学就从"改变世界"的理论堕落为某种"解释世界"、自我循环的智力游戏。技术至上意味着语言学、目录学、版本学等"硬知识"成为范式的主流,重技术而轻思想,学术登场、思想退场。② 学术霸权意味某个特定文本的阅读、某种原典语言的阅读能力等外在标准异化为某种参与思想讨论的资格凭证,学术讨论中平等的交流退场,精英的傲慢登场。学术文本具有了某种神圣化的意义,文本不再是承载思想的工具,反而蜕变为令人膜拜的神像。

现实维度代表了马克思主义哲学思想的时代关注和实践指向。就

---

① 曹典顺:《中国马克思主义哲学范式建设的前提意识之思——"哲学范式自我证成"的视角》,载《理论探讨》,2024年第5期。
② 任平:《当代中国马克思主义哲学创新范式图谱》,载《中国社会科学》,2017年第1期。

时代关注而言，马克思主义哲学从来不是书斋中的学问，从马克思主义哲学诞生之初马克思《工厂工人状况》对工人境遇的分析，到马克思主义哲学中国化之际毛泽东《湖南农民运动考察报告》对中国革命道路的探索，直到正处于新时代的今日对中国式现代化道路、模式的哲学提炼，马克思主义哲学对于时代现实的关注是普遍的、一贯的。哲学是时代精神的体现，关注现实的马克思主义哲学绝不是僵死的教条，而是活生生的时代精神本身。时代的问题是马克思主义哲学所关注的，问题的答案是马克思主义哲学终会给出的。就实践指向而言，马克思明确指出："全部社会生活在本质上是实践的。"① 实践性是马克思主义哲学的逻辑原点，实践沟通了此岸与彼岸两个世界，哲学的理论从实践中得出，在实践中得到检验并最终应用于实践。同时实践也是马克思主义哲学终极的价值追求，"哲学家们只是用不同的方式解释世界，而问题在于改变世界。"② 马克思主义哲学的价值追求是改变世界的实践，而不会仅止步于解释世界的理论。时代关注和实践指向在现实维度中是统一的一体两面，习近平将之表述为"时代是思想之母，实践是理论之源。"③ 现实维度的反面是沉溺于具体的研究，只见树木不见森林。过分沉溺于现实维度会导致实践与理论之间缺乏必要的张力，只把哲学当作时代精神的概括，忘记哲学还能有别的作为。④

历史维度代表了思想在历史视域中对时代背景的关切和思想前后之间的继承发展关系。就时代背景而言，思想总是在具体的历史中生成的，其生成具有所在时代、所处背景所特有的烙印。理解思想所处的时代背景可以帮助我们更为全面地看待理解这些思想。就思想的前

---

① 《马克思恩格斯选集》第1卷，北京：人民出版社2012年版，第135页。
② 《马克思恩格斯选集》第1卷，北京：人民出版社2012年版，第140页。
③ 《习近平谈治国理政》第2卷，北京：外文出版社2017年版，第34页。
④ 参考曹典顺：《建构当代中国马克思主义哲学研究的"范式"与"学派"》，载《哲学研究》，2012年第3期。

后关联而言，处于历史中的思想总是会受到前人思想的影响，同时其又会影响后世思想的生成。历史性地解读可以从思想发展史的角度更为清晰地明白马克思主义哲学的发生、发展、演化的过程。① 历史性解读要求我们历史性地处理在马克思主义哲学发展中形成的文本，不把其做简单地单一化处理。历史维度可以帮助我们重塑在以往的马克思主义哲学史研究中被遮蔽、扭曲的理论，这些理论是马克思主义哲学史不可或缺的有机构成部分。这种挖掘可以丰富马克思主义哲学史的理论躯体，也是对被妖魔化历史的一种还原。比如张一兵主编的《资本主义理解史》就重建了第二国际时期的马克思主义哲学的断代史的研究。② 历史维度的反面是历史对思想的驱逐，过分沉溺于历史维度中的学者有些纯粹恪守时间顺序，将人物、时间、著作等按照时间的线索进行罗列，标榜自己客观中立。这种做法实际上把学术降格为列宁所批判的"人名与书名的历史"，在其中线性的历史出场了，而背后的思想却已退场，杨学功将这种现象称之为"趋史避论"③。

范式的四大维度是彼此依存、紧密联系的。如学术维度的学术思想必然要以文本作为载体，任何抽象的学术思想必须基于具体的文本才能够在历史中流传，进入共同视域被讨论；学术思想的根本来源必然是现实（虽然可能是现实的高度抽象，以至于很难直接看出其与现实的联系），最终会归于现实；学术思想必有其具体的历史视域，在历史长河中可以找到一定的继承链接关系。若对维度做出归纳，四大维度又可以分出两组向量：内外向度与横纵向度。学术维度与文本维度构成了其内外向量，其中作为具体表现的文本是外在向，作为抽象内核的学术思想是内在向。现实与历史构成了其横纵向度，其中现实

---

① 参考任平：《当代中国马克思主义哲学创新范式图谱》，载《中国社会科学》，2017年第1期。

② 参考任平等：《当代中国马克思主义哲学创新学术史研究》，北京：人民出版社2021年版，第184页。

③ 参考杨学功：《在范式转换的途中》，北京：中央编译出版社2012年版，第142页。

为横向维度,历史为纵向维度。学术维度、文本维度、历史维度与现实维度这四大维度共同构成了思想出场的场域。

三、四大维度视域的范式演进

当代中国马克思主义哲学中存在九大研究范式,这些范式都是兼具多个维度的,但具体某一范式又往往会偏重于某一维度。其中偏重于学术维度的范式是教科书范式、原理范式、对话范式;偏重于文本维度的范式是文本学范式;偏重于现实维度的范式是反思的问题学范式、中国化范式、部门哲学范式;偏重于历史维度的范式是哲学史范式;而出场学范式则厘清了前八种范式的出场视域,实现了某种超越。诸范式之间不是单纯历时性的存在,旧范式中蕴含着新范式萌发的元素,新的范式产生之后旧的范式并未消失,只是地位发生了变化,范式之间是处于"共时态关联中"①。诸多范式之间彼此地位不是平等的,每个时期都有自己的轴心范式,轴心范式对其他范式起着主导和支配作用。轴心范式经历了从教科书范式到文本学范式,再到反思的问题学范式最后到出场学范式的转变。这四种轴心范式支配下分别形成了四幅不同的学术图景。下面笔者将以四大维度的视域说明四幅范式学术图景的演进。

中国马克思主义哲学研究的第一个轴心范式是教科书范式。在新中国成立以后,宣传普及马克思主义哲学成为当务之急,以教科书为形式的研究范式可以很好地推动马克思主义的传播,实现马克思主义大众化。李达的《社会学大纲》、艾思奇主编的《辩证唯物主义历史唯物主义》、马工程教材的《马克思主义哲学》都是不同阶段教科书范式下的代表性学术成果。教科书范式支配地位的显著标志就是以教科书成为学

---

① 任平:《当代中国马克思主义哲学创新范式图谱》,载《中国社会科学》,2017年第1期。

术的最高标准，编写教材成为学术权威地位的证明。就其优缺点而言，教科书范式偏重于学术维度，其优点是内容条理分明，语言简练明晰，知识体系完整，逻辑性强，便于作为教材进行推广，为马克思主义的普及传播做出了巨大贡献。其缺点是教科书的这种普及化也意味着某种通俗化，其忽略了马克思主义本身的复杂性，某种程度上对马克思主义哲学做出了一种教条化、独尊式、排他式的理解，排斥了其他理解的可能性。与教科书范式同时存在并受其支配的范式是原理研究范式与原著选读范式。原理研究是学者在刊物进行学术讨论，内容大多是关于教科书内容的阐释，但相比于格式统一的教科书，在原理研究范式下，学者可以较为个性化地表达学术观点，学术期刊发表周期也比教科书更新周期更短，便于更加及时地反映时代的新变化。原著选读则是作为教科书的补充而存在。虽然有"原著"二字，但这种"选读"对马克思主义原典的引用是非历史性的，所选的原著是依附于教科书的体系而存在的，更大程度上是为了证明教科书有原典依据，为教科书做合法性辩护，故有学者称之为"穿着原著外衣的教科书"[①]。原著选读范式经过发展成为了后来的文本文献范式。总结而言，这个时期的中国马克思主义哲学研究，以教科书范式为轴心，辅以原理研究范式与原著选读范式，整体偏向于学术维度。

中国马克思主义哲学研究的第二个轴心范式是文本文献范式。随着改革开放，中国马克思主义哲学与西方世界马克思主义的研究者对话日渐增多，对马克思主义原典的整理情况与原典的解读决定了中国在世界马克思主义研究领域中的话语权。我国虽然是翻译马克思作品最多的国家，但相比于荷兰、德国、俄罗斯等国家，我国马克思的手稿原件等一手文献资料的典藏相对不足，翻译、解读方面的专业人才也相对短缺，如不能在马克思文本文献的研究上取得进展，中国在马

---

① 任平：《当代中国马克思主义哲学创新范式图谱》，载《中国社会科学》，2017年第1期。

克思主义研究话语权争夺的战场上必会受制于人。同时，文本文献的研究具有学术上的决定作用，一些文本文献的新发现、新解读可以从源头上推翻已有的研究。这一切都呼唤着文本文献范式的出场。与其前身原著选读范式相比，文本文献范式最大的特点就是文本具有自己的独立性。马克思的经典文本不再是处于论证教科书合法性的从属地位，其自身处于思想的主导地位，文本文献解读本身决定着思想大厦的体系构建。就其优缺点而言，其优点是文本文献范式可以起到正本清源的作用，从源头推动马克思主义的研究，而其缺点是该范式有某种技术崇拜的倾向，可能导致现实关怀的缺失，造就书斋中的学术。与教科书范式同时存在并受其支配的范式是哲学史范式与对话范式。哲学史偏重于历史维度，强调历史性、规律性地解读文献。对话范式偏重于学术维度，强调与西方马克思主义、西方哲学等进行思想对话，在国际学术界发出自己的声音。同时对话范式会援引其他西方哲学家的思想体系来解读马克思主义，出现了"以黑解马""以康解马""以海解马"等现象。可以看出，无论是马克思主义哲学史的研究还是与西方学术界的对话，都依赖于文本文献的发掘与解读，因而哲学史范式与对话范式都受到文本文献范式的支配，处于从属地位。总结而言，这个时期的中国马克思主义哲学研究，以文本文献范式为轴心，辅以哲学史范式与对话范式，整体以文本维度为主，兼顾历史维度、学术维度，现实维度相对缺位。

中国马克思主义哲学研究的第三个轴心范式是反思的问题学范式。随着中华民族的伟大复兴，改革开放的不断推进，我们不断面对新的问题。解决这些问题仅仅寄希望于从马克思等经典作家的原典中寻找答案是不够的，其必然需要不断地反思，形成"新理念、新思想、新理论"①。"问题就是时代的口号"②，充分的问题意识是马克思主义的出发

---

① 任平：《当代中国马克思主义哲学创新范式图谱》，载《中国社会科学》，2017年第1期。

② 《马克思恩格斯全集》第40卷，北京：人民出版社1982年版，第289页。

点与归宿，反思的问题学范式正是直面问题的思考方式。反思是对问题本身的反思，突出马克思主义"唯物辩证法必须能够回答现实生活世界"①的现实维度，是对上一幅学术图景缺乏现实维度的一种反动。在该范式的支配下同时存在着部门哲学研究范式与马克思主义中国化研究范式。部门哲学是将反思的问题聚焦于经济、政治、社会、文化等专门领域，更加细致地处理问题。而中国化范式着力于"两个结合"，聚焦于中国问题，形成当代中国自己的话语体系。总结而言，这个时期的中国马克思主义哲学研究，以反思的问题学范式为轴心，辅以部门哲学范式与中国化范式，突出了马克思主义哲学的现实维度。

中国马克思主义哲学研究第四个也是正在形成的轴心范式是出场学范式。随着中华民族的伟大复兴，马克思主义的研究不仅要在具体理论成果上有创新，更要在方法论上达到理论自觉。② 这呼唤着我们对范式本身进行研究，出场学范式本身是在范式研究基础上建立的。在出场学范式中，学术、文本、历史与现实四个维度形成了一个场域，对各研究范式如何转变，为何转变，马克思主义出场的历史语境如何，其应该如何在场等问题给出了说明。

当代中国马克思主义研究的范式经历了从学术维度，到文本与历史维度，再到现实维度，最后各维度之间趋于均衡的一种变化，这种变化背后既有时代演进的历史因素，也有逻辑发展的规律因素。采用学术维度、文本维度、历史维度与现实维度四维度结合分析的方法有利于我们更加看清中国马克思主义研究范式转变背后的逻辑理路。

（作者胡海龙系江苏师范大学哲学范式研究院讲师，主要研究方向为国外马克思主义哲学、中国马克思主义哲学）

---

① 曹典顺：《马克思社会建设逻辑——唯物辩证法视域中的马克思社会建设思想研究》，北京：中央编译出版社2020年版，第45页。

② 参考任平：《当代中国马克思主义哲学创新范式图谱》，载《中国社会科学》，2017年第1期。

论中国马克思主义哲学范式建设及其方法论原则

范 云

[摘 要] 从"研究范式"研究到"范式建设"研究的转向,表明了中国马克思主义哲学研究在方法论自觉上的深化。在新全球化的语境下,构建中国马克思主义哲学范式不仅是提升中国学术自主性的需要,也是回应中国问题的独特性、强化中华文明主体性的需要。需要说明的是,中国马克思主义哲学的范式建设绝不是一蹴而就的,而是在对外来哲学范式和中国传统哲学范式的批判性吸收中,不断演进和完善的。为了确保中国马克思主义哲学范式建设的方向正确,在范式建设过程中,应该始终坚持问题导向性原则、实践生成性原则和批判性对话原则。唯有如此,才能使中国马克思主义哲学范式建设始终紧密围绕中国的问题,立足于中国道路的发展实践,保持其自身开放性和包容性。

[关键词] 中国马克思主义哲学 中国马克思主义哲学范式 范式建设 方法论原则

习近平总书记在哲学社会科学工作座谈会上强调,我国的哲学社会科学要"以我国实际为研究起点,提出具有主体性、原创性的理论观点，构建具有自身特质的学科体系、学术体系、话语体系"①。这一重要论述的提出不仅为新时代中国哲学社会科学的繁荣发展指明了方向，更为中国马克思主义哲学的范式建设提供了根本遵循。中国马克思主义哲学由"研究范式"研究向"范式建设"研究②这一转向表明，中国马克思主义哲学的研究者们开始更加自觉地探索适合中国国情和符合时代要求的哲学范式。开展对中国马克思主义哲学范式建设问题的研究，既要清楚建设这一哲学范式的动因，也要澄清对它的诸多误解，还要明确它应该遵循的方法论原则。

一、建设中国马克思主义哲学自主范式的动因

正如吴晓明所言，"一种学术的真正成熟，总意味着它在特定的阶段上能够摆脱其学徒状态，并开始获得它的'自我主张'"③。在全球化的浪潮中，中国马克思主义哲学要想在学术舞台上占据一席之地，就必须拥有自己的声音和独特的表达方式，即拥有"自主范式"。这一"自主范式"的建设不仅是中国马克思主义哲学研究走出"学徒状态"，趋于"成熟"的重要标志，也是提升中国学术自主性、回应中国问题独特性、强化中华文明主体性的必然要求。

（一）提升中国学术的自主性：摆脱对西方范式的路径依赖

近代以来，以英、美为代表的西方国家凭借自身在现代化道路上的先发优势，不仅将自身所代表的"西方文明"称为"最先进的文明"，

---

① 《习近平谈治国理政》第二卷，北京：外文出版社2017年版，第342页。
② 曹典顺、邱玉婷：《哲学范式建设视阈中的中国学派建设自觉》，见曹典顺主编：《当代中国马克思主义哲学研究2023》，北京：中央编译出版社2023年版，第1—22页。
③ 吴晓明：《构建中国特色哲学社会科学的时代任务》，载《社会科学文摘》，2023年第5期。

还构建了一套以"理性""自由"为标识的现代范式，即西方范式。随着全球化进程的推进与深化，在不断开拓世界市场的同时，这些"先进"的西方国家也通过殖民扩张、文化传播和技术垄断等方式将西方范式包装为"普遍法则"，逐渐渗透到殖民地、半殖民地国家。这一"范式渗透"在科学领域中表现为特定的科学理论、方法和标准的推广与应用，如牛顿经典力学、达尔文进化论、爱因斯坦的相对论等；在非科学领域中则表现为生活方式、文化观念等相关的一系列思想和做法的普及，如西方的个人主义、市场经济、民主政治等。在很长时间内（甚至直到今天），由于西方范式被视为与现代化直接挂钩，所以，对于大多数的后发国家而言，学习西方先进国家的现代化经验、引进西方范式就成为实现现代化、迈入现代文明的必要路径。

西方范式自身的先进性、优越性是应该肯定的，但是不应该因此掉入"西方中心主义"的陷阱之中，过度依赖西方范式。恩格斯曾明确表示，"我们的理论是发展着的理论，而不是必须背得烂熟并机械地加以重复的教条"①。由于范式决定着理论的选择和演变方向，而理论的危机和突破又能够推动范式的变革，所以，我们的范式也应该是发展的范式。在中国，随着西学东渐的兴起与发展，西方范式对中国学术的渗透也越加深入，直至20世纪，"从哲学、历史学、文学批评、语言学，到各种社会科学和自然科学，乃至相应的教育体制、研究体制，西方学术范式都毫不含糊地顶替了中国古学的道术"②。西方范式所呈现出的这一"后来者居上"的现象，使得我们不得不开始对西方范式，以及由对西方范式的路径依赖所导致的对西方理论的依赖问题进行反思。一方面，对西方范式的路径依赖是造成"理论依附性"的重要原因。范式与理论之间的关系就犹如地基与地基上的建筑之间的关系，如果以西方范式作

---

① 《马克思恩格斯文集》第10卷，北京：人民出版社2009年版，第562页。
② 张祥龙：《中国研究范式探义》，载《北京大学学报（哲学社会科学版）》，2015年第1期。

为地基,那么,一切的理论也将是基于西方范式而产生的,这无疑会为理论创新套上"枷锁"。另一方面,对西方范式的依赖使得中国学界长期面临"用西方理论裁剪中国实践"的困境,这种依赖既遮蔽了本土经验的原创性价值,也威胁着中国道路的正当性阐释。

要想真正意义上完成从"学徒"到"主体"的历史性飞跃,就应该摆脱对西方范式复制—粘贴式的依附路径,提升中国学术的自主性。在西方范式被视为主导范式、西方理论被视为理论当然的话语体系中,"西方学术已经无须再冠以'西方'的前缀,而直接以'某某学'……占据要津,而涉及中国的学问就要加上'中国'或'中',比如'中国哲学''中医学',以示其从属地位"①。对于哲学研究而言,要想彻底摆脱此类的理论殖民,打破西方哲学的话语垄断,首先要确立中国学术的主体性、形成自主范式。只有如此,才能够使得中国的学术研究不沦落为"学术加工厂",即用中国的经验材料来验证西方理论或借用中国案例修复西方概念缺陷,才能够打破全球哲学格局的不平衡,将中国的哲学从长期面临的"被解释"和"被边缘化"的困境之中解救出来。在自主范式的建设过程中,马克思主义哲学虽然源自西方,但是其强调的批判性和实践性为突破这种不平衡提供了可能。因此,走出单纯引用或模仿国外马克思主义(如法兰克福学派、结构主义马克思主义等)的研究模式,以中国问题为导向建设中国马克思主义哲学范式就应当成为中国自主知识体系建设的突破点所在。

(二)回应中国问题的独特性:实现理论与实践的双向创新

中国问题的独特性使得西方范式自身的局限被暴露出来。中国问题的独特性来源于中国实践的"非典型性",而这种"非典型性"表现出"时空压缩""文明基因独特",以及"制度原创"等特点。从时空压缩

---

① 张祥龙:《中国研究范式探义》,载《北京大学学报(哲学社会科学版)》,2015年第1期。

的视角理解，中国用几十年完成了西方数百年的工业化进程，经历了从传统社会向现代社会的快速转型，与之相应，中国在半现代化的路上要面对和解决西方国家在几百年现代化历程中陆续出现的问题，这使得中国的发展路径、社会结构、价值观念等呈现出一种独特的复杂面貌。西方范式，由于其历史背景、文化土壤和社会条件的差异，往往难以准确捕捉和解释这种"时空压缩"下的中国现象。从文明基因独特的视角理解，中华文明上下五千年，拥有独特的哲学思想、民族特性和精神文脉。这种深厚的文化底蕴在现代化进程中与中国国情相结合，形成了具有中国特色的社会发展模式。西方范式，尽管在某些方面具有广泛适用性，但往往难以全面涵盖和深入解释中华文明背景下的这一独特发展模式。从制度原创的视角理解，中国在实现现代化的进程中，结合本国国情，探索出了一条极具中国特色的表征科学发展和实现中华民族伟大复兴的社会发展道路。[①] 这一道路无论是在理论创新、制度设计，还是在政策制定等方面都具有鲜明的原创性。西方范式，受其固有的理论框架和价值取向的限制，也很难充分理解和评价这种原创性的制度。

对西方范式的依赖在限制理论创新的同时，也割裂了理论与实践之间的双向互动关系。所谓理论与实践之间的双向互动关系，就是指理论和实践双方相互影响、相互促进的关系。对理论与实践之间双向互动关系的断裂则是指二者原本应当相互依赖、动态修正的关系被切断或弱化，导致理论与实践的脱节乃至对立。恩格斯在批判先验主义时曾明确表示，"原则不是研究的出发点，而是它的最终结果"[②]。对于中国的现代化道路而言，尽管西方范式、西方理论、西方经验已经为现代化的实现交出一份"标准答案"，但是如果只是按照这份"标准答案"来规划和推动中国的现代化进程，那么，就是将西方范式、西方理论、西方经验神秘化，将它们作为中国现代化道路发展的出发点，这不仅不符合人

[①] 曹典顺：《马克思社会建设逻辑——唯物辩证法视域中的马克思社会建设思想研究》，北京：中央编译出版社 2020 年版，第 6 页。

[②] 《马克思恩格斯文集》第 9 卷，北京：人民出版社 2009 年版，第 38 页。

类社会发展的一般规律，也不符合中国道路发展的现实规律。如果以理论与实践之间这种断裂的关系指导中国道路的发展实践，那么，只会导致理论上的公式化与教条主义和实践上的僵化与机械化。在新中国成立之初，正是对马克思主义的教条化理解（如苏联教科书体系）与对西方理论的机械模仿，导致对中国现代化道路的哲学解释流于"外来理论的修补工具"。

只有构建中国马克思主义哲学的自主范式，才能有效回应中国问题的独特性，推动理论与实践的双向创新。中国马克思主义哲学自主范式的构建，不仅包含着对西方范式的超越，还内蕴着对中国问题独特性的深刻洞察与掌握。一方面，中国马克思主义哲学自主范式的建设重视对中国传统哲学思想的深入挖掘与转化，致力于将中国传统哲学的精华与马克思主义相融合，形成具有中国特色的哲学理论体系。同时，它还借鉴与吸收全球各国的优秀哲学成果，并且在此基础上进行创新和发展。另一方面，中国马克思主义哲学自主范式的建设强调理论与实践的紧密结合，通过实践来检验和发展理论，注重对中国社会实践的深入研究和总结，旨在从中提炼出具有普遍意义的理论观点和方法论原则，为中国现代化建设和社会发展提供理论指导和实践支持。因此，通过构建中国马克思主义哲学自主范式，能够更有效地回应中国问题的独特性，助力哲学理论实现从"解释世界"到"改变世界"①的跃升。

（三）强化中华文明的主体性：解构西方中心主义文明叙事

相较于西方而言，尽管中国早在千余年前就进入了文明社会，中华文明也曾长期领先于世界，但是由于没有发展为最早的现代国家，所以，中华文明往往被误认为传统的、落后的文明，而西方文明则被视为是现代的、先进的文明。例如，黑格尔就曾表示，"世界历史从'东方'到'西方'，因为欧洲绝对地是历史的终点，亚洲是起点"②。这种将中

---

① 参见《马克思恩格斯文集》第1卷，北京：人民出版社2009年版，第502页。
② 黑格尔：《历史哲学》，王造时译，上海：上海书店出版社2001年版，第106页。

华文明视为"他者"文明,将西方文明视为"主体"文明的观点,在全球化的进程中进一步被强化,导致了中华文明在世界文明体系中一再"失语",不断被边缘化。不难发现,这一文明叙事方式实际上是近代以来由西方主导建立的、以西方中心论为理论框架的,其核心是通过特定的哲学、历史学、社会学范式将人类文明进程纳入统一的"进步叙事",并将非西方文明置于边缘或从属地位。这一文明叙事方式既反映了资本主义全球扩张的历史需求,也暴露出知识生产中的文化霸权逻辑。在新全球化时代,文化多元性日益凸显,各种文明间的交流与碰撞成为常态,因此,以"西方中心主义"为内核,将西方文明标榜为人类文明的"唯一标准",并将其他文明边缘化、客体化的旧文明叙事方式已经不符合时代发展的需要,亟待重建文明叙事方式,以更好地回应时代的挑战。

解构西方中心主义的文明叙事,并不是简单地否定西方文明的主导地位,或者是构建另一种"单一"文明叙事,而是以复杂系统的视角重新呈现多元文明之间的互动与交织。对西方中心主义文明叙事的解构至少涉及三个层面。其一,要反思和揭示西方中心主义文明叙事中的偏见与局限。西方中心主义的文明叙事倾向于将西方文明视为人类文明的"唯一典范",而将其他文明边缘化或置于从属地位。这种文明叙事方式不仅忽略了其他文明的独特价值和贡献,还限制了人类文明多样性和交流互鉴的可能性。其二,要肯定各文明形式自身的主体性。对中国而言,就是要坚持并强化中华文明的主体地位,将其从边缘化的境遇中解放出来。中华文明作为世界文明的重要组成部分,拥有悠久的历史和独特的智慧。然而,在西方中心主义的文明叙事中,中华文明的价值被严重低估,甚至被曲解和误解。因此,解构西方中心主义的文明叙事,就是要重新发掘和阐释中华文明的价值。其三,要认识到全球文明多元共生的现实。在全球化时代,不同文明形态之间的交流与融合已经成为必然趋势。西方中心主义的文明叙事常常忽视这一现实,将西方文明视为唯一的标准和典范,而将其他文明边缘化或视为异类。相反,我们应以开放、包容、平等的心态对待各种文明形态,并推动它们之间的交流、对话与合作,以实现全球文明的多元共生。

建设中国马克思主义哲学自主范式对于强化中华文明主体性的作用既在于助力打破"中心—边缘"的世界文明格局,也在于能够通过"两个结合"①,重塑文化自信的理论根基。从打破"中心—边缘"的世界文明格局的视角理解,中国马克思主义哲学自主范式的建设强调中华文明自身的主体性,旨在通过哲学范式的创新,推动中华文明从"边缘"走向"中心",参与到全球文明的对话与交流之中。这一范式的建设不仅关注中华文明的独特性和价值,还致力于推动中华文明与其他文明的交流与互鉴,共同构建多元共生的全球文明格局。从重塑文化自信的理论根基视角理解,中国马克思主义哲学自主范式的建设,通过深入挖掘中华优秀传统文化的精髓,将其与马克思主义理论相融合,为中华文明的现代传承与创新提供了坚实的理论基础。通过这一范式的建设,可以更好地理解和阐释中华文明的价值与智慧,为中华文明在全球文明对话中赢得更多的话语权和尊重。同时,这一范式的建设也将激发中华文明的内在活力,推动其在新时代背景下的创造性转化和创新性发展。

二、对中国马克思主义哲学范式的误解与澄清

中国马克思主义哲学范式之所以遭遇诸多误解,核心原因在于对其革新特性的忽视。这一哲学范式通过实践辩证法,将马克思主义方法论与中国传统文化的精髓相结合。然而,在西方中心主义的"普遍性"标准审视下,它被错误地视为一种文化耦合的次级体系,其哲学上的革命性被削弱。此外,批评者往往以静态的视角审视,忽略了它在调整传统本体论、融合现代性批判、整合多元文明经验方面所实现的范式跃迁。

---

① 参见习近平:《高举中国特色社会主义伟大旗帜 为全面建设社会主义现代化国家而团结奋斗——在中国共产党第二十次全国代表大会上的报告(2022年10月16日)》,载《人民日报》,2022年10月26日,第2版。

更深层次的挑战在于非西方哲学范式的主体性突围：它必须在历史与现代的张力中唤醒实践哲学的传统，通过与西方的对话解构"哲学普遍性"的西方预设，并最终构建一个既体现文明特色又包含人类共同议题的新型哲学范式。这样，中国马克思主义哲学范式才能真正成为重塑现代知识图景的思想坐标系。

（一）误解一：中国马克思主义哲学范式是对外来哲学范式的模仿移植

对中国马克思主义哲学范式的第一个误解认为，中国马克思主义哲学范式缺乏原创性，它的概念体系、方法论框架，乃至研究路径均依附于西方哲学或苏联马克思主义哲学的既有范式，本质上是对外来模式的"被动移植"而非"主动创新"。这一误解包含着对中国马克思主义哲学范式的两种判断。一是概念体系的依附。这一判断认为中国马克思主义哲学范式起源于对苏联教科书体系的机械复制，例如 20 世纪 50 年代中国全面引入《联共（布）党史简明教程》中的辩证唯物主义框架①，并将其视为不可动摇的"金科玉律"，导致中国马克思主义哲学的研究范式长期停滞于"以苏解马"的僵化阶段；二是理论的工具化。这一判断主张中国学界在改革开放后转向西方马克思主义理论（如卢卡奇的"物化批判"②、阿尔都塞的"症候阅读法"③），本质上是用"西方概念"解释"中国问题"④，例如用哈贝马斯的"主体—客体"范式分析社会主义市场经济⑤，被认为是对西方马克思主义哲学范式的学术依附。

---

① 参见联共（布）中央特设委员会编著：《联共（布）党史简明教程》，北京：中国出版社 1946 年版。
② 参见卢卡奇：《历史与阶级意识》，杜章智、任立、燕宏远译，北京：商务印书馆 2017 年版。
③ 参见路易·阿尔都塞等：《读〈资本论〉》，李其庆译，北京：中央编译出版社 2024 年版。
④ 参见全国高校社会科学科研管理研究会组编：《哲学社会科学学术话语体系建设》，武汉：武汉大学出版社 2016 年版，第 305 页。
⑤ 哈贝马斯：《现代性的哲学话语》，曹卫东译，南京：译林出版社 2011 年版。

这一误解产生的原因至少包括历史路径依赖、学术认知偏误与话语权不对称三个方面。首先，历史路径依赖导致了对中国马克思主义哲学范式原创性的忽视。在学术发展的初期，中国马克思主义哲学研究确实在一定程度上借鉴和吸收了西方哲学和苏联马克思主义哲学的理论资源。然而，这并不意味着中国马克思主义哲学范式就是对外来范式的简单模仿或移植。事实上，中国马克思主义哲学正是因为在研究过程中不断与中国国情相结合，才能够形成具有中国特色的理论体系和方法论框架。其次，学术认知偏误也加剧了这一误解的形成。这种学术认知偏误，往往源于对中国马克思主义哲学范式发展历史和内在逻辑缺乏深入了解。他们未能看到，中国马克思主义哲学在研究中国实际问题、回应中国时代需求的过程中，已经逐渐形成了自己的独特理论体系和方法论原则。最后，话语权不对称也是导致这一误解的重要原因。在学术话语体系中，西方哲学和苏联马克思主义哲学长期占据主导地位，中国马克思主义哲学的话语权相对较弱，这在一定程度上限制了中国马克思主义哲学范式的独立表达和自主发展。

中国马克思主义哲学范式的核心特质在于以本土实践激活理论生命力，而非对外来范式的简单移植。一方面，中国马克思主义哲学范式始终以"中国问题"为导向，它的方法论转型（如从"教科书体系"到"实践唯物主义"）并非对外来范式的模仿，而是对中国革命、建设与改革经验的哲学提炼。例如，邓小平的"实践标准论"①就是以"实事求是"重构真理观，突破教条主义对改革的束缚。另一方面，中国马克思主义哲学范式通过中国优秀的传统文化与马克思主义方法论的融合，实现了范式的自主性突破。例如，"人类命运共同体"范式将马克思"自由人联合体"思想与中国"天下大同"理念相融合，形成超越西方"霸权治理"的新的全球交往哲学。第三方面，中国学者正通过构建自

---

① 参见《邓小平文选》第二卷，北京：人民出版社1994年版，第143页。

主话语体系打破西方中心主义偏见。例如，汪信砚通过"马克思主义哲学中国化范式"所论证的，中国范式以"问题导向"与"文化融合"实现了对西方"普遍—特殊"叙事的超越。①

（二）误解二：中国马克思主义哲学范式是对中国传统哲学范式的否定

对于中国马克思主义哲学范式的第二个误解认为，它与中国传统哲学范式之间是割裂的关系，前者强调的唯物史观、阶级分析法等方法论与后者的本体论（如"天道观""心性论"）和价值论（如"仁义礼智信"）存在冲突，因此，中国马克思主义哲学范式的建设将首先是对中国传统哲学范式的否定。这种看法忽视了中国马克思主义哲学范式与中国传统哲学范式之间的深刻联系和相互融合。实际上，中国传统哲学中蕴含着丰富的思想宝藏和深刻的智慧，如"天人合一"的宇宙观念、"知行合一"的认识论原则、"天下为公"的政治理想等，这些思想资源为中国马克思主义哲学范式的构建提供了重要的理论支撑和思想启示。中国马克思主义哲学范式在构建过程中，不仅汲取了马克思主义的基本原理和方法论，还深入挖掘了中国传统哲学的核心要义，将其与马克思主义有机结合，形成了具有鲜明中国特色的哲学范式。这一范式的建设不仅丰富和发展了马克思主义，也为中国传统哲学的现代传承与创新开辟了新的道路和可能性。

第二个误解的产生根源在于对中国马克思主义哲学范式与中国传统哲学范式两者特质的片面化解读。首先，两者的表层差异被过度聚焦。中国马克思主义哲学以"实践"为核心范畴，强调通过改造社会实现人的解放，而中国传统哲学范式更注重内在修养与天人关系的和谐，例如

---

① 参见汪信砚：《当代中国马克思主义哲学的研究范式》，载《中国社会科学》，2008年第2期。

朱熹"格物致知"与王阳明"知行合一"均以道德实践为导向。① 这种差异被误读为不可调和的矛盾。其次，近代中国救亡图存的历史语境强化了对立叙事。20世纪初，为破除封建意识形态对现代化的阻碍，中国马克思主义哲学范式在传播初期确实表现出对传统哲学范式的批判姿态，这种特定历史阶段的策略性批判被误认为本质性否定。此外，学术研究的范式壁垒也加剧了这一误解，导致两种哲学范式的深层对话可能被遮蔽。

从理论与实践双重维度考察，可以明确中国马克思主义哲学范式是中国传统哲学范式的批判性继承者而非简单否定者。一方面，两种范式在方法论上存在互补性。毛泽东在《实践论》中将传统知行关系改造为"实践—认识—再实践"的唯物辩证体系，明确提到"知和行的具体的历史的统一"②。陶德麟进一步指出："创造中国化的唯物辩证法，离开了与中国传统哲学的结合也断然不可"③。另一方面，两种范式在价值观层面的融合更为显著。中国传统"大同社会"理念与共产主义理想在目标层面高度契合。例如，习近平提出以人民为中心的发展思想，将传统民本理念升华为马克思主义群众观的核心表达。④ 第三方面，两种范式都自觉建设文化的主体性。中国马克思主义哲学范式通过重塑"天道"为历史规律、"修身"为党性修养、"和合"为人类命运共同体等，实现了对传统范式的现代超越。如果将二者关系简化为"否定"，无疑是对百年中国思想史的粗暴割裂。

---

① 参见陈来：《宋明理学 陈来学术论著集》，北京：生活·读书·新知三联书店2011年版，第202—204页。
② 《毛泽东选集》第一卷，北京：人民出版社2006年版，第296页。
③ 陶德麟：《实践与真理 认识论研究》，武汉：武汉大学出版社2024年版，第208页。
④ 参见《习近平谈治国理政》第三卷，北京：外文出版社2020年版，第16—17页。

(三)误解三：中国马克思主义哲学范式一经建设就无需再批判性发展

对中国马克思主义哲学范式的第三种误解认为，中国马克思主义哲学的范式框架一旦形成，便具有完备性和终极性，无需通过批判性反思适应新的历史条件。这种观点实际上忽视了中国马克思主义哲学范式的动态性和开放性。范式作为科学共同体在一定时期内普遍接受的理论框架和研究方法，是随着实践的发展和认识的深化而不断演变的。中国马克思主义哲学范式也不例外，它需要在不断的实践中接受检验，并根据新的实践经验进行修正和完善。持此立场的学者将中国马克思主义哲学范式视为静态的"完成形态"。对此，杨楹和王福民表示，传统"教科书"范式通过"国民教育"传播为哲学"常识"，但其本质是"哲学知识传播学的功能化表征"，其话语霸权性和教条性导致理论体系僵化。① 事实上，中国马克思主义哲学范式的建设是一个动态的、开放的过程。在这个过程中，要不断地将新的实践经验上升为理论，用新的理论来指导实践，实现理论与实践的良性互动。同时，也需要保持对范式的批判性态度，不断反思和审视范式本身的局限性和不足，以推动范式的不断发展和完善。

第三个误解产生的根源在于对"哲学范式"本质的误读与历史语境的片面化理解。首先，传统研究范式的僵化实践强化了静态认知。传统"教科书"范式在 20 世纪中国哲学界占据主导地位，其线性思维与实体性思维导致理论体系"二值逻辑悖论"，窒息了马克思主义哲学的创造性。② 这种范式在传播过程中被固化为"不容置疑的真理"，削弱了学术共同体对"范式建设"的自觉。其次，特定历史阶段的实用主义需求加

---

① 参见杨楹、王福民：《当代中国马克思主义哲学研究主要"范式"之比较》，载《教学与研究》，2004 年第 2 期。

② 参见杨楹、王福民：《当代中国马克思主义哲学研究主要"范式"之比较》，载《教学与研究》，2004 年第 2 期。

剧了误解。例如，李达等早期马克思主义者为实现救亡图存，强调马克思主义哲学与中国实际的"工具性结合"，但其理论探索中蕴含的批判精神被后续教条化解读遮蔽。① 这种实用主义倾向将"范式建设"窄化为政治实践的工具，忽视了其作为"哲学范式"应具备的理论自主性与批判功能。此外，外来学术话语的干扰亦不可忽视。列文森等汉学家将中国马克思主义哲学视为"意识形态教条"，否认其理论创新的可能。② 这种外部视角遮蔽了中国马克思主义哲学范式在"资本逻辑批判""实践哲学"等领域的原创性突破，将其简化为对西方理论的被动复制。

澄清对中国马克思主义哲学范式的这一误解需回归"哲学范式"的批判性本质与"范式建设"的实践性特征。一方面，中国马克思主义哲学范式的生命力源于其持续的自我革新。例如，"资本逻辑批判"范式的兴起，标志着中国马克思主义哲学范式从"实践主体性"向"具体总体性"的转型，既继承传统范式的唯物论根基，又通过《资本论》哲学研究深化了对全球化时代矛盾的阐释。另一方面，当代中国马克思主义哲学已形成多元并进的"范式创新图谱"③。实践唯物主义突破传统范式的桎梏，将"实践"确立为核心范畴；"交往实践的唯物主义"则强调以"中国问题"为导向的理论创新，将"五大建设实践"作为哲学新形态的基础。④ 更重要的是，"范式建设"始终以批判性继承为方法论核心：儒家"大同社会"理想与马克思主义共产主义目标的融合、道家"道法自然"与生态哲学的对话，均证明中国马克思主义哲学范式并非否定传统，而是在扬弃中实现对传统哲学范式的超越与升华。因此，

---

① 参见汪信砚：《李达的马克思主义哲学研究范式及其深刻启示》，载《江海学刊》，2012年第2期。

② 参见列文森：《儒教中国及其现代命运》，北京：中国社会科学出版社2000年版，第112页。

③ 参见任平：《当代中国马克思主义哲学创新范式图谱》，载《中国社会科学》，2017年第1期。

④ 参见任平：《走向交往实践的唯物主义》，载《中国社会科学》，1999年第1期。

"范式建设"的本质是动态的哲学实践，其生命力依赖于持续的批判性发展，而非静态的"完成态"。

三、建设中国马克思主义哲学范式的方法论原则

建设中国马克思主义的哲学范式是中国马克思主义哲学研究走向方法论自觉的内在要求，同时，这也将是一项系统的、复杂的、长期的学术工程。在中国马克思主义哲学范式建设之初，对其方法论原则进行必要且充分的讨论，以达成共识，能够明确范式建设的目的性和方向性，保证范式建设的效率、避免由于基本观点、基本原则不同而导致的分歧是十分重要的。在我们看来，中国马克思主义哲学的范式建设至少应该坚持三条方法论原则，即问题导向性原则、实践生成性原则，以及批判性对话原则。只有遵循了这些方法论原则，才能够有效保障中国马克思主义哲学范式建设始终紧扣中国之问，立足中国道路的发展实践，始终保持开放性、包容性。

（一）问题导向性原则：以中国之问驱动范式的创新

问题导向性原则应该成为中国马克思主义哲学范式建设的首要方法论原则。这一方法论原则的确立源于马克思主义哲学自身强烈的问题意识，与中国现代化的特殊语境深度契合。马克思曾不止一次地强调"问题"的重要性，在他看来，"真正的批判要分析的不是答案，而是问题""问题却是公开的、无所顾忌的、支配一切个人的时代之声"。[①] 问题之所以重要，是因为问题的本质是现实矛盾的客观反映，问题导向性原则将理论建设锚定于社会实践中的"真问题"，能够确保哲学范式的建设不脱离历史语境。因此，中国马克思主义哲学的范式建设应该深植于中

---

① 《马克思恩格斯全集》第 1 卷，北京：人民出版社 1995 年版，第 203 页。

国现代化实践中涌现的"真问题"。对此，陈先达进一步强调，"在当代中国，马克思主义哲学创新的根本之路……就是要立足国情、关注世情、熟悉民情，要回答中国问题、时代问题、群众问题"。① 这意味着，在中国马克思主义哲学范式的建设过程中，研究者们必须直面技术革命引发的劳动异化、现代性转型中的价值冲突等具体情境，通过将经验性议题升华为哲学命题，实现从"哲学中的问题"到"问题中的哲学"②的范式转换。

问题导向性原则对中国马克思主义哲学的范式建设提出了双重方法论规约。其一，中国马克思主义哲学的范式建设必须建设"实践优先"的理论生成机制，即哲学范式的建设不能脱离实践，不能沉溺于抽象的思辨和逻辑推演。这要求中国马克思主义哲学的范式建设突破传统"原理演绎+经验例证"的线性思维，转而以中国问题的特殊性为逻辑起点重构方法论工具。例如在分析生态文明建设时，需从历史唯物主义的批判维度出发，揭示资本逻辑与生态可持续性之间的深层张力，同时结合中国实践探索制度创新的可能性。其二，要求中国马克思主义哲学的范式建设实现批判性与建设性的辩证综合。如孙正聿所言，"哲学总是以时代性的内容、民族性的形式和个体性的风格去求索人类性的问题，并在哲学问题自我扬弃的进程中实现对人的存在方式及其与世界的相互关系的新的理解"。③ 我们所要建设的中国马克思主义哲学范式既要助力于揭示资本逻辑与社会主义价值目标的深层张力，更需为"共同富裕""全过程民主"等实践命题的哲学证成提供方法论引领。

---

① 陈先达、臧峰宇：《从历史深处走来 马克思主义哲学谈话录》，石家庄：河北人民出版社2022年版，第184—185页。

② 参见陈先达：《哲学中的问题与问题中的哲学》，载《中国社会科学》，2006年第2期，第4页。

③ 孙正聿：《简明哲学通论》，北京：高等教育出版社2000年版，第200页。

对中国马克思主义哲学的范式建设来说，践行问题导向性原则就是要以"中国之问"驱动范式创新。"中国之问"既是中国式现代化实现进程中面临的现实挑战，也是中国马克思主义哲学范式创新的源泉和动力。这一问题涵盖了经济、政治、文化、社会、生态等多个领域，是中国现代化实现过程中必须面对和解决的重大课题。通过深入研究和回答这些"中国之问"，中国马克思主义哲学能够不断获得新的理论生长点，实现范式的创新和发展。同时，"中国之问"具有鲜明的时代性和实践性，它们随着中国社会的发展而不断变化。这种以"中国之问"为驱动力的范式创新，不仅增强了中国马克思主义哲学的现实解释力，也为其在全球哲学对话中赢得了更多的话语权和影响力。践行问题导向性原则，以"中国之问"驱动范式创新，要求研究者们始终保持对现实问题的敏感性和关注度，将哲学范式的建设与解决中国实际问题的实践相结合，推动中国马克思主义哲学在理论与实践的互动中实现新的发展。

（二）实践生成性原则：以实践为范式建设检验尺度

实践生成性原则是中国马克思主义哲学范式建设应该坚持的另一方法论原则。这一方法论原则的确立与马克思主义哲学的实践性品质，以及人类社会实践的动态发展相关。理解实践生成性原则，首先应该理解"实践生成论"。所谓"实践生成论"是中国马克思主义哲学对经典哲学理论的创新发展，"它始终关注人类实践过程及其事物在实践过程中的历史性生成……将实践解释原则、辩证解释原则和历史解释原则引入了世界观和方法论"①。据此理解，作为中国马克思主义哲学范式建设的方法论原则之一的实践生成性原则，就是强调实践不仅是人类认识活动的

---

① 韩庆祥：《马克思主义在"实践生成论"及其本源意义》，载《哲学动态》，2019年第12期。

起点和归宿，更是社会存在和人类历史发展的根本动力的原则。它要求从动态的、历史的维度揭示社会现实、文化形态、理论体系乃至人类自身，均是在实践中不断生成、发展和变革的。这一原则既继承了马克思"全部社会生活在本质上是实践的"① 基本立场，又在当代中国哲学发展中获得了新的阐释与拓展。

以实践生成性原则作为方法论原则，就是将中国马克思主义哲学的范式建设从抽象思辨的形而上学传统中解放出来，使其彻底扎根于历史的具体实践，并在理论与实践的辩证互动中实现范式的动态革新。这一方法论原则首先要求中国马克思主义哲学的范式建设必须摒弃任何脱离现实的先验预设，而是以实践作为评判范式建设合法性的唯一判准。对此，马克思指出，"人的思维是否具有客观的真理性，这不是一个理论的问题，而是一个实践的问题"②。以实践生成性原则作为方法论原则，意味着哲学范式的建设不能停留于逻辑自洽的体系化追求，而需始终以实践的历史展开为坐标，在回应现实问题的过程中检验理论的解释力与改造力。其次，它要求哲学范式建设必须保持方法论上的动态开放性。毛泽东提出的"实践—认识—再实践"③ 循环模式，本质上是对哲学范式自我更新机制的规范：当既有理论无法涵摄新实践形态时，范式的重构便成为必然，例如社会主义市场经济理论对传统公有制与市场机制矛盾的化解，正是通过实践突破倒逼理论创新的典型案例。

实践生成性原则的独特性在于其方法论的系统整合能力。布迪厄的实践理论通过"（习性×资本）+场域=实践"的互动模型④，揭示了社

---

① 《马克思恩格斯文集》第1卷，北京：人民出版社2009年版，第501页。
② 《马克思恩格斯文集》第1卷，北京：人民出版社2009年版，第500页。
③ 参见《毛泽东选集》第一卷，北京：人民出版社2006年版，第296页。
④ 参见皮埃尔·布迪厄：《实践感 新编版》，蒋梓骅译，南京：译林出版社2012年版，第73—93页。

会实践的生成机制,但其未能彻底超越主客体二元论的理论困境。马克思则通过对"生产力与生产关系矛盾运动"①的揭示,将物质生产实践确立为历史演进的根本动力,从而在方法论层面实现了宏观历史规律与微观实践活动的辩证统一。这种统一性在当代中国马克思主义哲学研究中得到创造性发展,即通过将新型实践形态纳入分析范畴,既保持了历史唯物主义的解释张力,又回应了全球化时代的实践转型。这种理论演进轨迹表明,实践生成性原则并非静态的方法论教条,而是在与实践的持续对话中不断重构自身解释边界的哲学范式。以实践生成性作为方法论原则,可以使中国马克思主义的哲学范式在人类实践方式发生根本性转变时,依然能够为理解当代世界的复杂性问题提供方法论指南。

(三) 批判性对话原则:在交流互鉴中完善范式建设

以批判性对话原则作为中国马克思主义哲学范式建设的方法论原则,旨在通过跨学科、跨文化、跨时代的对话与互鉴,实现哲学范式的创新与动态完善。作为中国马克思主义哲学的方法论自觉,中国马克思主义哲学的范式建设面临着双重任务:一方面需立足本土实践深化对马克思主义经典文本的理解,另一方面需要通过与其他哲学传统(如西方哲学、中国传统哲学)的对话,辨识其有效性与局限性,进而实现范式的创新。正如任平教授所强调的,"不管是东西方的对话、当代与历史的对话、还是理论与现实的对话,都是将某种理论'带入当下',而不是一种教条主义的'返回',更不是用多元话语简单地'座驾'某种理论"②。对于中国马克思主义哲学的范式建设而言,以批判性对话作为方法论原则,意味着它所要实现的既不是简单的"体用之争",也不是非

---

① 《马克思恩格斯文集》第2卷,北京:人民出版社2009年版,第592页。
② 任平:《当代中国马克思主义哲学创新学术史研究》,北京:人民出版社2021年版,第249页。

意识形态的妥协，而是在历史唯物主义框架内实现的文明基因激活与范式的升级。

对于中国马克思主义哲学的范式建设来说，以批判性对话原则作为方法论的核心，意味着在构建范式的过程中，必须妥善处理三种对话关系，即与西方哲学范式的对话、与中国传统哲学范式的对话，以及与科学范式的对话。鉴于西方哲学范式在近代以来的全球哲学领域中一直占据主导地位，与西方哲学范式的对话是不可避免的。因此，中国马克思主义哲学的范式建设在与西方范式的批判性对话中，既要揭示其局限性，也要吸取其合理成分。同样，由于中国传统哲学是构建中国马克思主义哲学不可或缺的思想资源，与中国传统哲学范式的对话也至关重要。因此，在范式建设中，要深入探索中国传统哲学的精华，将其与马克思主义理论相融合，以形成具有中国特色的马克思主义哲学范式。此外，科学范式作为现代科学发展的重要方法论，强调实证、逻辑和系统性，与科学范式的对话也是中国马克思主义哲学范式建设中不可或缺的一环。因此，在范式建设过程中，中国马克思主义哲学需要借鉴科学范式的合理性，并将其应用于哲学研究，以提升哲学研究的科学性和严谨性。

以批判性对话原则作为方法论原则，能够赋予中国马克思主义哲学范式以"生命力"，有效避免中国马克思主义哲学范式的建设陷入盲目自信、故步自封的困境。批判性对话原则强调在对话过程中应保持开放性和包容性，积极接纳来自不同领域的批评和建议。在哲学范式建设的过程中，必然会出现多种声音和观点，这些声音和观点可能来自不同的学者、不同的学派，甚至来自同一学派内部的不同成员。批判性对话原则要求我们在面对这些不同声音和观点时，应保持开放的心态，尊重每一种观点的合理性和价值，通过平等的对话和交流，共同推动范式的完善和发展。同时，批判性对话原则也强调了在对话过程中应保持理性和客观的态度。在对话中，应该坚持以事实为依据，以理性为准则，避免情绪化的表达和偏激的言论。只有在理性和客观的基础上，才能进行深入的交流和探讨，才能形成真正的共识和推动范式的创新。

（作者范云系苏州大学政治与公共管理学院博士研究生，江苏师范大学哲学范式研究院研究人员，主要研究方向为马克思主义政治哲学）

二

专家评论

中国式现代化的改革开放观

——方向抉择、重大使命与历史超越[*]

任 平

[摘 要] 改革开放作为决定中华民族前途命运的关键一招、党和人民事业大踏步赶上时代的重要法宝,在持续性深化的伟大实践中不断趋向于理性自觉,创造了中国特色改革开放观,在中国特色社会主义每一个发展阶段的重大历史关头应时而变,创新指引、科学谋划和全面布展改革开放伟大实践进程,不断作出方向抉择、使命转换和战略调整,进而不断实现时代转换。党的二十届三中全会的一项重大议程是谋定紧紧围绕推进中国式现代化这一主题进一步全面深化改革,这一议程内在贯穿新征程的改革开放观,科学阐明了这一轮改革作为党的十八届三中全会以来全面深化改革的实践续篇,旨在谱写新征程推进中国式现代化的时代新篇,着力在改革开放新征程中作出重大方向性抉择,明确解答改革的主要使命、实现路径和战略安排等"时代之问",奋力将改革开放伟大实践继续推向深入,实现历史的超越。

[关键词] 中国式现代化 改革开放观 实践续篇 时代新篇 历史超越

---

[*] 本文系国家社科基金重大项目"当代全球资本主义新变化的原因和趋势的历史唯物主义研究"(19ZDA026)的阶段性成果。原文发表于《江海学刊》,2024年第4期。

改革开放作为决定中华民族前途命运的关键一招、党和人民事业大踏步赶上时代的重要法宝，其基本主题和重大使命始终围绕中国特色社会主义主要矛盾和主要使命的变化而变化，在不同阶段呈现不同的本质特点，贯穿于其中的一个重要特点就是改革开放在持续性深化的伟大实践中不断趋向于理性自觉，创造了中国特色改革开放观，而且在每一个发展阶段的重要转折关头创新改革开放观，以理性自觉和顶层谋定将改革开放伟大实践推向前进。改革开放伟大实践与理性自觉的改革开放观之间彼此契合、相互促进，日益构成谱写中国改革开放时代新篇的共进线。2024年2月，习近平在中央全面深化改革委员会第四次会议上指出，"今年是全面深化改革又一个重要年份，主要任务是谋划进一步全面深化改革，这既是党的十八届三中全会以来全面深化改革的实践续篇，也是新征程推进中国式现代化的时代新篇"。① 紧紧围绕中国式现代化谋划改革开放的时代新篇，必须要开辟理性自觉的新境界，创新改革开放观。为此，2024年4月30日，中央政治局会议用"六个必然要求"深刻阐明继续把改革推向前进的重大意义，要求全党必须自觉把改革摆在更加突出位置，紧紧围绕推进中国式现代化进一步全面深化改革。5月23日，习近平在山东考察期间，专门主持召开企业和专家座谈会，聚焦改革，开门问策，力图把最广大人民的智慧和力量凝聚到改革上来，同人民一道把改革推向前进。习近平在座谈会上发表重要讲话，为进一步全面深化改革划重点、明方向，释放重要信号。中央决定在7月召开党的二十届三中全会，其中一项主要议程是自觉把改革摆在更加突出位置，紧紧围绕推进中国式现代化进一步全面深化改革，划重点，明方向，布全局，施战略。

在中国改革开放不断深化前行的每一个重要历史关头作出的方向性判定，都是关乎中国特色社会主义事业战略全局、关乎中华民族前途和

---

① 《增强土地要素对优势地区高质量发展保障能力　进一步提升基层应急管理能力》，载《人民日报》，2024年2月20日。

命运、影响全球格局和走向的重大抉择，都是具有划时代意义的重大事件。进一步全面深化改革推进中国式现代化是一项系统的战略工程，完成这一战略工程需要有高度的理论自觉，其重要思想前提就是要创新和确立新征程即中国式现代化的改革开放观。为此，我们需要深度把握和准确解答以下几个关键问题：其一，何谓"中国式现代化的改革开放观"？其二，在何种意义上理解进一步全面深化改革推进中国式现代化是党的十八届三中全会以来全面深化改革的实践续篇？其三，在何种意义上理解进一步全面深化改革推进中国式现代化是新征程推进中国式现代化的时代新篇？

一、改革开放观：进一步全面深化改革推进中国式现代化的方法论自觉

从原初主要诉诸感性实践探索渐次上升到理论自觉的新境界，需要创造改革开放观。中国的改革开放伟大实践不断从感性探索趋向理性自觉，每一个阶段、每一个重大转折关头都需要有理性自觉，呼唤改革开放观的指引。所谓改革开放观，就是如何"观"改革开放。我们主张的改革开放观就是马克思主义中国化时代化的改革开放观，即依据马克思主义中国化时代化世界观和方法论对改革开放伟大实践的本质规律的总体认识和根本看法，着力解答为何改革、改革什么、怎样改革等一系列根本问题。以紧紧围绕中国式现代化进一步全面深化改革为主题的改革开放观，即新征程改革开放观，是引领和保障改革开放新实践的理论自觉。

党的十八届三中全会以来的改革开放观具有一系列创新发展的鲜明特点。鲜明特点之一就是改革开放伟大实践具有了理解和把握改革开放本质和规律、开辟新境界、超前谋划和思想指导的理性自觉。改革开放观的出场是由改革开放作为决定中华民族前途命运的关键一招、党和人民事业大踏步赶上时代的重要法宝的性质和地位决定的，也是

改革开放伟大实践经验的科学总结和必然旨归。改革开放观是从"摸着石头过河"的单纯感性实践探索以及"走一步看一步"的短期"刺激—反馈"方式中摆脱出来，走向科学揭示改革开放本质和规律、把握大势、预判谋划未来的理性自觉。中国的改革开放是前无古人的事业，虽然有马克思主义基本原理的原则指导，但是我们既不能从马克思主义经典作家的原典中找到现成答案，也无法从前人那里找到现成经验。因此，在改革开放初期，我们只能依靠感性探索，在没有现成道路可走的情况下靠"摸着石头过河""走一步看一步""大胆试、大胆闯""杀出一条血路"。显然，缺乏理性自觉的感性实践带有盲目性，在改革开放的实践持续推进中在所难免地付出了学费和代价。然而，四十余年来，以解放和发展生产力、为人民谋富裕、推动中华民族伟大复兴为宗旨的改革开放伟大实践之所以伟大，是因为实践不断反复证明改革开放实现了让人民富起来这一目标，是让党和人民事业大踏步赶上时代的重要法宝。在推进持续性改革开放的伟大实践之中，党和人民不断积累和丰富经验，"摸石头就是摸规律"，不断趋向于理性自觉，在体制机制改革中开辟了中国道路，不断形成和完善中国特色社会主义制度体系。在此基础上，党的十八届三中全会以来全面深化改革的一个重大成果就是迈入了理性自觉新境界，创新了改革开放观。因此，改革开放观是总体把握了改革开放本质规律这一关乎中国特色社会主义事业前途命运、关乎中华民族伟大复兴战略全局的马克思主义中国化时代化的理性自觉形式。

第二个鲜明特点是依据唯物史观的中国逻辑对"为何改革"这一"时代之问"作出了关键的方向性抉择。唯物史观揭示了人类社会发展的一般规律。唯物史观的中国逻辑旨在运用唯物史观基本原理深入阐释中国发展的具体特殊规律，其重要内容之一就是改革开放的具体进程和具体规律。改革开放打破了不适合生产力发展的体制机制，解放和发展生产力，推动中华民族大踏步赶上时代，这是遵循唯物史观中国逻辑的客观要求。生产力是全部社会生活的物质前提，是推动社会进步的最活跃、最革命的因素，生产力标准是衡量社会发展的根本性标准。马克思恩格斯指出，"人们所达到的生产力的总和决定着社会状况"。① 社会主义的根本任务是解放和发展生产力，社会主义相对于资本主义的优越性就体现在能够更快、更好地发展生产力。改革开放四十多年来，我们不断面临全球科技革命带来的产业革命浪潮的冲击和挑战，因此，如何围绕迎接每一次科技革命和产业革命挑战而推动中国的生产力提档升级、加快发展，构成改革开放的强大动力和时代主题。然而，生产力发展如果脱离了人民，就会失去它的根本动力和价值旨归。作为生产力标准的价值旨归，"以人民为中心"就是规约改革开放根本方向性抉择的主要标准。"改革开放为了人民、依靠人民，改革开放成果让人民更多更好地公平共享"成为我们决定改革开放的方向性抉择的价值原则。我们的改革开放观主张衡量、规约改革开放的必须是"生产力标准"与"人民至上"价值标准的历史的和有机的统一。

第三个鲜明特点是着眼于系统把握，即强调改革开放的整体性、全面性、持续性和长效性。由于缺乏经验，改革开放的初始阶段都是选择局部环节的改革和调整，依靠部分地区和部分人群先行先试，渐进式改革成效往往具有暂时性和探索性，没有可能整体推进、综合推进和全面深化改革。然而，改革开放最终目的在于达成一个全面的整体性目标，推动中国特色社会主义的自我完善，以中国式现代化推动中华民族伟大复兴，建立一个社会主义现代化强国。经济建设是我们的中心使命，无论是价格改革还是市场培育、产权结构调整、收入分配制度创新、参与或开辟国际市场等都是改革重要的环节，"放手搞活市场""参与国际大循环"都具有改革开放特定阶段的重要根据。但是改革开放的维度所指不可能是单向度、唯一的，而是涉及经济、政治、社会、文化和生态领域体制机制的全面深化改革。此外，改革开放破除旧体制与建立新体制之间常常不连续，形成"脱节"和"真空"状态。强调"稳定压倒一

---

① 《马克思恩格斯文集》第 1 卷，北京：人民出版社 2009 年版，第 533 页。

切"、渐进式改革开放的推进一旦受阻就可能暂时停顿，呈现不连续性。党的十八届三中全会以来的改革开放观着眼于全面深化改革，强调全面性谋划、整体性布展、持续性推进，要求在新发展理念指导下，以"五位一体"总体布局、"四个全面"战略布局、"改革只有进行时"、"建立长效机制"、"完善中国特色社会主义制度体系"的精神来推进改革开放，凸显新时代特征。

紧紧围绕推进中国式现代化进一步全面深化改革的时代主题和重大使命，决定了必须立足于时代主题要求，进一步创新发展改革开放观，对如何谱写改革开放伟大实践时代新篇这一"时代之问"作出科学解答。新征程的改革开放观要在整体上重新对进一步全面深化改革的必要性（六个必然要求）、战略地位（把改革开放摆在更加突出位置）、根本主题（紧紧围绕推进中国式现代化这一主题）、时代使命和战略布局以及作为党的十八届三中全会以来的实践续篇和时代新篇的核心要义，作出科学、深刻、全面的理解、阐释和把握，谋划和布展进一步全面深化改革的伟大战略实践。这就是中国式现代化的改革开放观。

建构中国式现代化的改革开放观，重新确立方向性抉择、明确时代主题和重大使命，实现历史性超越，就要进一步深入学习贯彻习近平总书记关于全面深化改革的一系列新思想、新观点、新论断，完整、准确、全面贯彻新发展理念，紧紧围绕推进中国式现代化这一主题，深刻理解和把握"六个必然要求"，坚持稳中求进工作总基调，进一步解放思想、解放和发展社会生产力、解放和增强社会活力，统筹国内国际两个大局，统筹推进"五位一体"总体布局，协调推进"四个全面"战略布局，以经济体制改革为牵引，以促进社会公平正义、增进人民福祉为出发点和落脚点，更加注重系统集成，更加注重突出重点，更加注重改革实效，推动生产关系和生产力、上层建筑和经济基础、国家治理和社会发展更好相适应，为中国式现代化提供强大动力和制度保障。

二、实践续篇:守正创新全面深化改革观的
重大意义和基本要求

改革开放观强调,在新时代新征程必须继续将改革开放推向前进,进一步全面深化改革是新时期改革开放以来特别是党的十八届三中全会以来的实践续篇。围绕推进中国式现代化进一步全面深化改革是谱写"实践续篇",即"接着讲、继续干",具有方向性抉择的重大意义和久远深刻的历史意义。

第一,"实践续篇"之所以"续",首先在于高度肯定、坚定继续改革开放的方向性抉择。这一方向性抉择,具体而论作出了三个关键性判断。一是作为方向性抉择的重大战略判断,在新征程中再一次明确肯定、高度评价改革开放作为决定中华民族前途命运的关键一招、党和人民事业大踏步赶上时代的重要法宝具有划时代意义。二是在历史走向的重要关口明确方向性抉择,坚定了在新征程中必须继续走好改革开放道路、赓续改革开放特别是十八届三中全会以来全面深化改革优秀传统和成功经验的理论自信、道路自信和历史自信。三是进一步强调在新征程中要自觉把改革摆在更加突出位置。

方向性抉择斩钉截铁地回答了在新征程中要不要继续将改革推向前进这一事关全局的重大战略性问题。改革开放伟大实践开创了中国特色社会主义道路,让中国经济腾飞并跻身世界第二大经济体,中国人民富了起来,全面建成小康社会之后开启了全面建设社会主义现代化国家的新征程,党和人民事业大踏步赶上时代。改革开放的成功经验表明:走改革开放道路的方向性抉择是正确的、经得起历史考验、受到大多数人民的坚定支持和拥护。中国坚定自信地走改革开放道路需要全体人民形成最广泛共识,需要凝心聚力的强力支持。然而,社会上却存在着某些怀疑甚至否定改革开放的伟大实践必要性、必然性的民粹主义杂音。应当看到,改革开放是一项前无古人的事业,初期"摸着石头过河"的感

性探索难免会有不全面、不协调、不持续、不系统甚至方向性偏失的问题，利益结构调整也影响了一部分人的原初利益，客观上影响了社会动员效应和共识的形成。中国特色社会主义制度体系的探索、建立和完善必然要有一个实践过程，资本逻辑和市场经济也会导致人们的收入分配差距拉大，我国在发展进程中有效应对以美国为首的西方世界挑衅的能力需要进一步培育和强化，国家治理体系和治理能力现代化在各个领域的培育成长过程尚不均衡，政府主导的资源配置权力相对统一集中也会诱惑一部分掌握公共资源配置权力的部门和公职人员被市场化逐利之风腐蚀而产生各种贪腐现象，全球化金钱至上的靡靡之风也会从日常生活底层腐蚀社会和文化，侵入各个领域、各个部门，成为"另类牵引"。上述因素在客观上影响着一部分大众的心理和认知。解决上述问题的关键，在于要不要明确继续将改革向前推进。"实践续篇"的方向性抉择作了历史性的肯定回答。

继续向前推进改革，必须解决思想观念问题。在中国特色社会主义基本经济制度、多样化日常社会生活方式和文化包容诸多条件的氛围支撑下，我们进入一个差异性社会。人民群众在根本利益、长远利益、全局利益和整体利益上趋于一致、追求共同富裕的前提下，在收入分配、局部利益、眼前利益、分层利益等方面又出现明显较大的差异，但这与阶级对抗的阶级社会以及利益完全同构的同质性社会又有原则性的区别。利益相互差异的群体在对待改革开放道路问题上不可避免地出现差异性认知。民粹主义、新自由主义、新保守主义甚至后现代等思潮都有干扰杂音。党的十八届三中全会以来全面深化改革观作为理性自觉，极大化解了差异性认知，推进全体人民凝心聚力支持改革开放。这一成功经验需要在新征程中进一步发扬光大。以实现全体中国人民共同富裕、追求美好生活共同愿景的中国式现代化为核心，以解放和发展自主可控、安全可靠、全球竞争力强的新质生产力为动力，以"人民至上"为宗旨，锚定完善和发展中国特色社会主义制度、推进国家治理体系和治理能力现代化这一总目标，中国式现代化的改革开放观必将得到全体中国人民的共同拥护。因此，明确方向、坚定自信，推进全体人民对于改革开放重大意义的认同和支持形成最大"公约数"，是排除一切干扰、化差异为统一的方向性、战略性抉择。

第二，"实践续篇"之所以"续"，还在于强调改革开放的连续性、历史性、发展性。中国式现代化的改革开放观将全面秉承十八届三中全会以来全面深化改革所体现的社会主义条件下继续革命的精神，拒斥将渐进改革成果和利益固化的新保守主义，排除差异性社会的各种错误思潮的干扰，保证改革开放沿着完善和发展中国特色社会主义制度、推进国家治理体系和治理能力现代化这一总目标的正确方向稳步前进。中国的改革开放是持续性的，渐进式改革开放是改革开放几十年的一贯方略。改革开放之所以选择此种方式，其主要原因有三：一是感性探索性历史限制使然。受前无古人、无现成经验的限制，"走一步看一步"，"摸着石头过河"必然不可能在改革开放之初就有透彻的理性自觉能力将改革开放全过程一张蓝图绘到底。二是支撑改革的主客观配套条件供给先天难以充分满足，因此，只能在创造条件、培育条件甚至等待条件成熟之后才能展开，在条件不充分情况下强力推行必然会造成社会不稳定。为协调好改革、发展、稳定三者之间关系，改革必然需要渐进式推进、渐次展开。三是每一阶段改革开放都是社会利益结构调整的过程，必然形成一个与之相适应的利益结构，客观需要得利者作为稳定支持这一阶段改革成果的主体条件。然而，渐进式改革也必然产生新矛盾、带来新阻力。体制机制对于特定阶段的生产力的适应是相对的，当生产力发展到更高阶段，则这一阶段性选择的体制机制必然成为新的阻滞力。渐进式改革带来的短期化、局部化效应所释放的动力一旦衰竭，就必然成为新一轮改革开放需要加以解决的痛点问题。在渐进式改革特定阶段上的获利者所催生的利益结构或格局一旦形成，利益相关者总是希望将其固化。一旦利益格局固化，又必然成为进一步深化改革的阻力，在观念上的表现则是为辩护固化利益结构发声的新保守主义。针对这一态势，十八届三中全会以来全面深化改革倡导"改革只有进行时没有完成时"的新观念。为了大力推进中国特色社会主义事业发展，不仅必须要不断深化改革，打破渐进改革某些阶段形成的并不完全公平合理的利益格局，而且要着眼于全局性和系统性，在"五位一体"和"四个全面"中把握全面深化改革具体进程和战略选择，坚持改革开放的持续性、全面性。紧紧围绕推进中国式现代化这一主题进一步全面深化改革，就是这一改革开放观的当代继续。

第三，"实践续篇"之所以"续"，还在于进一步全面深化改革紧紧围绕中国式现代化这一主题，必定产生"六个必然要求"。2024年4月30日，中央政治局会议指出，"面对纷繁复杂的国际国内形势，面对新一轮科技革命和产业变革，面对人民群众新期待，必须继续把改革推向前进。这是坚持和完善中国特色社会主义制度、推进国家治理体系和治理能力现代化的必然要求，是贯彻新发展理念、更好适应我国社会主要矛盾变化的必然要求，是坚持以人民为中心、让现代化建设成果更多更公平惠及全体人民的必然要求，是应对重大风险挑战、推动党和国家事业行稳致远的必然要求，是推动构建人类命运共同体、在日趋激烈的国际竞争中赢得战略主动的必然要求，是解决大党独有难题、建设更加坚强有力的马克思主义政党的必然要求。全党必须自觉把改革摆在更加突出位置，紧紧围绕推进中国式现代化进一步全面深化改革"。①"六个必然要求"在重大历史关头郑重作出党和人民必须继续把改革推向前进的方向性抉择，深刻阐明了以进一步全面深化改革推进中国式现代化的必然性依据，明确了这一方向性抉择的目标导向、问题导向、重大使命、全球意义的战略思考，从而以"接着讲、继续干"的主动姿态，以创新的改革开放观为进一步全面深化改革开放伟大战略的布展和实施提供了坚定的立场和坚实的理论依据。

---

① 《中共中央政治局召开会议 决定召开二十届三中全会 分析研究当前经济形势和经济工作 审议〈关于持续深入推进长三角一体化高质量发展若干政策措施的意见〉》，载《人民日报》，2024年5月1日。

三、时代新篇：进一步全面深化改革推进中国式现代化的方向抉择与创新使命

紧紧围绕推进中国式现代化进一步全面深化改革之所以是改革开放伟大实践的"时代新篇"，其"新"在何处？作为这一"时代新篇"的中国式现代化的改革开放观的方向抉择和创新使命何在？概而言之，主要体现在以下几个方面。

第一，推进中国式现代化成为进一步全面深化改革的主题，主题新，方向明。习近平总书记强调，"进一步全面深化改革要紧扣推进中国式现代化主题"，为此，要"坚决破除妨碍推进中国式现代化的思想观念和体制机制弊端，着力破解深层次体制机制障碍和结构性矛盾，不断为中国式现代化注入强劲动力、提供有力制度保障"。[①] 改革开放作为推进中国特色社会主义事业的根本动力，其中心任务和时代使命都是紧紧围绕发展主题而确定并为主题服务的。从温饱、小康到现代化，主题平台渐进攀高，每一个时代的主题发生阶段性改变，需要解决的主要矛盾就会发生相应变化，因而作为推进实现这一主题根本动力的改革开放，其中心任务和时代使命、主要内容和改革方式就必须相应改变。主题不但是改革开放必须紧紧围绕为之服务的中心，指引改革开放深化前行方向的明灯，更是判断和评价改革开放成败的客观标准。中国式现代化超越西方式现代化的"本质之新"即中国特色和本质要求、战略安排和重大原则，都是进一步全面深化改革开放紧紧围绕、为之服务、需要着力解决的主题内容。推进中国式现代化这一主题要解决思想观念和体制机制一系列的阻点、难点和痛点。解决思想观念问题关键在于排除国内外一切民粹主义、新自由主义、新保守主义以及"左"和右的各种思

---

① 本报评论员：《进一步全面深化改革要紧扣推进中国式现代化主题——论学习贯彻习近平总书记在企业和专家座谈会上重要讲话》，载《人民日报》，2024年5月26日。

潮干扰，以中国式现代化的改革开放观赢得全体人民的高度认同。解决深层次矛盾和问题，就必须全面深化改革。中国式现代化建设的是"富强民主文明和谐美丽"的社会主义强国，目标全面、境界高端，所触及的阻点和难点领域广泛、关联性强，改革不全面、不综合就无以助力，非"五位一体""四个全面"统筹协调推进不能奏效。矛盾问题存在的深层次与复杂性同在，非进一步全面深化改革难以化解。主题立于中国特色社会主义和中华民族伟大复兴事业的制高点上，不仅对于进一步全面深化改革开放伟大实践的要求达到前所未有的原则高度，更要求开辟改革开放观的新境界。

第二，目标导向和问题导向的有机结合，导向新，目标明。进一步全面深化改革，要锚定完善和发展中国特色社会主义制度、推进国家治理体系和治理能力现代化这个总目标，紧扣推进中国式现代化这个主题，坚持目标导向和问题导向相结合。总目标的确定既为"继续把改革推向前进"提供了现实根据，更明确了进一步全面深化改革开放的落脚点，也相应确定了改革开放观的中心任务和时代使命。如果说，进一步全面深化改革开放是推进中国式现代化的根本动力，那么，其中心任务和时代使命就是根据推进中国式现代化这一主题要求，锚定完善和发展中国特色社会主义制度、推进国家治理体系和治理能力现代化这一总目标。在改革开放进程中形成的中国特色社会主义制度体系，是改革开放的最伟大成果，有力地推动和保障了中国特色社会主义事业的发展，而且其总体框架和主要体系还必将有益于推动中国式现代化的事业。然而，站在推进中国式现代化新历史方位的高度反观，这些制度体系的某些内容和环节不再适应新时代新征程的要求，某些制度不够系统、不尽完善，就必然需要通过全面深化改革进一步完善制度体系。中国式现代化的主要矛盾、主要问题不同于以往，人民对美好生活有了新期待，对高质量发展提出了更高要求，治理中国式现代化大国的难度也超乎以往，党和人民的事业发展也碰到若干难题需要国家治理体系和治理能力跟进式发展和完善来加以解决。明确了目标导向和问题导向的有机结合，就明确了全面深化改革的战略布展和实施导向。目标导向是根本，而问题导向是关键。问题源于目标与现实之间的差别、矛盾和不一致，关键在于如何以创新思维分析问题、解决问题，以求向目标顺利迈进。

第三，聚焦解放和发展新质生产力这一中国式现代化高质量发展的新动能，动能新，重点明。改革开放是解放和发展生产力的动力机制。在改革开放不同时期、不同阶段，所要解放和发展的生产力水平不同，因而所要解决的思想观念和体制机制问题也不同。今天，推进中国式现代化需要从以往追求的高速度发展转向高质量发展，"高质量发展是全面建设社会主义现代化国家的首要任务"，①而高质量发展需要新动能，即新质生产力。大力解放和发展新质生产力、破除与新质生产力发展不相适应的思想观念和体制机制弊端，成为全面深化改革的时代使命。所谓新质生产力是指：由创新起主导作用，具有高科技、高效能、高质量特征，充分运用21世纪新科技革命形成的颠覆式技术革新引发的产业革命，来创造布展不同于传统产业质态的新工具、新材料、新制备、新链条、新劳动要素组合的先进生产力。聚焦解放和发展新质生产力，发明颠覆性技术和未来技术带动产业革命，这是中国式现代化高质量发展的新动能，更是在日益复杂的国际环境中增强全球竞争力的关键环节。为此，以全面深化改革开放解放和发展新质生产力，必须着力解决五个关键点。

一是建立和完善科技创新源供给体系。要大力培育自主可控、安全可靠、全球竞争力强的科技创新体系，以改革打破各种区域性、行政性壁垒造成的碎片化的体制机制障碍，用政府和市场双重机制优化配置创新资源，重新规划和发展基础研究类、技术创新类和产业创新类大学，依托全国一流高科技园区组建国家级科研创新中心和新型大学，大力推动产、学、研、政一体化全功能无障碍结合。构建国家实验室体系和国

---

① 习近平：《高举中国特色社会主义伟大旗帜　为全面建设社会主义现代化国家而团结奋斗——在中国共产党第二十次全国代表大会上的报告》，北京：人民出版社2022年版，第28页。

家产业革命实验体系，全力培育一批全球一流的科技创新团队、科技创新中心和科技创新企业，在关键领域、关键技术环节上取得重大突破，在新兴产业竞争中形成敢争第一、敢创唯一的世界一流国家创新体系。

二是以改革推动完善城市创新环境的体制供给和机制保障，打造一批在科技创新和产业变革上走在前、做示范、具有强大竞争力的城市。虽然创新主体在企业，但是新质生产力的主要制度供给和营商环境塑造的主体在于各个城市。要大力提升城市竞争力，就要进一步放权，让各个城市主体在推动科技创新、培育和发展新质生产力方面有更大自主立法、立规、立制权限，在破除"一统就死、一放就乱"的两极困境上下大功夫。

三是因地制宜发展新质生产力，鼓励有厚实基础、有历史优势的地区充分发挥深厚的人文底蕴和高端人才聚集优势，聚焦中国式现代化高质量发展这一目标，以制度性改革推动人文经济学和新质生产力互动发力，以人文经济学所具有的"人文新目标"助力新质生产力创新谋划战略新目标、以"人文新范式"助力新质生产力提升全要素生产率的新动能、以"人文新赛道"助力新质生产力创新路径、以"人文新规则"助力新质生产力的制度保障、以"人文新样态"助力新质生产力发展的合理组态。人文经济学不仅助力自然科学奔向社会科学强大潮流促进新质生产力的发展，而且以"全球脑"和"文化基因工程"为标志创造人文社会科学奔向自然科学的强大潮流，以新文科颠覆性技术和未来技术带动新产业革命。

四是建立新发展格局全力支持新质生产力的快速发展。我国要依靠创新驱动造就战略性新兴产业和未来产业优势，以新质生产力形成全球竞争的战略性优势，就不能盲目跟从西方作"跨越发展""加速推进"，而是要在战略上深刻反思和梳理西方式创新背后潜在的方向性问题和重大危机，重新思索自己的未来创新方向、设计自己的创新战略规划、布展自己的创新格局，从简单沿着西方之路"争第一"到自主设计领跑"创唯一"。打造自主可控、安全可靠、竞争力强的现代化产业体系，构建绿色低碳循环经济体系，实现依靠创新驱动的内涵型增长。

五是要利用好国际国内两个科技市场，在打破以美国为首的西方世界在科技创新领域对于我国的封锁、最大限度获取科技创新源问题上赢得主动。一方面，必须以更加开放的姿态参与和引领全球科技创新市场，成为聚合科技革命成果的中心，以科技金融体系深度开放推动全球科技创新源在中国产业化转型中落地生根；另一方面，充分发挥"一带一路"倡议的影响力，吸引世界赞成和支持我们发展的国家建立平等友好、合作共赢、成果共享的世界科技创新共同体。

第四，以全面深化改革推动建立和完善让全体中国人民实现共同富裕、共创共享中国式现代化成果的制度体系。与初期阶段改革开放实施"先让一部分地区、一部分人富起来，先富带动后富，最终达到共同富裕"的策略选择不同，坚定地让全体人民走共同富裕道路成为中国式现代化的中国特色与本质要求。满足人民美好生活需要成为解决新时代主要矛盾的根本追求，"以人民为中心的发展思想"要求"现代化为了人民、依靠人民、现代化成果更多更好地为全体人民共享"成为中国式现代化的根本宗旨。我们的新发展格局的基本前提，是要在人民不断富裕进程中创造日益庞大的消费市场，进而拉动国内经济大循环这一主体。进一步全面深化改革开放就是要紧紧围绕这一中心主题破除不相适应的思想观念和体制机制弊端，激发社会活力，创造更大蛋糕，让人民在改革开放中有越来越丰富的获得感。为此，要以目标导向和问题导向的结合为契机，着力解决三个人民群众高度关注的问题。一是广大群众高就业、稳就业问题。通过人文经济和新质生产力协同发展开拓路径，既大力推进科技创新和产业革命成效，又避免数字化、AI 和 GAI 的普及带来的失业率增加、转岗困难的问题。人文经济产业的大力推进，将在不断满足人民群众物质文明和精神文明相协调发展这一中国式现代化本质要求的同时，造就大量相关就业岗位。二是随着新质生产力的大力发展，与全球科技链产业链加速重构相匹配，我们的产业要从全球价值链低端逐渐向高端攀升，因而需要放开政策搞活经济，逐渐变革收入分配的

"微笑曲线",让人均收入在 GDP 中的占比从全球低端逐渐上浮到中高端（30%—40%），从而切实造就与中国式现代化发展相对应、能够支撑新发展格局、日益强盛的国内消费市场。三是要以提高全要素生产率为导向大力激励全体相关人员，将创业激励、创新激励、发展激励、政府服务激励、人文激励等各种激励要素覆盖于所有部门和法人单位、所有相关人员，包括公职人员、企业和员工。只有让全体中国人的创新活力迸发，才能实现我们的创新目标。

第五，在进一步加强党中央集中统一领导体制的同时，完善依法治国、大力推进全过程人民民主制度体系。中国式现代化超越西方式现代化的本质特征之一，就在于有以马克思主义为指导的中国共产党作为现代化事业的坚强领导核心，科学把握现代化规律，带领全体中国人民共同奋斗，实现现代化梦想。坚持党中央集中统一领导体制，是中国式现代化的本质要求。依法治国是中国式现代化发展和完善中国特色社会主义制度体系、推进国家治理体系和治理能力现代化的内在要求和根本保障。全过程人民民主是中国式现代化政治文明超越西方式现代化民主政治的伟大创造和必然要求，也是后发现代化大国在推进中国式现代化进程新阶段的主要任务之一。纵观全球后发国家的现代化历史，在强党领导、政府主导下实现工业化、经济现代化国家的案例或许有之，但是在自主推进民主化进程中获得成功的案例几乎没有。究其原因，没有马克思主义指导和共产党执政领导，非社会主义制度条件下的民主并不能真正实现人民的政治主体地位，而照抄照搬西方民主制度注定要失败。大力推进和完善全过程人民民主，也是解决大党独有难题、建设更加坚强有力的马克思主义政党的必然要求。

第六，围绕建设中华民族现代文明这一主题推进全面深化改革。具有五千年文明悠久历史是中华民族走向现代化的最大历史底蕴和最大文化优势。作为中国式现代化的"五位一体"文明表达，中华民族现代文明是综合的、全面的、发展的。文化和文明都具有基础性、历史性、贯通性、整体性和综合性的功能特点，在推进中国式现代化进程中必然要成为中华民族在政治独立和经济独立之后追求精神自主独立的重点关注项。因此,中华民族现代文明是中国式现代化的文明诉求,必然居于价值制高点而俯视全盘,成为居于"C位"的存在。因此,在推动中国式现代化进程中,我们面临的需要加以改革的思想观念和体制机制阻点、难点必然是最广泛、最复杂的。例如,人文经济强调文化与经济的双向转化、融合发展机制,就涉及文化、文明与经济的关系,触及的体制机制障碍就会来自各方。我们需要深度把握中华民族现代文明的基因图谱,将之转化为深度理解和把握中国式现代化的价值—文化—文明机理,使中华民族优秀传统文化经历"创造性转化、创新性发展"进而推进全方位的变革和改造。改革的精准程度、深入程度、境界之高端都将超过历史。在改革中,我们既要反对主张"文化转型"、抛弃根脉传统的"文化激进主义"和"历史虚无主义",也要反对一切复古、纯粹守旧的"文化保守主义"甚至原教旨主义。

第七,在新全球化时代主张从人类命运共同体的原则高度重新设计对外开放图景。随着中国发展步入世界舞台中央,以中国式现代化全面推动中华民族伟大复兴的战略全局正在加速推动世界百年未有之大变局正向发展。全球化趋势正在发生从以美国为首的西方集团单边主义、霸凌统治全球的旧全球化时代转向中国式现代化主张的多元主体、自主平等、合作共赢、文明互鉴的新全球化时代。中国与世界的关系也在发生根本转变,1840年以来"世界走向中国"的历史正在被"中国走向世界"的新时代所取代。如果说,改革开放初期我们政治独立然而经济文化"一穷二白",还需要"招商引资",大量从国外引进先进的技术、资本、人才、文化、管理等现代化因素来发展自己,谋求从产业低端和价值链低端起步"参与国际经济大循环",从属于世界格局,呈现"自主输入型现代化"开放观,那么,中国式现代化转向依托自主创新逐步积累起来的雄厚实力而走向世界,中国对外投资、影响世界发展必将成为新趋势,从而迈入"自主辐射型现代化"新阶段。这一阶段的对外开放、国际交往,就与原初改革开放的要求、内容和方式大相径庭。一方面,虽然"自主输入型现代化"还未完全褪尽,我们仍然需要在若干产业经济领域自主"招商引资"、引才、引资源;但另一方面,我们的发展主要依托新发展格局,立足于发展自主可控、安全可控、全球竞争力强的产业优势来走向世界,输出我们中国式现代化的先进产品、优势技术、文化主张和实践经验。作为世界上负责任的大国,我们需要努力扮演好21世纪走向世界舞台中央的现代化角色。因此,我们要通过"一带一路"、上海合作组织、亚投行和各种全球场景向世界发出强烈自主的中国声音,展示现代化的中国形象。这就是中国式现代化的对外开放观的创新旨趣。

(作者任平系江苏社科名家,苏州大学中国特色城镇化研究中心、江苏新型城镇化与社会治理协同创新中心首席科学家、特聘教授、博士生导师,江苏省习近平新时代中国特色社会主义思想研究中心学术委员会委员)

方法、视域与价值:"马克思哲学阐释"的再阐释

——《恩格斯晚年的马克思哲学阐释研究》的启示

方 杲

[摘 要] 对恩格斯晚年的"马克思哲学阐释"的"再阐释",在方法论特色层面,基于学派自觉的基础上,建构了理解马克思和黑格尔思想关系的"辩证论范式"、理解马克思和恩格斯思想关系的"学术共同体范式",超越了"同一论范式"和"差异论"范式的对立。在思想史坐标层面,从马克思主义哲学的"自我发展史"和"创新发展史"两个视域,剖析了恩格斯晚年的马克思哲学阐释对马克思哲学整体思想形象尤其是唯物史观整体性逻辑和中国马克思主义哲学知识体系的建构意义。在"中国化"价值层面,从历史性与当代性两个时代向度,阐发了恩格斯晚年的马克思哲学阐释对于理解马克思主义哲学中国化或中国马克思主义哲学的生成逻辑与建设逻辑的理论意义。

[关键词] 恩格斯 马克思哲学阐释 方法论 中国化

恩格斯晚年理论活动的重要内容之一是对马克思哲学的阐释,即对马克思哲学观的理解和解释。如何理解这种阐释及其意义,既关涉马克思和恩格斯的学术思想关系问题,又关乎恩格斯晚年哲学探索活动的理

论意义和实践效应问题。笔者认为，于桂凤教授的新作《恩格斯晚年的马克思哲学阐释研究》（以下简称《阐释研究》）一书，从方法、视域和价值三个维度对恩格斯晚年的"马克思哲学阐释"进行了"再阐释"，为我们深入理解上述问题提供了新范式，同时也为探寻中国马克思主义哲学的生成逻辑与建设逻辑提供了新视角。

一、方法论特色阐释的理论创新：学派自觉与范式建构

在马克思哲学理解史上，恩格斯晚年关于马克思哲学的阐释是一个历久常新的话题。但是，从一般意义上说，无论基于何种阐释路向，探讨恩格斯晚年的"马克思哲学阐释"问题，按照逻辑理路，至少需要回答以下几个问题：恩格斯晚年为什么要对马克思哲学进行阐释？他阐释了马克思哲学的哪些方面？他用什么方法进行阐释的？这种阐释有什么意义？这些问题按照《阐释研究》一书作者的概括，依次展现为目的论分析、重点论分析、方法论分析和意义论分析。在笔者看来，方法论分析部分最具创新特色和建构意义。方法论分析，主要包括方法论特色和方法论意义阐释，正如作者所言，"对于深度挖掘恩格斯晚年的独特哲学贡献，对于反思后世马克思哲学阐释的方法论局限与价值，推进当代马克思哲学阐释研究方法论创新，具有重要意义。"[①] 尤其值得一提的是，作者基于学派比较分析的理论自觉，提出了从"学术共同体范式"理解马克思和恩格斯学术思想关系的新观点。这不仅有助于有力批驳"马恩对立论"，确证马克思和恩格斯哲学思想的内在一致性，而且有利于强化马克思和恩格斯哲学探索的学术向度。

---

① 于桂凤：《恩格斯晚年的马克思哲学阐释研究》，北京：中国社会科学出版社2024年版，第135页。

二 专家评论

按照美国学者诺曼·莱文的说法，恩格斯"开创了马克思主义思想的一个重要的解释学派"①。这个说法是成立的，尽管后世学者对恩格斯所开创的这个"解释学派"的理解存在着差异。事实上，作为马克思哲学的第一个阐释者，恩格斯开创的"解释学派"的一个显著特征是自觉从学派的高度理解马克思哲学。在与其他相关学派的多重比较分析中，呈现作为新学派的马克思哲学的理论本性和思想特质，恰恰构成了《阐释研究》一书研究的重点，也是其创新点。

学派自觉是恩格斯晚年能够对马克思哲学进行体系化阐释和建构的逻辑前提。"一个哲学学派的确立是一种哲学思想体系成熟的象征，也是哲学学术体系繁荣的表现。"② 从哲学学派自身的这种象征和表现意义来看，当恩格斯把马克思哲学当作一个哲学学派来理解的时候，意味着此哲学已经发展为一个比较成熟的思想体系。正是基于这种定位，才使恩格斯对马克思哲学的体系化阐释和建构成为了可能，进而为马克思哲学这一理论全面地"掌握"无产阶级群众、指导无产阶级运动创造了条件，为马克思哲学在东西方世界的广泛传播和创新发展奠定了基础。

学派比较是恩格斯晚年呈现马克思哲学思想之独特性与革命性的重要方式。这种比较阐释展开于马克思学派与黑格尔学派、马克思学派与蒲鲁东主义、马克思学派与李嘉图学派、马克思学派与"马克思派"之间。其中，通过比较分析马克思学派与黑格尔学派在本体论、方法论和价值论方面的差异，恩格斯不仅揭示了马克思与黑格尔及青年黑格尔派之间的思想关联，而且阐明了马克思新哲学的超越价值与革命意义。在《阐释研究》一书中，这种超越价值和革命意义表现为：在本体论层面被概括为"唯物主义的空间拓展"，即相对于旧唯物主义只把唯物主义

---

① 诺曼·莱文：《马克思主义与恩格斯主义中的黑格尔》，臧峰宇译，北京：北京师范大学出版社2018年版，第20页。

② 于桂凤：《恩格斯晚年的马克思哲学阐释研究》，北京：中国社会科学出版社2024年版，第164页。

运用于自然界，马克思哲学的新唯物主义则涵盖由自然界和人类历史构成的整个世界；在方法论层面被概括为"辩证法的空间拓展"，即相对于黑格尔哲学把辩证法局限于思维领域，仅仅承认概念或精神的辩证法，马克思哲学则把辩证法扩展到思维领域之外的自然界和人类社会。在马克思哲学中，不仅有思维辩证法，还有自然辩证法和社会辩证法。这两个"空间拓展"为我们理解"两个统一"即唯物主义自然观与历史观的统一、唯物主义和辩证法的统一及其逻辑关系提供了思想资源；在价值论层面被概括为"阶级立场上的差异"，即马克思哲学作为"新派别"是面向工人阶级的，而黑格尔学派则是与工人阶级相对抗的，其思想反映的是资产阶级的利益，为少数人服务的。

范式建构既是学派自觉的逻辑必然，也是学派比较的应有之义。就前者而言，"研究范式是每一个哲学学派的核心所在，不同的哲学学派都有自身独特的研究范式"①，马克思哲学也不例外。就后者而言，作为一个学派，马克思哲学既与黑格尔学派的唯心主义的研究范式有本质区别，也与李嘉图学派的实证主义的研究范式完全不同。《阐释研究》一书创新性地提出，通过比较，恩格斯不仅建构了马克思哲学自身的研究范式，而且建构了理解马克思与黑格尔思想关系、马克思与恩格斯思想关系的范式。这后两个方面的意义尤为重要，所建构的范式可以概括为"辩证论范式"和"学术共同体范式"。

"辩证论范式"为合理阐释马克思与黑格尔的思想关系提供了新思路。根据《阐释研究》一书的分析，恩格斯晚年关于马克思学派与黑格尔学派的上述比较分析，建构了理解马克思与黑格尔思想关系的"辩证论范式"。这一范式有助于批驳当代各种版本的"马克思的黑格尔化"与"马克思的去黑格尔化"，二者分别代表了阐释马克思与黑格尔思想关系的"同一论范式"和"差异论范式"。以"马克思的黑格尔化"为

---

① 于桂凤：《恩格斯晚年的马克思哲学阐释研究》，北京：中国社会科学出版社 2024 年版，第 163 页。

特征的"同一论范式",过于强调马克思哲学与黑格尔哲学在主题、方法或逻辑等方面的同一性,弱化二者之间的异质性。以"马克思的去黑格尔化"为代表的"差异论范式",则过于强调马克思哲学与黑格尔哲学的异质性,"彻底斩断"二者之间的思想关联。这两种阐释范式都陷入了形而上学的思维方式。恩格斯的"辩证论范式"恰恰是对形而上学的思维方式的超越。"辩证论范式"既承认马克思对黑格尔哲学合理因素的"扬",又突出马克思对黑格尔哲学不合理因素的"弃",同时还强调"扬弃"之后的创造性发展。

"学术共同体范式"为正确理解马克思与恩格斯的思想关系提供了新视角。在对马克思与恩格斯思想关系的理解中,也存在着"差异论范式"和"同一论范式"的对立。前一范式制造马克思和恩格斯的对立,有肢解马克思主义整体性之弊,后一范式忽略恩格斯哲学的个性化特征,有弱化恩格斯对马克思主义哲学的贡献之险。从马克思学派视域阐释马克思与恩格斯的关系,则可以避免上述两种研究范式的片面性,因为"从马克思学派的视域理解马克思和恩格斯的关系,则既不从个体的马克思出发,也不以个体的恩格斯为参照系,而是从学术共同体的角度思考二者的关系"[①]。这也意味着,从马克思学派视域理解马克思与恩格斯的思想关系,实际上就是从"学术共同体范式"去理解二者的关系。既然他们二者从属于其共同建构的学术共同体,那么他们的思想就必然具有一致性的地方,如理想信念、奋斗目标、阶级立场、价值理想等。同时,存在一定的个体差异性也是合理的、必要的,如知识结构、话语风格等。这种差异不是绝对对立,而是"合而不同"。《阐释研究》一书对恩格斯晚年阐释马克思哲学的"学术话语与大众话语相统一"和"坚持和发展相统一"这两种方法的深入分析,实际上更进一步证明了"学

[①] 于桂凤:《恩格斯晚年的马克思哲学阐释研究》,北京:中国社会科学出版社2024年版,第182页。

术共同体范式"的可行性、合理性与必要性。"学术共同体范式"也提供了反驳"马恩对立论"的新路径。

二、思想史坐标选择的视域参照：自我发展史与创新发展史

面对同一个被阐释的思想对象，选择的坐标或参照的视域不同，呈现出来的阐释结果就会不同。在马克思主义发展史上，之所以对恩格斯关于马克思哲学的阐释形成了多种范式或者"解释学派"，一个重要原因就是在选择坐标时参照的视域有别。总的来看，《阐释研究》一书的创新之处就在于它自觉立足于思想史坐标，从马克思主义哲学的"自我发展史"和这一哲学的"创新发展史"两个视域，解读恩格斯晚年对马克思哲学的阐释及其理论和实践意义。

"自我发展史"视域着力于马克思主义哲学的"原生形态"解读恩格斯晚年对马克思哲学的阐释，把这种阐释理解为"原生形态"的自我发展。恩格斯晚年对马克思哲学的阐释，内在包含着修正、补充、延展、提升马克思哲学的向度。这表明，恩格斯从学派的视角、以"学术共同体范式"对马克思哲学所进行的拓展性阐释，应该纳入马克思主义哲学的"自我发展史"之中。反过来，这一"自我发展史"理应成为理解恩格斯晚年的马克思哲学及其意义的一个重要思想史坐标。把恩格斯晚年对马克思哲学的阐释理解为马克思和恩格斯共同创立的哲学的自我发展，既具有辩护意义，又有建构意义。就辩护意义而言，这种"自我发展史"的视域有助于解构"马恩对立论"错误观点，证明并捍卫马克思和恩格斯哲学的内在一致性。例如，《阐释研究》一书明确提出，恩格斯晚年对唯物史观所做的拓展性阐释，包括对唯物史观在社会科学史、哲学史和无产阶级运动史上的价值的科学定位，对唯物史观思想起源、思想内容和思想特质的阐释，对唯物史观运用问题、运用前提和运用原则的探索，不是对马克思哲学的背离，而是对马克思哲学的"真理

捍卫、论域拓展、思想升华、价值提升"。这也要求人们应该"从发展论和生成论思维出发，把恩格斯晚年对马克思哲学的阐释不仅理解为思想的还原、注释和论证，更把握为思想及其运用的自我反思、深化和拓展"①。就建构意义而言，这种"自我发展史"的视域有助于建构马克思哲学思想整体形象，特别是建构唯物史观的整体性逻辑。恩格斯晚年的马克思哲学阐释的主体内容是唯物史观。如前所述，这种阐释不仅包括唯物史观的思想阐释，而且包括唯物史观的运用探索。在运用方面，"恩格斯晚年运用唯物史观研究史前史、俄国社会问题、美国工人运动、自然史、上层建筑等，推进了唯物史观的整体性逻辑构建。"② 唯物史观的整体性逻辑建构，可以从横向和纵向两个维度来理解。从横向维度来看，就整个世界而言，体现为自然史与人类史的整体性逻辑建构；就全球范围而言，体现为东方社会与西方社会的整体性逻辑建构；就社会结构而言，体现为经济基础与上层建筑、社会存在和社会意识的整体性逻辑建构。从纵向维度来看，主要体现为史前史与成文史的整体性逻辑建构。这种建构集中反映了恩格斯晚年的马克思哲学阐释对丰富和发展整体马克思主义哲学的重要贡献。

"创新发展史"视域聚集于马克思主义哲学的"创新形态"解读恩格斯晚年的马克思哲学阐释的"民族化"和"世界化"意义。回顾马克思主义发展史，不难发现，恩格斯晚年对马克思哲学的阐释直接关联着马克思主义思想的世界发展，"不仅扩大了其在西方世界的影响，也推动了其在东方世界传播、发展与具体化。"③ 有的"创新形态"的马克思主义直接以恩格斯晚年的马克思哲学阐释为基础创新马克思主义，如

---

① 于桂凤：《恩格斯晚年的马克思哲学阐释研究》，北京：中国社会科学出版社 2024 年版，第 133 页。

② 于桂凤：《恩格斯晚年的马克思哲学阐释研究》，北京：中国社会科学出版社 2024 年版，第 134 页。

③ 于桂凤：《恩格斯晚年的马克思哲学阐释研究》，北京：中国社会科学出版社 2024 年版，第 212 页。

第二国际的马克思主义、苏联的马克思主义；有的"创新形态"的马克思主义则以反思、批判恩格斯的阐释为前提发展马克思主义，如卢卡奇等开创的西方马克思主义。这些马克思主义的"创新形态"，无论对恩格斯晚年的马克思哲学阐释持肯定态度还是否定态度，都无法绕开它。这也意味着恩格斯晚年的马克思哲学阐释与马克思主义哲学民族化、世界化及其创新理论成果之间的关系是一个需要反思的问题。对恩格斯晚年的马克思哲学阐释与马克思主义哲学中国化之间的关系作的深入探讨，可以说是从"中国化"视角对此问题的回应。细读《阐释研究》一书，此种回应还具有更深层的"意义"考量：立足于中国的实践场域与理论语境，阐发恩格斯晚年的马克思哲学阐释对马克思主义哲学中国化的"意义论"。主要包括对"中国化"依据的"奠基"意义，对中国唯物史观研究理路的"形塑"意义，对哲学观及相关哲学论争的"影响"意义，对中国马克思主义哲学体系化建构的"指引"意义，对创造性运用和发展马克思主义哲学的"启导"意义，对推进当代马克思主义哲学中国化的"启示"意义。这些意义挖掘恰恰是以往研究中容易忽略的问题。这种立足于马克思主义哲学中国化史的"意义论"研究，一方面，有助于人们更为深入地把握恩格斯晚年的马克思哲学阐释在中国所产生的积极理论效应。从马克思主义传入中国的渠道看，这种理论效应是经过了"中介"的，如苏联的马克思主义、日本的马克思主义、欧洲的马克思主义。因此，如果能够进一步分析这些"中介"发挥的作用，则更能使人们深切领会恩格斯阐释之于"中国化"影响的"隐性与显性"和"直接与间接"有机统一的特征。另一方面，有助于人们更为深入地理解中国马克思主义哲学概念体系、知识体系、话语体系之特征形成的原初"本源"。其中，马克思主义哲学教科书体系，作为一种特殊形式的马克思主义哲学"创新形态"，与恩格斯晚年的马克思哲学阐释的关系是不容忽视的。不可否认，恩格斯晚年对马克思主义哲学体系化的建构，对苏联版本的马克思主义哲学教科书体系、中国版本的马克思主义哲学教科体系的建构，起到了规范和指导意义。在此意义上，理解马克思主义哲学教科书体系特征和功能，不能不追溯到恩格斯晚年对马克思哲学的阐释。但是，也不能完全囿于恩格斯的阐释，特别是不能把马克思主义哲学教科书体系本身的弊端归咎于恩格斯。由此，恩格斯晚年的马克思哲学阐释与马克思主义哲学教科书体系的关系，也是有必要在"创新发展史"坐标中给予深入思考的问题。

三、"中国化"价值建构的时代指向：历史性与当代性

从时代指向来看，推进马克思主义哲学中国化问题研究，既要深化历史向度的经验和规律性反思，又要强化当代向度的路径或方法论。《阐释研究》一书从"中国化"视角挖掘恩格斯晚年的马克思哲学阐释的理论价值，也侧重分析恩格斯晚年关于马克思哲学的阐释对马克思主义哲学中国化的历史影响和当代启示。因此，这种分析实际上是在马克思主义哲学中国化史的视域中，从历史性与当代性两个时代向度展开的。

历史性向度分析本质上关联着马克思主义哲学中国化的生成逻辑，或者说是对中国马克思主义哲学生成逻辑的历史追溯与反思。这个向度的分析，主要集中于恩格斯晚年关于马克思哲学的阐释对自马克思主义传入中国到 20 世纪 30 年代这一时期马克思主义哲学中国化的影响。《阐释研究》一书对此问题的分析，比较有特色，也很有意义。

第一，关于奠定"中国化"的理论依据、文化依据和价值依据的追溯。如理论依据主要来自恩格斯晚年关于马克思哲学世界化民族化时代化的思想，文化依据包括恩格斯关于马克思哲学与传统文化关系的论述、马克思哲学对待传统文化的历史主义态度和辩证方法论原则等，价值依据既有恩格斯晚年关于马克思哲学的无产阶级世界观价值定位，又有关于马克思哲学追求人类解放的价值更加深入地阐释，为我们深入理解马克思主义哲学中国化的理论可能性、文化可能性、价

值可能性提供了参考。第二，关于塑造中国唯物史观研究理路的反思。如对中国早期马克思主义者阐释唯物史观的内容和视角的分析，从学科和学术层面对唯物史观的历史学价值、社会学价值、经济学价值的阐发，围绕唯物史观真理价值辩护展开的论题辨析与意义解读，有助于人们理解唯物史观中国化的路径与特点，也为推进唯物史观中国化拓展了思路，如未来可以继续挖掘唯物史观包括历史学、社会学和经济学价值在内的哲学社会科学价值，像政治学、政治哲学、人类学价值，等等。第三，关于影响中国早期马克思主义者的马克思哲学观、哲学观及相关哲学论争的解析。关于瞿秋白、李达、艾思奇对中国马克思主义哲学体系化大众化的贡献的阐发，有助于人们深刻把握20世纪上半叶中国马克思主义的哲学观演进、中国马克思主义哲学体系建构逻辑、马克思主义哲学大众化路径探索。第四，关于引领毛泽东如何创造性运用和发展马克思主义哲学的方法论总结。如教条主义批判是创造性运用和发展马克思主义哲学的基本前提，理论和实践的统一是创造性运用和发展马克思主义哲学的根本遵循，推进传统文化到现代文化的转型是创造性运用和发展马克思主义哲学的文化自觉，有助于我们把握马克思主义哲学中国化的经验，并为我们在新时代创新马克思主义哲学提供了方法论指导。

当然，恩格斯晚年的马克思哲学阐释对中国马克思主义哲学的影响并不局限于这些方面，而且影响也不止于早期马克思主义哲学中国化，一直延伸到当下中国马克思主义。因此，关于恩格斯晚年的马克思哲学阐释对马克思主义哲学中国化的影响问题，可以把问题域再扩大一点，即把恩格斯晚年的马克思哲学阐释与马克思主义哲学中国化的关系问题，放到更长的历史时段中作宏观、中观和微观的研究。这些不同层面的研究可以更为全面、立体地呈现恩格斯晚年的马克思哲学阐释在马克思主义哲学中国化进程中的持久影响力，在中国马克思主义哲学生成中的持续作用力。同时，还可以探究中国马克思主义哲学在哪些方面超越或拓展了恩格斯晚年的马克思哲学阐释。

二 专家评论

当代性向度分析实际上关联着马克思主义哲学中国化的建设逻辑，或者说是对当代中国马克思主义哲学建设逻辑的现实探索与建构。这个向度的分析主要集中于恩格斯晚年关于马克思哲学的阐释对当代推进马克思主义哲学中国化的启示。《阐释研究》一书对此问题的分析，概括而言，提出了要按照拓展研究视域—挖掘思想资源—深耕实践场域的理路，推进马克思主义哲学中国化。这其中蕴含着诉诸新视域、新资源、新实践创新发展中国马克思主义哲学的方法论洞见。

所谓拓展研究视域，主要指拓展马克思主义哲学中国化研究的历史视域、理论视域和范式视域，目的是深化对马克思主义哲学中国化的整体认知，包括对其本质内涵、经验、规律和意义等问题的理解。"历史""理论"和"范式"也可以看作是马克思主义哲学中国化的三种存在形式，"历史"意在表明马克思主义哲学中国化既是客观存在的历史事实，又是不断推进的历史进程，拓展历史视域就是把马克思主义哲学中国化放到更为宏阔的历史空间中去解读与审视，如中国哲学史、马克思主义哲学史、马克思主义发展史、社会主义思想史等。"理论"意在突出马克思主义哲学中国化的理论创新意蕴，包括理论创新形态、理论创新规律、理论创新功能、理论创新使命等，拓展理论视域就是要深化这些方面的反思，同时创造条件加强理论对话，最终共同推进理论创新。"范式"意在强调马克思主义哲学中国化不仅仅是研究对象，而且已经发展为当代中国马克思主义哲学创新的重要方法论，拓展范式视域就是要使马克思主义哲学中国化范式研究突破中国视域，开拓世界视域。所谓挖掘思想资源，主要指挖掘"古今中西"优秀的哲学社会科学资源，包括深入挖掘中华优秀传统文化资源、深度融合当代自然科学和社会科学知识、辩证汲取一般哲学与部门哲学思想精华，奠定推进马克思主义哲学中国化思想文化基础。所谓深耕实践场域，主要指全面、深刻、准确把握中国人民的创造性实践，抓住了推进马克思主义哲学中国化时代化真正的"源头活水"。

上述三个方面的分析，也可以理解为对当代中国马克思主义哲建设逻辑的探索。深入剖析，会发现这一建设逻辑内含"两个结合"的方法论遵循。首先，拓展研究的历史、理论和范式视域，既是为了更深入地理解马克思主义哲学中国化的本质规定、历史意义、创新路径，也是为了更好地把握马克思主义哲学自身与中国具体实际和中华优秀传统文化结合问题，如结合的意涵、结合的方法和结合的规律等。其次，挖掘思想资源、深耕实践场域本身就包括对中华优秀传统文化和中国具体实际的科学认知和合理评价，而这种科学认知和合理评价是实现"两个结合"的前提。这也昭示我们，拓展当代中国马克思主义哲学创新发展图景，需要做好"两个结合"的大文章。

从历史性向度到当代性向度，从生成逻辑到建设逻辑，共同构筑了恩格斯晚年关于马克思哲学的阐释在现代中国哲学思想史上的地位和价值，也说明这种阐释对于中国马克思主义哲学发展的意义具有无限开放的空间。未来需要从多个维度拓展这个意义空间，特别是挖掘其对中国自主哲学知识体系建构与中国马克思主义哲学范式建设的意义。

（作者方杲系吉林大学马克思主义学院教授，哲学博士，博士生导师；主要研究方向为马克思主义哲学）

三

学术视点

从"空洞的词句"到"真实的关系":
马克思对拉萨尔分配观的批判与超越*

贾丽民　郑诗琴

[摘　要] 现代社会的分配正义何以可能?一直都是现代理论家所关注的重大课题。实际上,马克思在《哥达纲领批判》中已经对此有了回答,他立足唯物史观,在对拉萨尔分配观的虚幻本质和小资产阶级立场进行了深刻批判的同时,也对分配何以才能正义、实现分配正义的主体力量以及分配正义的实现形式等问题进行了阐述。马克思的这些观点,不仅能够为我们辨识当前分配领域中的各种思潮提供思想利器,更能为我们进一步探索中国特色社会主义分配方式的实践提供理论引领力和现实指导力。

[关键词]《哥达纲领批判》唯物史观 分配正义

随着人类社会现代性程度的不断加深,分配正义问题愈发成为缩小社会贫富差距、破解社会发展难题、关涉社会和谐稳定的理论和现实议题。这一问题曾引发过西方学界的广泛关注与探讨,然而由于阶级立场

---

* 教育部哲学社会科学研究重大课题攻关项目"习近平新时代中国特色社会主义思想的世界观和方法论的原创性贡献研究"(23JZD001)。

和身份的差异，西方学者围绕分配正义的概念、践行以及马克思的分配正义思想，形成了诸多理论纷争与思想对峙。时至今日，西方学界关于分配正义的观点分歧依然存在。实际上，马克思作为无产阶级的革命导师和精神领袖，在其著述中已经围绕分配正义问题进行了科学、深刻、清晰地阐发与论证，如在《哥达纲领批判》中，马克思通过批驳拉萨尔的分配观，一针见血地指出了小资产阶级空谈分配的辩护属性与虚幻本质，并在此基础上构建起了关于未来社会的分配正义理念。因此，立足历史唯物主义的世界观和方法论，挖掘马克思分配正义思想的历史语境与核心要义，不仅有助于把握马克思分配正义思想的时代意蕴、纠正西方学界的理论误读，而且能够为推进分配制度的创新与改革提供相应的理论借鉴和实践指导。

一、马克思对拉萨尔分配观虚幻本质的揭露

在《哥达纲领批判》中，马克思从理论基础、阶级实质和现实危害三方面出发，层层递进地分析和批判了拉萨尔分配观中隐匿的抽象和幻想特质，指出这种"空洞的词句"① 实质上是将分配从社会经济的完整链条中抽离出来，没有触及资本主义私有制框架，否定了拉萨尔分配观的现实性与可行性。

（一）揭露拉萨尔分配观的唯心主义理论基础

马克思指出，拉萨尔在阐述其分配观点时，过度依赖黑格尔的哲学体系及其抽象方法，缺乏对现实的资本主义生产关系的分析，导致其分配观在唯心主义的理论基础上走向虚幻。

首先，马克思认为拉萨尔将黑格尔哲学中抽象的"绝对精神"生硬

---

① 马克思:《哥达纲领批判》，北京：人民出版社2018年版，第10页。

地套用于分配领域，构建出所谓"按照平等的权利属于社会一切成员"①的虚假现象。在拉萨尔看来，这种法律规定的平等权利似乎就是分配正义的实质。但实际上，这仅仅是脱离现实经济基础与阶级矛盾的表面假象。其次，马克思认为拉萨尔提出的"劳动所得应当不折不扣和按照平等的权利属于社会一切成员"②的口号是脱离历史条件的道德空想，其实质就是对黑格尔历史唯心论的误植与改造。拉萨尔忽略了不同历史时期生产力发展水平以及生产关系的差异，单纯从抽象的道德层面去定义"公平分配劳动所得"③，未能认识到生产方式对分配的决定性作用。因此，马克思认为在资本主义生产方式下，这种脱离实际的口号无法实现。最后，马克思揭露了拉萨尔分配观消解无产阶级革命主体地位的局限性。拉萨尔以抽象的法律权利和平等掩盖了无产阶级受剥削的现实，误导无产阶级只关注工资的涨幅，而忽视剥削和压迫现象背后的根源，即资本主义生产资料私有制。在此基础上，无形中给无产阶级通过革命运动改变生存和发展困境的强烈愿望设置了思想障碍。

（二）洞察拉萨尔分配观的小资产阶级立场

马克思一针见血地指出了拉萨尔分配观的小资产阶级实质，这一阶级局限性导致其分配观内含两个无法克服的理论缺陷，一是在阶级立场上维护资本主义私有制，二是在方法论层面上陷入庸俗经济学的理论误区。可以说，拉萨尔的阶级立场直接导致其分配观必然带有妥协性与空想性色彩，他也无法站在无产阶级和广大群众的立场上揭示出资本主义社会分配不公的制度根源。

一方面，马克思批判拉萨尔主张通过"国家帮助建立生产合作社"④来调整分配的改良主义政治幻想。这实际上体现了小资产阶级企图在不

---

① 马克思：《哥达纲领批判》，北京：人民出版社 2018 年版，第 8 页。
② 马克思：《哥达纲领批判》，北京：人民出版社 2018 年版，第 8 页。
③ 马克思：《哥达纲领批判》，北京：人民出版社 2018 年版，第 11 页。
④ 马克思：《哥达纲领批判》，北京：人民出版社 2018 年版，第 24 页。

触动资本主义私有制的前提下,对资本主义推行改良政策的空洞幻想。马克思认为这种空洞的幻想本质是维护资本主义现存秩序的辩护工具,无法从根本上改变工人阶级遭受剥削的地位。这体现出拉萨尔分配观既不满大资产阶级的统治和压迫、又害怕以无产阶级革命颠覆私有制的小资产阶级意识形态实质。

另一方面,马克思指出拉萨尔只是从国民经济学家庸俗的政治经济学批判视角去考虑分配问题,他所极力主张的废除"铁的工资规律"①,实际上回避了对雇佣劳动制度的本质考察。拉萨尔将无产阶级贫困归因于马尔萨斯式的人口过剩理论,将"劳动力价值"偷换为"人口数量",从而使经济问题转换为人口问题,掩盖了资本积累的剥削实质。这暴露出拉萨尔分配观无法超越流通领域表象,难以深入探察生产关系本质的根本缺陷。

(三)揭示拉萨尔分配观对国际工人运动的危害

马克思认为拉萨尔分配观会在理论和实践层面阻碍国际工人运动的发展进程,一是在理论层面误导无产阶级走改良道路,消解无产阶级进行阶级斗争和无产阶级革命的信念;二是在实践层面引导工人沉醉于经济斗争的胜利,忽略政治权利的根本追求。拉萨尔分配观对无产阶级革命运动的纲领制定和行动计划具有危害性,这也是马克思写信给爱森纳赫派领导人批判拉萨尔分配观的根本原因。

从理论层面来看,马克思认为拉萨尔在理论上模糊了资产阶级与无产阶级之间不可调和的阶级矛盾。拉萨尔鼓吹通过合法手段争取自由国家,将阶级斗争转变为议会斗争,使工人沦为资产阶级的政治筹码。这种理论会使工人阶级误认为可以通过温和的、合法的手段在资本主义国家内实现自身解放,从而放弃通过无产阶级革命运动的方式争夺自身合法权益。

---

① 马克思:《哥达纲领批判》,北京:人民出版社 2018 年版,第 24 页。

从实践层面来看，马克思指出拉萨尔将在现实层面消解无产阶级的革命能动性。他所鼓吹的"依靠国家帮助建立生产合作社"①的方案，主张以资产阶级政策替代无产阶级专政，本质上是保留资本主义私有制的改良主义路线。这种改良主义路线在19世纪70年代德国工人运动中暴露出缺陷。当拉萨尔派主动与资产阶级自由派合流时，他们将反封建斗争置于无产阶级革命诉求之上，用资产阶级民主革命任务掩盖社会主义革命的任务与目标，导致工人阶级陷入改良主义泥潭。基于此，工人运动发生质变，从争取彻底解放的政治斗争退化为经济利益的讨价还价，偏离了无产阶级革命运动的方向，阻碍了国际工人运动的发展。

二、从按劳分配到按需分配：马克思对分配正义的现实构建

马克思对正义问题的探讨始终扎根于现实的社会关系，其对拉萨尔分配观的批判绝非单纯的理论之争，而是以建构真正的"分配正义"为真实意图。马克思清晰地勾勒出"分配正义"的现实图景：他以历史唯物主义为理论基点，深刻揭示拉萨尔分配观脱离生产关系、诉诸抽象道德的唯心主义本质；在此基础上，立足无产阶级的历史地位，明确其作为实现"分配正义"主体力量的必然性；最终阐明共产主义社会中"分配正义"从按劳分配到按需分配的实现形式，形成从理论解构、主体确立到实践推进的完整逻辑链条。

（一）立足历史唯物主义透视分配何以正义

马克思的分配正义理论绝非抽象的道德诉求，而是根植于历史唯物主义的科学分析。它通过揭示分配关系对生产关系的从属性，以及社会存在对社会意识的决定性作用，彻底颠覆了拉萨尔主义"分配决定论"

---

① 马克思：《哥达纲领批判》，北京：人民出版社2018年版，第24页。

的唯心主义逻辑。

一方面，马克思强调分配作为生产关系的重要组成部分，其本质由生产力水平决定。马克思批判拉萨尔仅聚焦分配领域探讨公平问题，在方法论上具有表层性和局限性。依据历史唯物主义原理，经济基础不仅决定法律规范体系等上层建筑，还深刻影响社会成员的道德认知与正义观念建构。当特定历史阶段中的分配关系与生产力发展水平相适配时，国家权力机构将通过立法程序赋予其合法性，并依托意识形态话语将其塑造为正义的制度形态；反之，二者若产生结构性矛盾，则会被判定为不合理的非正义安排。这种动态调适过程印证了法律作为统治阶级意志载体的本质属性，其正义性标准始终与特定社会形态的生产方式保持历史性统一。

另一方面，马克思并未忽视分配对生产的能动反作用。在马克思的政治经济学批判语境中，分配范畴涵盖生产条件的分配、劳动成果分配及分配关系调整三重维度。马克思认为，生产条件的分配与分配关系的调节并非生产完成后的被动结果，而是生产活动得以展开的前提条件。具体而言，在生产开始之前社会必须在制度框架下完成生产条件的合理分配，并协调不同主体的利益诉求。例如，在资本主义社会，土地、资本、技术等生产要素的占有关系，不仅为生产过程提供物质基础，更通过塑造生产关系的结构，深刻影响最终产品的分配格局。这种前提性分配机制的确立，使分配关系贯穿于社会再生产的全过程，成为维系社会再生产过程即生产、流通、分配、消费的关键环节。总的来说，马克思立足历史唯物主义，既强调生产对分配的根本制约，又突出分配对生产的反作用，通过对二者相互作用的分析，科学地回答了分配"何以正义"的问题。

（二）站在无产阶级立场上指明实现分配正义的主体力量

通过对分配何以正义的深刻剖析，马克思认识到决定分配的是生产而不是抽象的平等或正义概念。"虚假"分配观的辩护士所提出来的问题不可能在分配领域得到解决,因为它是从资本主义的生产关系中生长出来的。因此,只有超越阶级对立,推翻资本主义私有制,才能避免在分配领域兜圈子,为实现真正的"分配正义"创造条件。

首先,马克思阐明了无产阶级成为实现"分配正义"主体的必然性。马克思指出,资本主义生产关系下的分配过程,表面上是遵循交换原则的公平交易,即工人付出劳动,资本家付给工人工资,实质上却是资本家通过占有生产资料剥削工人所创造的剩余价值的过程。在这一过程中,资本家不断将攫取的剩余价值投入生产过程积聚财富,在身体与精神上全面占有劳动工人,无产阶级则身处资本主义社会最底层,遭受着残酷的剥削与压迫,愈来愈丧失自身的主体性,成为资产阶级的附庸。但是,从人民群众是历史的创造者角度看,作为劳动者的无产阶级才是社会财富的真正创造者,生产关系的分配环节理应也必须通过社会产品的合理分配来彰显和实现无产阶级作为历史创造者的地位。这种被剥削的社会地位与创造历史的主体身份间的深刻矛盾,使得无产阶级有高度的革命性,他们需要通过变革资本主义生产关系来全面占有自己的本质,这就使得无产阶级内在地成为实现"分配正义"的主体。

其次,马克思指明了无产阶级实现"分配正义"的路径。如前所述,马克思不仅剖析了资本主义分配过程的不平等,而且进一步揭示了这种不平等的根源在于资本主义私有制。马克思指出,在私有制社会中,分配始终以维护统治阶级的政治统治为出发点,资产阶级基于阶级利益考量,不会主动放弃既得利益以实现公平分配。因此,无产阶级唯有通过暴力革命,推翻资产阶级统治,建立无产阶级专政,才能为实现真正的分配正义创造政治前提。在马克思看来,"无产阶级将利用自己的政治统治,一步一步地夺取资产阶级的全部资本,把一切生产工具集中在国家即组织成为统治阶级的无产阶级手里,并且尽可能快地增加生产力的总量。"[①]

---

① 马克思、恩格斯:《共产党宣言》,北京:人民出版社2018年版,第49页。

总的来说，无产阶级立场是马克思建构现实的"分配正义"的根本立场，基于这一立场，马克思的"分配正义"从根本上不是对资本主义意识形态的粉饰，而是对资本主义社会非正义本质的揭露和对未来"个人的全面发展"①的社会的探索。

（三）明确共产主义社会中"分配正义"的实现形式

通过对资本主义基本矛盾及其分配非正义的深刻分析，马克思不仅找到了实现"分配正义"的主体力量，指明共产主义社会才是能够真正实现"分配正义"的社会，而且清晰地擘画了共产主义社会"分配正义"的实现形式。

首先，按劳分配是"分配正义"在共产主义初级阶段的实现形式。马克思在剖析分配问题时，深入生产关系的核心部分，跳出了表层争议，将正义原则与生产关系的根本变革紧密相连。他认为，在共产主义初级阶段，"按劳分配"作为一种过渡性的分配方案，具有重大意义。一方面，生产资料公有制的确立，彻底打破了资本主义制度下资本无偿占有工人剩余价值的制度化掠夺逻辑，劳动者"平等的权利"通过以劳动量为基准来分配消费资料得以体现。正如马克思在《哥达纲领批判》中所指出："每一个生产者，在作了各项扣除以后，从社会领回的，正好是他给予社会的"②，这意味着劳动价值摆脱了资本主义的异化状态。劳动者从资本主义制度下被奴役的客体地位转变为能够自主支配自己的劳动成果并凭借自身劳动获取相应回报的主体，劳动者的劳动不再是资本家积累财富的工具，而是劳动者自身实现自身价值的方式，这一转变是历史的巨大进步。

但马克思也敏锐地洞察到按劳分配存在的内在矛盾，即"这种平等的权利，对不同等的劳动来说是不平等的权利"③。在这一阶段，生产力

---

① 马克思：《哥达纲领批判》，北京：人民出版社2018年版，第16页。
② 马克思：《哥达纲领批判》，北京：人民出版社2018年版，第14页。
③ 马克思：《哥达纲领批判》，北京：人民出版社2018年版，第15页。

尚未高度发达，社会产品尚未极大丰富，还不具备按需分配的物质基础。按劳分配之所以无法达到按需分配的状态，是因为它是符合共产主义初级阶段生产力发展水平的分配方式。这一阶段生产力水平的限制，决定了只有通过按劳分配，以劳动作为分配的尺度，才能充分调动劳动者的积极性，促进社会生产的发展，推动社会不断进步。它并非凭空产生，而是契合社会发展的客观规律。马克思指出，按劳分配依旧遵循商品经济的"等价交换"原则，采用统一标准衡量不同劳动者的劳动，在一定程度上忽视了劳动者在体力、智力以及家庭负担等方面的天然差异。所以他认为这种采用统一标准衡量所有劳动者的方法，其实是一种形式上的平等，具有局限性。不过，这种局限性并非偶然，而是具有历史必然性。马克思强调，"权利决不能超出社会的经济结构以及由经济结构制约的社会的文化发展"①。因此，按劳分配是推动历史进步的重要阶梯，也是迈向真正实现分配正义的必经之路。

其次，按需分配是"分配正义"在共产主义高级阶段的实现形式。当社会成功突破"必然王国"的限制，"按需分配"将在一系列革命性变革中得以实现，这主要缘于：其一，分工的消亡与劳动的解放是按需分配实现的关键。马克思预言，强制分工的消除将结束脑力劳动与体力劳动的对立，劳动将从单纯的谋生手段转变为"生活的第一需要"②。此时，生产劳动给每一个人提供全面发展和表现自己全部的即体力的和脑力的能力的机会，个体差异不再成为分配的阻碍。其二，马克思认为的真正的分配正义，即按照社会成员实际需要进行分配，将得以实现。在共产主义高级阶段，摒弃了"以劳动时间为尺度"③的交换逻辑，分配原则转变为"各尽所能，按需分配"④。这并非原始社会平均主义的再

---

① 马克思：《哥达纲领批判》，北京：人民出版社 2018 年版，第 16 页。
② 马克思：《哥达纲领批判》，北京：人民出版社 2018 年版，第 16 页。
③ 《马克思恩格斯全集》第三十八卷，北京：人民出版社 2019 年版，第 17 页。
④ 马克思：《哥达纲领批判》，北京：人民出版社 2018 年版，第 16 页。

现，而是建立在"集体财富的一切源泉都充分涌流"① 基础上，对劳动者个性化需求的差异化满足，实现了从形式平等到实质自由的巨大跨越。其三，生产力的大幅提高为实现共产主义分配正义提供了坚实的物质根基。马克思指出，按需分配绝非禁欲主义式的简陋需求满足，而是以自动化生产、资源极大丰富为前提的先进文明形态。当"集体财富的一切源泉都充分涌流"② 时，分配将不再受资源稀缺性的制约，人的全面发展也成为社会生产的最终目标。这种分配形态彻底颠覆了商品经济的价值逻辑，货币与市场逐渐退出历史舞台，分配由此完成从经济补偿到自由实现的转变，人们同他们的劳动和劳动产品的社会关系，无论在生产上还是在分配上，都是简单明了的，标志着人类正式踏入"自由人联合体"的新纪元。

三、马克思分配正义观的当代价值

马克思运用辩证唯物主义和历史唯物主义的世界观和方法论，透视出拉萨尔分配观的空想与虚幻本质，揭露了拉萨尔分配观小资产阶级立场的真实意图，指明了通过无产阶级革命和全人类解放实现分配正义的现实路径。可以说，马克思的分配正义观不仅挣脱了西方传统形而上学及古典经济学的理论束缚，也突破了维护资产阶级统治的阶级狭隘，更跳出了资本主义的时代局限，对我们深入认清、把握和处理好社会分配领域的各种问题具有重要的理论和现实指导意义。

（一）为明确社会分配领域改革方向提供理论引领力

马克思的分配正义观不是僵化的教条和永恒的定律，而是与时俱进的理论体系，其自身的发展性、人民性和科学性等理论特质，能够为推

---

① 马克思：《哥达纲领批判》，北京：人民出版社2018年版，第16页。
② 马克思：《哥达纲领批判》，北京：人民出版社2018年版，第16页。

进人类社会分配理论的创新发展、分配制度的深化改革提供理论借鉴和价值导向，对于我们当下解决分配领域的理论问题和现实问题具有重要的指导意义。

具体来说，马克思的分配正义观的理论引领力可以体现在两方面。一方面，马克思的分配正义观能够为解决分配领域的理论和实践问题提供明确的价值导向。马克思立足唯物史观，把"现实的人"作为探讨分配正义问题的基本出发点，认为"现实的人"是从事物质生产实践活动的现实的活生生的人，是历史的真正创造者，任何角度任何层次任何社会形态对分配问题的讨论，如果脱离"现实的人"这一价值主体，都无法实现真正的分配正义。也正是因为马克思明晰了人民群众的历史创造作用，其分配正义观才能真正满足人类社会在分配领域的发展诉求，进而为分析当代分配问题提供人民性价值导向。当今世界，人类社会的分配问题面临着新的挑战与机遇，西方国家的分配机制为资本服务的根本缺陷日益暴露，我国分配制度以人为本的改革要求也持续深化。对此，我们更应该坚持马克思分配正义观"现实的人"的基本立场，明确每个人的自由全面发展是实现分配正义的内在要求，才能为人类社会真正实现分配正义进一步明晰当下分配理论和制度的方向性、发展性与长期性。鉴于此，我国在深化分配制度改革的进程中，就需要充分发挥马克思分配正义观的理论引领力，在各项具体工作中始终坚持人民至上的立场不动摇。

另一方面，马克思的分配正义观能够为解决当下分配领域的理论和实践问题提供科学的世界观和方法论指导。就马克思分配正义观本身而言，其科学性体现在其始终坚持辩证唯物主义和历史唯物主义的世界观和方法论，摒弃了仅将分配观限于"空洞的词句"① 的阶级局限，从"真实的关系"② 出发论证分配正义的合理性、革命性与现实性。可见，

---

① 马克思：《哥达纲领批判》，北京：人民出版社 2018 年版，第 10 页。
② 马克思：《哥达纲领批判》，北京：人民出版社 2018 年版，第 17 页。

马克思的分配正义观的发生场景不是小资产阶级所强调的抽象法权原则，而是依托于物质生产实践活动的真实历史条件、生产力和生产关系等。因此，马克思的分配正义观能够识破那些将资本主义私有制神圣化和永恒化的辩护理论和原则，客观指出他们的抽象方法、视角盲区和阶级局限，为当下社会疏解分配理论困惑、推进分配制度改革提供科学的世界观和方法论指导。也就是说，马克思的分配正义思想能够为人类社会解决分配领域难题、缩小社会贫富差距提供科学的思考视角、论证方式、分析维度和理论指导，着重突出物质生产方式对于分配关系的前提性、本源性和决定性作用，引导我们在完善初次分配、强化再分配、发展三次分配的过程中回归历史逻辑和历史关系，避免陷入资本主义分配观的理论迷雾。

（二）为客观辨识分配领域的各种思潮提供思想武器

在探讨分配正义问题的思想谱系中，西方资本主义形成了功利主义思潮、自由至上主义思潮以及社群主义思潮等多元倾向，这些理论倾向以不同方式去探讨分配正义问题。他们或片面强调效率至上，或过度推崇个体权利，不仅扭曲了大众对分配正义的正确理解，更在实践层面加剧全球贫富分化、激化社会矛盾，使分配领域的公平危机持续深化。因此，必须客观辨识西方在分配领域的多元思潮。

马克思对拉萨尔分配观的批判及其立足唯物史观和无产阶级立场建构起来的"分配正义"为我们穿透西方分配思潮的迷雾提供了有力武器。马克思早在青年时期，就批判了古典政治经济学对"分配正义"的抽象理解。他指出，古典政治经济学虽然将"分配正义"问题置于生产与分配的关系框架中展开讨论，但也存在一定的局限性。这种局限性主要在于：其一，它提出"按应得分配"的基本原则后，进一步将工资、利息和地租分别定义为劳动、资本和土地的合理报酬，试图为资本主义社会的分配秩序提供理论合法性。其二，古典经济学家秉持自由放任主义，强调自由竞争机制和市场自发调节的作用，认为只要保障个体平等参与竞争的权利，就能实现分配正义。马克思深刻揭露了这种"分配正义"的抽象本质，指明分配不仅涉及生活资料的分配，更关键的是生产资料的分配，脱离生产关系抽象谈论分配正义，必然陷入主观唯心主义的理论误区。运用马克思的这些深刻认识，我们可以清晰地看到新自由主义经济学派的分配观，就是欲图将分配正义与自由原则紧紧绑在一起，着重强调个人权利和社会规则层面的形式公平，刻意回避分配结果的实质公平，实际上就是使分配正义沦为一种形式化的价值追求，注定无法真正解决分配正义问题。

可以看出，马克思的分配正义观不仅洞察了"虚假"分配观的理论实质，而且直指其阶级本质。无论是古典经济学还是新自由主义经济学的分配理论，本质上都是一种抽象的分配观，都是资产阶级利益的理论表达。马克思的这一认识过程与思想方法为我们客观辨识西方在分配领域的各种思潮提供了思想利器。一方面，在审视西方的分配思潮时，要把握生产资料私有制这一核心要素，经由此才能看清西方分配理论如何通过割裂生产与分配的内在联系，将资本主义分配不平等归因于个体能力差异或市场偶然因素，从而为阶级剥削提供合理化论证；另一方面，在辨识西方的分配思潮时，要坚守无产阶级立场，警惕西方多元思潮中所宣扬的普世价值，始终保持对资本主义分配制度本质的清醒认识，为构建符合社会发展规律和人民根本利益的分配正义理论和实践体系提供科学指引。

（三）为加强社会分配领域建设提供现实指导力

马克思的分配正义观立足唯物史观，在理论与现实深度结合的基础上，指明了人类社会分配方式的发展方向和具体进程。因此，马克思分配正义观具备扎根当代物质生产实践活动的生命力与适应力，对于我们依据当下生产力发展水平考量社会分配现状、完善社会分配方式具有现实指导力。

一方面，马克思分配正义观为如何实现分配正义指明了方向。马克思在《哥达纲领批判》中明确指出，"各尽所能，按需分配"① 只有在共产主义社会的高级阶段才能实现，在这一时期，脑力劳动和体力劳动的对立消失，劳动成为人生存发展的第一需要，人的自由全面发展真正实现。但在这一阶段之前，马克思强调还需要经历共产主义社会的第一阶段，这一阶段是"一个集体的、以生产资料公有为基础的社会"，但它"是刚刚从资本主义社会中产生出来的，因此它在各方面，在经济、道德和精神方面都还带有它脱胎出来的那个旧社会的痕迹"②。由于，"权利决不能超出社会的经济结构以及由经济结构制约的社会的文化发展"③，因此，共产主义社会第一阶段，只能实行按劳分配，将社会的剩余产品以劳动为尺度在劳动者之间进行分配。对于当代中国来说，实际上我们正处于马克思所说的共产主义社会第一阶段，即社会主义阶段而且是社会主义初级阶段。中国共产党人深入认识并合理把握马克思分配正义观的这一现实指导力，在分析和解决分配理论问题、推动分配制度不断发展的过程中，遵循马克思分配正义观所指示的社会主义和共产主义的性质和方向不动摇。基于此，我们要深刻理解按劳分配在社会主义初级阶段的必然性、合理性与必要性，在遵循按劳分配基本原则的基础上，兼顾按生产要素分配，构建完整协调的分配制度和保障体系，不断提升生产力发展水平和质量，继续向共产主义按需分配的方向前进。

另一方面，马克思分配正义观为当代中国立足于生产力发展状况调整分配方式提供了现实指导。马克思指出，"分配正义"的实现是一个从按劳分配到按需分配的渐进过程，分工的消亡、劳动的解放以及生产力的大幅提高是这一过程得以实现的必要条件。中国共产党人继承和发展了马克思的这一思想，在中国的改革与发展实际中，不断根据生产力发展实际推进分配方式的调整与演进。新中国成立初期，直到 1956 年

---

① 马克思：《哥达纲领批判》，北京：人民出版社 2018 年版，第 16 页。
② 马克思：《哥达纲领批判》，北京：人民出版社 2018 年版，第 14 页。
③ 马克思：《哥达纲领批判》，北京：人民出版社 2018 年版，第 16 页。

三大改造完成,我国基本形成了"按劳取酬"①的分配原则;改革开放后,随着社会生产力的不断进步,我国逐步形成了以按劳分配为主体、多种分配方式并存的收入分配政策;进入新时代,随着新一轮科技革命和产业革命的加速演进,中国共产党不断健全和完善我国的收入分配制度,提出"坚持按劳分配为主体,多种分配方式并存,构建初次分配、再分配、第三次分配协调配套的制度体系"②。这种多层次调节机制将分配问题纳入国家治理现代化体系,实现市场效率、政府调控与社会协同的有机统一,为社会主义初级阶段分配正义提供了可资借鉴的制度模式。总的来说,马克思分配正义观为中国分配制度的形成演进与创新发展提供了重要现实指导。

(贾丽民,天津师范大学马克思主义学院教授、博士生导师;郑诗琴,天津师范大学马克思主义学院研究生)

---

① 中共中央文献研究室编:《建国以来重要文献选编》(第十册),北京:中央文献出版社1994年版,第331页。

② 习近平:《高举中国特色社会主义伟大旗帜 为全面建设社会主义现代化国家而团结奋斗——在中国共产党第二十次全国代表大会上的报告》,北京:人民出版社2022年版,第47页。

中国马克思主义哲学范式建设中的美学逻辑[*]

卞伟伟　唐涵宁

[摘　要] 中国马克思主义哲学作为一种哲学范式,表明中国马克思主义哲学内含有中国哲学、外国哲学和美学等哲学理论的解释逻辑。中国马克思主义哲学范式建设中的美学逻辑,既是对具有中国特色的美学理论和美学体系的概括,也是对当下中国人民审美价值体系的表征。就美学学科的视角理解,中国马克思主义哲学范式建设中的美学逻辑问题的研究,至少要包含美学主体观、美学自然观和美学人生观的美学基础理论问题的研究。从重视美感培养的视阈把握,与中国马克思主义哲学的以人为中心的理念相适应,中国马克思主义哲学的美学主体观就应该是以人为本的美学主体观。从自然美景保护的视阈把握,与中国马克思主义哲学绿水青山就是金山银山的理念相适应,中国马克思主义哲学的美学自然观就应该是天人合一的美学自然观。从

---

[*] 本文系国家社会科学基金哲学社会科学领军人才项目"新时代中国马克思主义哲学的范式建设研究"(22VRC006)的研究成果;江苏省社科基金青年项目"马克思恩格斯关于文化论述的整理与研究"(24ZXC001)的研究成果;江苏省教育科学规划重点项目"马克思主义基本原理与中华优秀传统文化关系中的根魂教育问题研究"(B/2023/01/13)的阶段性成果;江苏省研究生科研与实践创新计划项目"世界历史谱系中的中国式现代化建设逻辑问题研究"(KYCX25_3137)的研究成果。

艺术美丽的向往视阈把握，与中国马克思主义哲学的让人民共享发展成果的理念相适应，中国马克思主义哲学的美学人生观就应该是艺术人生的美学人生观。

[**关键词**] 中国马克思主义哲学范式　美学逻辑　以人为本　天人合一　艺术人生

中国马克思主义哲学作为中国式现代化建设的哲学概括和中国式现代化理论的哲学基础，其内涵之中就不能不包含着指导美学研究的美学逻辑。这就是说，美学作为构建人类审美价值体系的重要组成部分，同样也是中国马克思主义哲学内涵中必不可少的组成部分。由于"美学的主要研究对象应当是审美活动，审美活动可以说是美学中贯穿始终的理论基石"[①]，因此，美学的主要研究内容就应该包括美感问题研究、自然美问题研究和艺术美问题研究等。由于这些研究内容"有时候它涉及感性，有时候涉及美，有时候涉及自然，有时候涉及艺术，有时候涉及知觉，有时候涉及判断，有时候涉及知识"[②]，所以，中国马克思主义哲学的美学逻辑就应该在当下中国的美学研究中始终处于在场的状态，以便始终能够保证中国马克思主义哲学对于美学的指导原则不动摇。在中国马克思主义哲学的范式建设中，学者们始终重视美感培养问题的研究，确立了与中国马克思主义哲学的以人为中心的理念相适应的以人为本美学主体观；始终重视自然美景问题的研究，确立了与中国马克思主义哲学绿水青山就是金山银山理念相适应的天人合一美学自然观；始终重视艺术美丽问题的研究，确立了与中国马克思主义哲学的让人民共享发展成果理念相适应的艺术人生美学人生观。深度探讨中国马克思主义哲学范式建设中的美学逻辑问题，不仅有助于人们对中国美学研究意义和美学研究价值的准确把握，而且有助于人们将中

---

① 朱立元主编：《美学》，上海：华东师范大学出版社2007年版，第48页。
② 沃尔夫冈·韦尔施：《重构美学》，陆扬、张岩冰译，上海：上海译文出版社2006年版，第13页。

国马克思主义哲学范式建设中的美学逻辑自觉运用到中国式现代化的建设之中。

一、坚持以人为本的美学主体观与美感培养的重视

美学研究领域"是指与更加崇高的概念思想领域相比照的人类的全部知觉和感觉领域"① 表明，人是美学研究的主体。换言之，任何一种美学理论中都应该有自己的美学主体观。在中国马克思主义哲学的范式建设中，学者们始终认为中国马克思主义哲学应该坚持以人为中心的世界观逻辑，"使得所有社会成员都能够平等地、全面地接受教育，既接受科学文化知识的教育，也接受文学、艺术等的教育。"② 以人为中心的世界观逻辑反映在美学上，就是坚持以人为本的美学主体观。就美学的问题意识视角理解，以人为本美学主体观的研究内容就应该是重视美感培养问题的研究。从美学研究对象的视角认知，"美就是人类经验的组成部分"③，人们通过体验周围世界来培养审美意识和鉴赏能力，其中包括培养日常生活的感知能力、自然风景的欣赏能力和艺术作品的创造能力等。这些能力的获得就是美感培养的结果。中国马克思主义哲学范式建设中的美学逻辑要重视美感培养，是因为中国马克思主义哲学认为人作为理性存在者有着追求心灵自由和超越个体生命有限存在的美学判断，而构建美感意识恰好可以满足人理性存在的美学理想，或者说，通过构建美感意识可以完善自身的美学修养，从而实现心灵自由的理想和更高人生境界的追求。加强美学修养来升华对美感的重要性认知，应该包括培养人们的审美心胸、审美能力和

---

① 特里·伊格尔顿：《审美意识形态》，王杰、傅德根、麦永雄译，桂林：广西师范大学出版社 2001 年版，第 1 页。
② 曹典顺：《马克思社会建设逻辑——唯物辩证法视域中的马克思社会建设思想研究》，北京：中央编译出版社 2020 年版，第 215 页。
③ 恩斯特·卡西尔：《人论》，甘阳译，上海：上海译文出版社 1985 年版，第 175 页。

审美趣味等。对中国马克思主义哲学范式建设中美学逻辑的美感培养重视研究，就是要哲学地阐明什么是中国马克思主义哲学的美感培养、为什么要重视中国马克思主义哲学的美感培养和中国马克思主义哲学怎样做到了对美感培养的重视。

（一）什么是美感培养

由于在人们的日常生活世界中蕴含着美的逻辑，所以，美感培养首先就是要培养人们对于美的感知能力。这就意味着，研究美感培养问题不应该主要通过行为主义的研究方法来研究，而应该主要通过日常生活的感性体验来发现美、感知美和领悟美。自从人类进入现代社会以来，人们无时无刻不在体验着周围世界呈现出来的各种形式的美，这是因为"我们生活在一个以前闻所未闻的真实世界的审美化之中"[①]。这种体验是一种跟生命、生存和生活密切相关的美学经历，即"生命就是在体验中所表现的东西"和"生命就是我们所要返归的本源"[②]。当然，人们要想在日常生活中体验各种形式的美，就需要对美进行感知和思考，因为，无论是直接体验还是间接体验都离不开感官的感知能力。只有对人们进行足够程度的美感培养，才能促使人们具有感知美的能力，从而令人们能够更好地体验和感知周围世界蕴含的美。换言之，当人们具有美的感知能力时，也就表明周围环境呈现出的各种形式的美能够被人们直接体验。对此，美国学者伯林特从哲学前提的预设视角给予了解释，即伯林特认为，"如果承认环境中的美学因素，那么环境体验的直接性，以及强烈的当下性和在场性等特征，也就不言自明"[③]。

[①] 沃尔夫冈·韦尔施：《超越美学的美学》，高建平等编译，郑州：河南大学出版社2019年版，第40页。

[②] 加达默尔：《真理与方法》（上卷），洪汉鼎译，上海：上海译文出版社1999年版，第85页。

[③] 阿诺德·伯林特：《环境美学》，张敏、周雨译，长沙：湖南科学技术出版社2006年版，第20—21页。

人类社会产生以来，自然界就变得日益人化自然化，因此，美感培养就应该包含引导人们去发现和欣赏自然风景中蕴含着的美。需要指出的是，虽然自然风景已经人化自然化，但其中呈现出来的美，依然属于客观存在着的自然美。在自然美认知的美学逻辑中，"自然美的概念中暗含有某种规范的、通常的审美欣赏能力。"① 这种审美欣赏能力的获得，需要对人们进行美感培养才能实现。这种美感培养不仅能够让人们在欣赏自然风景时获得视觉上的快感，还能够提高审美意识和鉴赏能力。而对自然风景进行鉴赏本身也是一种审美活动，因为"鉴赏是通过不带任何利害的愉悦或不悦而对一个对象或一个表象方式作评判的能力。一个这样的愉悦的对象就叫作美。"② 由此可见，美感培养能够培养出人们面对自然风景时的共同性欣赏能力，从而促使人们在共同欣赏自然美景时能够获得情感共鸣和价值认同，以有利于人们进一步加深对于生活美和艺术美的感知能力。

艺术作品是由艺术家创造出来的，因此，美感培养也包括对于艺术作品欣赏能力的培养。艺术家对自然现象进行体验、感悟和思考，通过加工艺术的形式最终创造出艺术作品。这就是艺术家所具有的对艺术作品中美的创造能力。需要指出的是，无论是艺术家还是艺术作品的观赏者，都应该是具有美的欣赏能力的人。对于艺术作品的欣赏能力不是与生俱来的，而是需要通过后天的培养才能获得。退一步说，即使这是人们普遍具有的能力，也是需要通过美感培养才能够真正将其激发出来。只有通过美感培养使得人们具有关于艺术作品中蕴含的美的创造能力，人们才能够真正具有艺术美的美学修养。朱光潜从美的本体论视角分析认为，"美是创造出来的，它是艺术的特质"③。朱光潜的观点很明确，由于艺术作品中蕴含着美的创造性思想，所以，艺术作品能够激发出艺术美的独特性和创造性意蕴。这种认知逻辑也可以解释为，"艺术作品

---

① 鲍桑葵：《美学史》，张今译，北京：商务印书馆2009年版，第7页。
② 康德：《判断力批判》，邓晓芒译，北京：人民出版社2002年版，第45页。
③ 《朱光潜全集》第1卷，合肥：安徽教育出版社1987年版，第347页。

向我们反映出有意识活动与无意识活动的同一性……艺术作品的根本特点是无意识的无限性［自然与自由的综合］。"① 总之，对人们进行美感培养，不仅能够培养出人们对于美的欣赏能力，促使人们更加深刻地理解艺术作品中丰富的美学意蕴，还能够鼓舞人们主动去挖掘出更多美的形式。

（二）为什么要重视美感培养

美学之所以要重视美感培养，首先是因为人作为理性的存在，有着心灵自由的追求和超越个体生命有限存在的理想。人们在面对自然的强力时，能够明显感知到自身是渺小的和有限的存在，但同时人作为理性存在者在受到自然压迫时又能够爆发出认识的无限性。人类的理性无限性之所以能够表现为对心灵自由和美的追求，用黑格尔的美学逻辑表达就是，美本身"是无限的、自由的"②。按照黑格尔的逻辑，无论人们受到何种压力，人类都可以借助理性来追求心灵的自由和超越个体生命的有限存在。换言之，人们对于美的追求也是如此，因为审美活动本身就是对自由的追求。为此，黑格尔明确表示，"审美带有令人解放的性质，它让对象保持它的自由和无限，不把它作为有利于有限需要和意图的工具而起占有欲和加以利用。所以美的对象既不显得受我们人的压抑和逼迫，又不显得受其他外在事物的侵袭和征服"③。

美学之所以要重视美感培养，还是因为人们追求心灵自由的理想，需要美感意识作为人审美的前提存在。人作为理性存在者，将心灵自由作为追求的精神愉悦目标是客观存在的。如果说这种心灵自由是对理想境界的追求，那么，美也就可以表现为对理想境界的向往。学者们认为，追求心灵自由的远大理想应该是实现人格独立的德性要求，因为，"心灵自由是一切创作的源泉。没有心灵自由便没有艺术、没有哲学、

---

① 谢林：《先验唯心论体系》，梁志学、石泉译，北京：商务印书馆2017年版，第302页。
② 黑格尔：《美学》第1卷，朱光潜译，北京：商务印书馆2011年版，第143页。
③ 黑格尔：《美学》第1卷，朱光潜译，北京：商务印书馆2011年版，第147页。

没有真正的德性。"① 从这种意义上理解，如果人们没有对心灵自由进行思考和追求，就很难拥有真正的德性，从而也就很可能失去人作为理性存在的真正意义。正是因为此，培养人们的美感意识，就是通过帮助人们认识到美的无限性来唤醒人们内心深处对于自由的渴望和向往，并把这种渴望转化为行动的意志和力量。人们追求自由最显著的表现形式就是创造，所以，不断追求自由的新高度也是进行审美活动和艺术活动的主要形式，或者说，培养人们的美感意识是追求心灵自由必不可少的元素。

既然美感意识如此重要，那么，重视美感培养就意味着要重视人们的美学修养问题。由于人们欣赏美的事物、创造美的作品和研究美学理论等审美活动，既是一种快乐的和自由的活动，也是人们所要追求的生存目标，所以，这样的审美活动就代表着自由活动，美的真实存在象征着人们追求的自由。由此理解，对象世界中蕴含多少美也就意味着人们能够获得多少自由，或者说，人们越是自由所能感受到的美也就越丰富，人们在审美活动和审美享受中往往能够获得意想不到的收获和进步。由于"审美化已然成为一种全球性的首要策略"②，所以，重视人们的美感培养从而构建起美感意识是中国式现代化建设不可或缺的重要内容之一。总之，通过培养人们的美感意识，不仅可以完善人们自身的美学修养，认识到"美是客观方面某些事物、性质和形状适合主观方面意识形态，可以交融在一起而成为一个完整形象的那种特质"③，而且还可以令其作为人理性存在的基础，从而坚定人们进一步实现心灵自由的理想。

---

① 冯契：《冯契文集》第 10 卷，上海：华东师范大学出版社 1998 年版，第 365 页。
② 沃尔夫冈·韦尔施：《超越美学的美学》，高建平等编译，郑州：河南大学出版社 2019 年版，第 41 页。
③ 《朱光潜全集》第 5 卷，合肥：安徽教育出版社 1989 年版，第 82 页。

（三）怎样做到重视美感培养

由于美学教育能够开阔人们的审美心胸，净化人们空明澄澈与豁达开朗的心境，因此，加强美学教育不仅能够培养出人们创造性思想的能力，还能够帮助人们超越学科之间存在的严格界限，从而开拓出新的知识领域与新的审美理念。这也就是说，培养人们的审美心胸，就是要帮助人们不再局限于某一个学科的理论知识，从而把审美的视角放在整个世界的范围。在现实生活世界的社会实践之中，由于人们的"一切审美活动都以对事物的知觉为起点，以形成美感体验为终点"[1]，因此，美学教育的目的就包括让人们充分参与到美的欣赏与创造的过程之中。这不仅能够帮助人们在审美心胸培养中融合人们各自独特的感知与理解，还能够通过人们自己的创新实践塑造成各自完整的自己。这让人们成为完整的人、理性的人的美学教育，也正是美学教育的真正意义。

美学教育培养人们的审美能力，所以，重视美感培养就包含重视人们对自己感受能力的培养。"美学是研究审美活动的学科"[2]，因此，美学教育就要以美和美感为主题，以实现以美育人和以美化人的美学宗旨。如果美学教育离开了本体的美和美感教育，也就偏离了它最初的主题。美学教育的有效实施应该围绕美感经验的培育与引导展开，以循序渐进的方式实现有效的审美经验积累。这就是说，要通过一定的审美经验积累才能够培养出独特的审美能力，从而激发出人们对感性世界的美感意识。当然，美学教育蕴含的价值不仅有利于帮助培养人们的审美能力，还有利于帮助人们通过感官来感知人与人、人与自然之间的互动，从而令人们更好地感知无限丰富的感性世界。换言之，人们在面对现实生活中丰富的审美对象时，能够灵活运用自身的审美能力进行欣赏和感知，在体验到美的愉悦感的同时，还可以培养出自己的审美判断力和审

---

[1] 李志宏：《认知美学原理》，北京：光明日报出版社2011年版，前言1页。
[2] 尤西林主编：《美学原理》，北京：高等教育出版社2015年版，第13页。

美鉴赏力。

由于美学教育能够培养人们的审美趣味，所以，美学教育还要关注个性化的审美体验和个人生活的满足感等个体化的美学教育问题。由于美学教育并非完全客观的而是同人们的主观相联系，因此，美学教育既要尊重社会主流的审美标准，也要培养人们的审美趣味的多样性。之所以重视个性化的审美体验和审美趣味，是因为美学教育不仅会对人们的日常生活产生影响，甚至会使其上升至思想层面来影响着人们的观念与行为。当然，由于"美是人在改造世界的实践创造中所取得的自由的感性具体表现"①，要想真正体验到美，还要强调实践介入的重要性，而不能仅仅通过表面的、肤浅的美感来盖棺定论。也就是说，美学教育不仅要拓展美的问题域，还要提升人们的审美境界，而不能仅仅是停留在外在感官的刺激之上。否则，"无处不在的美会失去美的独特性，衰败为纯粹的悦人或者变得非常没有意义"②。换言之，要通过美学教育来培养人们的审美趣味，就必须时刻保持审美观的动态性，以便能够不断从日常生活中获得美的满足感和幸福感。

二、坚持天人合一的美学自然观与自然美景的保护

自然美作为美学的重要研究内容，研究自然万物之中为什么蕴含着美。需要指出的是，美的自然景象不仅是自然本身独特属性的存在，还是人们面对自然发自内心感动的美感呈现。正是因为此，人们可以在自然美景中尽情享受审美带来的愉悦感，形成人与自然相契合的审美意象。中国马克思主义哲学的自然观认为，"大自然也就是指每个人都是自己的艺术家的那个美的领域"③ 表明，天人合一的美学自然观就应该

---

① 刘纲纪：《美学与哲学》，武汉：湖北人民出版社 1986 年版，第 2 页。
② 沃尔夫冈·韦尔施：《超越美学的美学》，高建平等编译，郑州：河南大学出版社 2019 年版，第 43 页。
③ 鲍桑葵：《美学史》，张今译，北京：商务印书馆 2009 年版，第 9 页。

是中国马克思主义哲学的美学逻辑。按照这种逻辑理解，在欣赏自然美景的过程中，可以令人们沉浸在美的意象世界中，并从中获得极大的精神愉悦。再者，由于自然是生存意义的美学理念，所以，只有通过倾力保护自然才有利于感知自然本真之美，获得身心放松的愉悦感，以及协调人与自然之间的和谐关系。换言之，在人与万物一体的现实生活世界之中，为确保人们能够欣赏自然美，自然就离不开对自然美景的保护。中国马克思主义哲学的天人合一美学自然观意义上的自然美景的保护，不仅需要构建严密的自然保护体系，还需要推动可持续自然资源再利用和开展生态修复和环境治理等保护措施，以便能够帮助人们真正实现其对自然美景的有效保护。

（一）什么是自然美景

自然美是人们面对自然美景时发自内心的感动，属于客观自然物本身独特的真实属性在人们心灵深处的反映。也就是说，由于"自然的存在以及如何存在绝不是由人来决定的，自然本真的公开自身并不是由人按照文化图式（'观念的联想''图型''图式''符号形式'等）'赋形'的结果"[①]，所以，人们应该坚定地认为，不仅自然始终是客观存在的，而且是自然先展现自身才能够令人们看到真实的自然美景。既然自然并非是被人发现并感知才存在的，而是先于人的客观存在，那么，人们就不应该以人类中心主义的立场看待自然。自然美景是自然的一种内在属性的显现，不同的自然风景会彰显出各自独特属性的美。自然美景的这一独特属性表明，人们的审美活动呈现出动态性的特征，即人们的审美应该将客观自然物本身的循环往复和变化无常展现出来。通过各种客观自然物本身独特属性的展现不难看出，自然美景本身就充满了美与美感。因此，人们要想欣赏自然美景就要置身于自然之中。

[①] 王中原：《自然美和艺术美的同一性：对风景如画的美学探究》，北京：商务印书馆2024年版，第179页。

只有全身心地感受和感知自然风景，才能够形成关于自然的审美经验和审美享受。

人与自然之间的关系是相互依赖与相互契合的，所以，自然美景又可以称之为人与自然相契合而产生的审美意象。由于"人作为自然存在物，而且作为有生命的自然存在物，一方面具有自然力、生命力，是能动的自然存在物；这些力量作为天赋和才能、作为欲望存在于人身上；另一方面，人作为自然的、肉体的、感性的、对象性的存在物，同动植物一样，是受动的、受制约的和受限制的存在物"①，所以，人们不仅可以通过实践获得感知能力和审美能力来欣赏自然美景，完成自然的人化和逐渐形成自然美的意象世界，还可以将自然作为自己的精神家园和情感归宿，形成"人自然化"的天人合一美学自然观。自然美景展现出来的自然美是具有自然性和社会性的，其中，"自然的社会性是美的根源。……美的社会性是客观地存在着的，它是依存于人类社会"② 的。换言之，既然自然美离不开社会性，那就意味着只有通过人与自然之间的相互契合才能够产生美的意象世界，从而使得人们面对的不再是单纯的自然而是拥有美的自然。

人们在欣赏自然的审美活动中显现出心与物之间的相互作用表明，自然美景是人们欣赏自然内心感动的真实反映，且美感也产生于这一活动之中。由于"美不仅在物，亦不仅在心，它在心与物的关系上面"③，所以，应该是自然美景与人们的内心情感相互契合才催生了美感，或者说，自然美是人们欣赏自然美景时内心有感而发的真实反映。按照这种逻辑理解，形成于人们内心之中的自然美景，不可能是任何纯粹的概念和理念，而是人们对于自然存在的客观形式的感知和认知，是由于"'物的形象'是'物'在人的既定的主观条件（如意识形态、情趣等）

---

① 《马克思恩格斯文集》第1卷，北京：人民出版社2009年版，第209页。
② 李泽厚：《门外集》，武汉：长江文艺出版社1957年版，第26—27页。
③ 《朱光潜全集》第1卷，合肥：安徽教育出版社1987年版，第346页。

的影响下反映于人的意识的结果"①。正是基于自然美景的显现才能够表现出人们心中自然万物的理想状态和内心的情感活动，因此，我们有理由相信，人作为欣赏者，在体验和感知自然风景时形成的心与物之间的契合，能够令人们真实地反映出自然美景的景象。

（二）为什么要保护自然美景

人与万物一体的意象世界蕴含的自然美景具有独特的审美价值表明，只有保护好自然美景，才能够留给人们享受自然美的动力和追求。人们在欣赏自然美景时形成人与万物一体的意象世界，这种意象世界反映出来的是人的审美态度和精神追求。换言之，这种意象世界不仅表现出对于自然美景审美价值的认识，还表现出对于自由精神的向往。自然美的审美态度是指人们应该全身心地感受自然美景，以便能够从自然中感知和体悟同人生的自由相联系的精神境界。自然美景存在独特的审美价值表明，它能够有效规范和调节人与自然、人与人之间的关系。所谓规范和调节，就是指人们应该认识到审美和审美活动并不是消极的、被动的直观性存在，而是主动追求美和美感的积极活动。既然自然美景不仅能够呈现出自然本真的生命样态和生命价值，还能够展现出人们追求自由的审美特征与审美情趣，那么，也就只有保护好自然美景，才能够在人们美的意象世界中展现出自然美景中蕴含着的独特审美价值。

自然美景是物我同一的审美意象表明，只有真实保护自然美景才更利于欣赏自然美。这种物我同一的逻辑表明，人们能够欣赏自然中蕴含的美。需要指出的是，这种审美欣赏能力下形成的自然美的意象世界，就包括"人与自然界的和谐""人和自然的统一"和"人创造环境，同

---

① 《朱光潜全集》第5卷，合肥：安徽教育出版社1989年版，第43页。

样,环境也创造人"① 等人与自然之间关系的世界。这一意象世界,不仅能够帮助人们超越抽象的理论思维和现实欲望,还能够帮助人们获得自然表象以外的审美关照的愉悦感。保护好人与自然之间的关系,让每一个人都能够欣赏到自然美景,离不开人们对自然美景的保护。自然美景的保护不仅内含有人与自然之间的和谐统一,还能够展现出关爱自然和修复自然的价值主张。这种价值主张表明,"人也按照美的规律来构造"② 自然美景。也就是说,保护自然美景和构造自然美景是相辅相成的关系。

由于欣赏自然这一审美活动不仅可以愉悦心情还可以丰富精神家园,所以,保护自然美景有利于陶冶人们的审美情趣,使人们能够获得极大的精神愉悦。保护自然美景,能够让人们更好地欣赏和鉴赏自然景观。这种欣赏和鉴赏,可以帮助人们从欣赏自然中陶冶审美情趣,获得审美享受,以及感知和体悟自然美。由于美是"那没有概念而普遍令人喜欢的东西"③,才能够更好地通过保护自然美景而令人们从中获得美的生活满足感和精神愉悦感;通过感知自然本真之美追求自由的精神和美的升华,超越现实世界的束缚获得精神世界的极大愉悦。按照这种逻辑理解,保护好自然美景不仅能够有利于彰显自然生命形态真实存在的美,还有利于协调人与自然之间的和谐自由关系,从而促使人们在欣赏自然美中更好地获得身心放松带来的愉悦感。

(三)自然是生存意义的美学理念促使人们倾力自然美景保护

自然是生存意义上的美学理念表明,人们要倾力自然美景保护就包括建设严密的自然保护体系。对自然美景的保护无论是就自然本身存在的价值而言,还是就欣赏自然美的天人合一的审美情趣而言,都意味着

---

① 《马克思恩格斯文集》第 1 卷,北京:人民出版社 2009 年版,第 528、529、545 页。
② 《马克思恩格斯文集》第 1 卷,北京:人民出版社 2009 年版,第 163 页。
③ 康德:《判断力批判》,邓晓芒译,北京:人民出版社 2002 年版,第 54 页。

"对自然的责任与对世人和将来人的责任"① 并非互不相干。正是因为保护自然美景是人类永恒的主题，所以，建设一个严密的自然保护体系就十分必要和刻不容缓。自然保护对人类社会的持续发展至关重要，因为自然能够为维持人类日常生活提供丰富的物质资源，同时，浑然天成的自然美景也能够满足人们的精神需求。换言之，构建自然保护体系不仅在于要守护住人们天然的宝贵财富，还在于要保护自然给人们带来的美的意象世界。当然，无论是基于自然本身存在的价值，还是基于人类对于自然的责任，人们都应当积极推动自然保护体系的建设。

　　自然资源的有限性和相对不可逆性表明推动可持续自然资源的再利用工作十分必要，这种工作最为重要的内容之一就是对自然美景的保护。人作为自然存在物能够得以生存依靠的东西就包括自然资源，且这种自然资源不仅是国家发展和社会和谐的根基，也是人们追求幸福生活的基础。需要指出的是，由于在推进发展的过程中往往会导致资源浪费，所以，人们需要关注自然资源再利用的问题。通过可持续自然资源的再利用，可以令人们寻找到人与自然和谐发展的新路径，提高自然资源产生的综合效益，有效推动人类社会的稳步发展。由于"美既有客观性，也有主观性；既有自然性，也有社会性"②，也就是说，自然中蕴含着人类生存意义的美学理念。因此，可持续自然资源再利用中就蕴含着对自然美景保护的逻辑。换言之，推动可持续自然资源的再利用，不仅可以为人类提供更多的物质资源，还可以保护自然美景以满足人们的审美活动和丰富人们的精神世界，从而更好地丰富人类文化活动的多样性。

　　就自然美景的保护措施而言，保护自然美景就要深度开展生态修复和环境治理的工作。自然不仅能够唤醒人们保护自然的意识，还能够提

---

① 汉斯·萨克塞：《生态哲学》，文韬、佩云译，北京：东方出版社1991年版，第54页。
② 《朱光潜全集》第5卷，合肥：安徽教育出版社1989年版，第54页。

醒人们要加快人类社会绿色化和低碳化的高质量发展步伐。生态修复和环境治理的自然美景保护实施，不仅能够保护自然使其继续焕发生机，还能够让人们摆脱理性的统治回归到本真的自然性追求之中，"从而将人重新还给人，将自然重新还给自然"①，以更好地适应新时代的生态文明。这种保护措施，包括通过实施一系列生态修复和环境治理的自然保护措施，使得人们更加重视自然从而选择绿色低碳的生活方式。正是人与自然的和谐统一发展让人们看到自然中蕴含的美学理念还表明，推进生态文明建设不仅可以改善人们的生存环境，还可以实现生态环境的高质量发展和人与自然的和谐共生。

三、坚持艺术人生的美学人生观与艺术美丽的向往

中国马克思主义哲学的美学逻辑认为，艺术美不仅是人们审美化的生活态度、艺术化的表达方式和创造性的生活方式，而且它还是人们始终坚持艺术人生的美学人生观。由于"美学不可能靠自身的力量成为一种可以理解艺术的学科"②，所以，艺术美的创造和体验需要能够产生美感的艺术形式的介入，或者说，艺术美的感知需要人们对周围的事物进行审美理解，从而催生出其独特的审美价值和深厚的哲学底蕴。人们对艺术美丽的向往就是源于此，因为，艺术就是艺术家通过艺术作品呈现出其对生活的热爱的特定表达形式。艺术美丽不仅是艺术作品本身呈现出的丰富美感的意象世界，还是人们在欣赏艺术作品的过程中获得的美的感受和领悟。由于人们具有渴望真正理解艺术作品中蕴含着的美的向往，所以，艺术美丽的获得就离不开能够欣赏艺术美的美学修养。通过美学修养人们能够理解艺术作品蕴含的美感，既可以从中获得情感共鸣

---

① 刘成纪：《自然美的哲学基础》，武汉：武汉大学出版社 2008 年版，第 216 页。
② 托马斯·门罗：《走向科学的美学》，石天曙、滕守尧译，北京：中国文联出版公司 1985 年版，第 139 页。

和艺术自由,还可以培养艺术鉴赏力和审美创造力。随着与中国马克思主义哲学中的美学逻辑相同一的艺术作品传播的日益大众化,艺术美的意识逐渐深入到人们的日常生活之中,督促着人们不断追求更高的审美境界。

(一) 什么是艺术美丽

如果说艺术美是艺术家通过艺术作品呈现出来的对生活的热爱,那么,艺术美丽首先就应该是艺术家进行心灵创作展现出的艺术美的意象世界。艺术家通过体验日常生活中蕴含的美进行心灵创作,使得自然物经由艺术家的心灵创作成为被赋予价值与意义的艺术作品,呈现出艺术家对生活的审美情感和审美理想。源于客观现实生活的艺术作品表现出艺术美的意象世界,不仅反映出了"艺术美是由心灵产生和再生的美"①,还展现出了艺术美丽的生动性和丰富性。当然,"艺术和艺术作品既然是由心灵产生的,也就具有心灵的性格,尽管它们的表现也容纳感性事物的外形,把心灵渗透到感性事物里去。"② 这就是说,在艺术家的美学人生观中,艺术美丽呈现出的是心灵的感悟和创造,从而形成艺术美的意象世界。换言之,由于艺术家是通过对事物的感性认识创造出艺术作品,并运用既定的审美意识反映出艺术美独特的意象世界,所以,这就使得人们对艺术美丽富有更多的想象空间。

尽管艺术美丽是将现实生活中存在的各种现象运用艺术的方式创造性地表现出来的,然而,艺术美丽还表现为人们对于艺术作品直接观赏所获得的美的感受和美的领悟。由于"美是作为无蔽的真理的一种现身方式"③,所以,人们可以通过直接观赏艺术作品获得感受和领悟,这种情感上的体验就是艺术美丽。这种艺术美丽不仅具有审美价值,还可以

---

① 黑格尔:《美学》第 1 卷,朱光潜译,北京:商务印书馆 2011 年版,第 4 页。
② 黑格尔:《美学》第 1 卷,朱光潜译,北京:商务印书馆 2011 年版,第 16 页。
③ 海德格尔:《林中路》,孙周兴译,上海:上海译文出版社 2008 年版,第 37 页。

作为审美理想的追求。艺术美丽的获得，最终意义上是要令人们通过欣赏艺术作品来享受艺术作品中蕴含着的美。之所以会在审美主体和审美客体相互交融的过程中贯穿着主体的情感，是因为"艺术中的认识总是充满着主体对事物的特定情感态度，和情感不可分地交融在一起的"①。在这一艺术认识过程中不仅展现出艺术形象的客观与主观、内容与形式和个性与共性的统一，还表现出人们欣赏艺术作品的情感性和审美性倾向。

由于不同的艺术家对同一件艺术作品的感知不尽相同，所以，艺术美丽应该还表现为人们在欣赏艺术作品时体验到的美感的丰富性和美感的多样性。在现实生活世界里，人们试图以艺术家的审美眼光来欣赏艺术作品，从而体验到蕴含在艺术作品中独特的美感。"任何事物都可以从三方面去看——从实用角度去看，从理论上去看，从美学角度去看"②，艺术作品正是以审美的方式呈现出来以供人们欣赏和感悟。根据审美这一特殊的感觉，人们不仅能够体验到不同艺术作品中丰富的美感，还能够感受到不同艺术家对生活的不同热爱方式。正是基于美感的丰富性和多样性沟通了现实与理想之间的关系，使得美学拓展到了哲学和文化的领域。这种拓展，促使"当代美学应当能拿出某种文化及哲学的认知地图，应当在这里'讲得通'。这种'讲得通'不仅是对当代艺术而言，更是为了赋予过往的艺术、过往应有的艺术和现在的艺术以崭新的面貌。"③ 艺术作品中具有的丰富性和多样性意义和价值，督促人们深度追求理想和诗意的生存状态，寻找符合自己审美理想要求的艺术作品。

---

① 刘纲纪：《艺术哲学》，武汉：湖北人民出版社1986年版，第278页。
② 勃兰兑斯：《十九世纪文学主流》第1分册，张道真译，北京：人民文学出版社1997年版，第132—133页。
③ 阿莱西·艾尔雅维茨、高建平主编：《美学的复兴》，张云鹏、胡菊兰等译，郑州：河南大学出版社2020年版，第16—17页。

(二) 为什么要向往艺术美丽

能够欣赏艺术作品的美丽需要人们具有艺术美的美学修养，人们向往艺术美丽是人们提高美学修养的需要。艺术作品中本身就具有人们追求自由和超越现实功利的特殊情感存在，它是艺术的内在价值和内在要求。换言之，艺术作品能够呈现出艺术家创造性的想象空间，表现出艺术家所具有的独特情感和艺术追求。这种艺术作品的特征表明，人们要想从艺术作品中获得情感共鸣就需要具有艺术美的美学修养，否则，就不能感受到艺术家表现出来的纯粹情感。对于人的艺术追求来说，人们自身也是需要艺术美的美学修养，因为，不仅艺术欣赏活动是自由的，而且人也是自由的。从这种意义上理解，"艺术的任务根本不是要揭示事物的什么特征——否则它会同科学作徒劳的竞争——而是要对人的心灵做某些有价值的贡献。"① 既然艺术美丽的实质就是让心灵按照自身的发展规律进行艺术创作，那么，就只有具有艺术美的美学修养才能够帮助人们欣赏高雅艺术作品和真正获得艺术体验。

人们之所以向往艺术美丽，还是因为向往艺术美丽有助于增强人们关注艺术作品的兴趣。对于艺术来说，"只有那种我们即使最完备地知道但却还并不因此就立刻拥有去做的熟巧的事，才在这种意义上属于艺术"②。正是在这一意义上，需要人们深入思考和反思艺术和艺术作品蕴含的美，"不是出于感觉的享受的愉快，而必须是出于反思的享受的愉快；所以审美的艺术作为美的艺术，就是这样一种把反思判断力、而不是把感官感觉作为准绳的艺术"③。众所周知，人们只有在真正理解艺术作品时，才能够切实感受到蕴含在艺术作品中的美和美感，

---

① V.C.奥尔德里奇：《艺术哲学》，程孟辉译，北京：中国社会科学出版社1986年版，第14页。
② 康德：《判断力批判》，邓晓芒译，北京：人民出版社2002年版，第146页。
③ 康德：《判断力批判》，邓晓芒译，北京：人民出版社2002年版，第149页。

形成与人们价值观相吻合的欣赏趣味。这就是说，只有增强人们对于艺术作品的兴趣，才能令人们感受到艺术作品真实反映出来的艺术美丽的意象世界，从而在感觉上获得审美愉悦感和通过反思获得精神上的审美享受。

人们向往艺术美丽，还是因为人们需要提高艺术鉴赏力和审美创造力。由于"美的艺术不能为自己想出它应当据以完成其作品的规则来"①，所以，这就需要艺术作品的创造者和鉴赏者给艺术提供相应的规则。这些规则，就是人们所理解的艺术修养。人们欣赏艺术作品是一种审美的再创造活动，需要鉴赏者具有一定的艺术修养和审美品位。艺术修养最重要的一个方面就是要求人们进行长期的艺术实践。这种实践，也是人们一直追求和向往的艺术美丽。在艺术实践的过程中，把握美的规律以进行审美的创造性活动，可以创新出更加多元化的艺术作品。正是由于人们通过向往艺术美丽的实践而不断从中获得审美体验和审美经验，所以，向往艺术美丽不仅可以提高人们的美学修养和审美品位，还能够培养艺术鉴赏力和审美创造力。

（三）艺术作品传播的大众化使得艺术美的意识深入到了人们的日常生活之中

由于艺术作品传播的大众化使得艺术美的意识深入到了人们的日常生活之中，所以，实现对艺术美丽的向往首先就要做到能够时刻关注日常生活中的艺术美。全球化时代下，人们的审美多元化趋向使得艺术作品得到了广泛的传播，各种艺术形式的美深入到了人们的日常生活之中并唤醒了人们的审美意识。从美学逻辑的角度理解，由于"现代美学具有一种诗化和审美化的倾向——而现代世界则具有一种日益把现实理解

---

① 康德：《判断力批判》，邓晓芒译，北京：人民出版社2002年版，第151页。

为审美性现象的倾向"①，所以，这就需要人们时刻关注可能存在的审美动态，不错过发现日常生活中新出现的艺术美现象。当然，"如果我们要想发现美是什么，我们就要找这个使事物真正成其为美的"② 东西是什么。正是通过这种方式人们能够在日常生活中找到并理解艺术美，从而做到对艺术美丽的向往，"使现象的真实意蕴从这种虚幻世界的外形和幻相之中解脱出来，使现象具有更高的由心灵产生的实在"③。

实现人们对艺术美丽的向往，还包括人们可以用审美心胸和审美心境来看待艺术作品。具有超越现实功利的空明心境是人们对艺术作品进行审美观照的前提表明，拥有宽阔的审美心胸和高雅的审美心境才更有利于人们欣赏艺术作品。只有如此，才能保证在正式进入审美状态之时保持内心清净不受干扰，全神贯注于审美客体并从中获得情感满足和精神愉悦。需要指出的是，美的研究领域"和任何其他领域一样，要想作出精确的评价，就必须随时制止关于价值的无谓争论，转而检验那些作为价值的基础的事实和倾向"④。换言之，要运用更加科学的方法看待美，用更平稳的情绪状态欣赏艺术作品。但是，关于美的研究和发展日新月异，在用提升审美心胸和审美心境的方法看待艺术作品的基础上，还要通过"审视和反省美学在方法论上走过的历程，从中吸取有益的经验教训，正确地对待和运用现代科学方法，使美学在新的技术革命到来之际，能够继续不断地得到充实、丰富和发展"⑤。新的认知逻辑的介入，不仅有利于推动美学的研究和发展，还有利于拓宽审美心胸和审美

---

① 沃尔夫冈·韦尔施：《超越美学的美学》，高建平等编译，郑州：河南大学出版社 2019 年版，第 78 页。
② 柏拉图：《柏拉图文艺对话集》，朱光潜译，北京：商务印书馆 2013 年版，第 178 页。
③ 黑格尔：《美学》第 1 卷，朱光潜译，北京：商务印书馆 2011 年版，第 12 页。
④ 托马斯·门罗：《走向科学的美学》，石天曙、滕守尧译，北京：中国文联出版公司 1985 年版，第 153 页。
⑤ 涂途编著：《信息论、控制论、系统论与美学》，北京：世界知识出版社 1990 年版，第 23 页。

心境，做到对艺术美丽的深度向往。

人们对艺术美丽向往的实现，还表现在人们审美境界的提高之上。人们之所以通过欣赏艺术作品来追求艺术美，是因为人们始终将审美活动作为一种高雅的精神境界和生存活动来追求。这种对美的追求是一种超越现实生活的审美境界，摆脱了现实世界对于人们精神的束缚，而"精神上的枷锁一旦摆脱，在艺术和文学中便表现出惊人的才华"①。所以，人们可以在对艺术作品的审美过程中重新发现美，深刻理解艺术本身就是一种对自由的追求和向往，认识到艺术"只有靠它的这种自由性，美的艺术才成为真正的艺术，只有在它和宗教与哲学处在同一境界，成为认识和表现神圣性、人类的最深刻的旨趣以及心灵的最深广的真理的一种方式和手段时，艺术才算尽了它的最高职责"②。总之，艺术美能够令人们在追求最高的人生境界即审美境界时，做到对艺术美丽的向往。

四、结论

由于哲学表达的是理论化的世界观和方法论，所以，无论是中国马克思主义哲学对于中国式现代化建设的实践性问题，还是学术性问题，都应该具有理论指导的前提性意义。伴随着中国式现代化建设的日益推进，中国马克思主义哲学作为一种表征中国式现代化的哲学范式，越来越被人们所了解和接受。有了这种了解和接受，就意味着中国马克思主义哲学能够指导包括美学在内的学术性问题。中国马克思主义哲学对于美学的指导表现为中国马克思主义哲学中的美学逻辑就是当下中国美学研究秉承的哲学逻辑，或者说，当下中国美学研究中的美学逻辑，既是

---

① 《罗素文集》第8卷，马元德译，北京：商务印书馆2012年版，第7页。
② 黑格尔：《美学》第1卷，朱光潜译，北京：商务印书馆2011年版，第10页。

对具有中国特色的美学理论和美学体系的概括，也是对当下中国人民审美价值体系的表征。从重视美感培养的视阈把握，与中国马克思主义哲学的以人为中心的理念相适应，中国马克思主义哲学的美学主体观就应该是以人为本的美学主体观。从自然美景保护的视阈把握，与中国马克思主义哲学绿水青山就是金山银山的理念相适应，中国马克思主义哲学的美学自然观就应该是天人合一的美学自然观。从艺术美丽的向往视阈把握，与中国马克思主义哲学的让人民共享发展成果的理念相适应，中国马克思主义哲学的美学人生观就应该是艺术人生的美学人生观。本文这种对于中国马克思主义哲学范式建设中的美学逻辑研究，虽然是美学基础理论的研究，但严格意义上说，这种研究还不属于美学学科意义上的专业性研究，也就是说，它属于马克思主义哲学的基础理论研究。

（作者卞伟伟系江苏师范大学哲学范式研究院副教授，哲学博士，主要研究方向为马克思主义哲学基础理论；作者唐涵宁系江苏师范大学哲学范式研究院研究生）

四

发展理论

中国马克思主义哲学范式在重大理论问题融合研究中的引领作用

张存建

[摘　要] 增进马克思主义哲学与哲学其他二级学科关于重大理论问题的融合研究，需要反思中国马克思主义哲学的理论贡献，澄清中国马克思主义哲学范式引领重大理论问题融合研究的基础作用。区分哲学研究问题在本体论与认识论层面的存在，则可以从现实基础和思维方式两个基本方面入手，分别解释中国马克思主义哲学范式在重大理论问题融合研究中的引领作用。发挥中国马克思主义哲学范式的引领作用，不仅需要以中国道路为基本面向，实现理论创新与应用实践的良性互动，而且需要关注马克思主义哲学关于思维方式作用场域的预设，立足于当代中国道路建设的伟大实践，将世界眼光作为基本视域。数字时代的文化冲突与交融日趋复杂，以世界眼光把握中国马克思主义哲学范式引领重大理论问题的融合研究，必须重视通过文化实践认识和提升人的思维方式习惯。

[关键词] 中国马克思主义哲学范式　思维方式　中国道路　世界眼光　文化实践

近十年以来，在重大现实问题的分析、前沿性学术问题的中国视角和方法论自觉、中华优秀传统文化的创新发展等方面，学界不断推出一些有影响的成果，马克思主义哲学研究呈现总体稳步上升态势，但仍然有一定发展提升空间。这主要表现在，马克思主义哲学与哲学其他二级学科"各自为战"，导致重大理论问题的融合研究不足①。认识和回应重大理论问题，是通过研究生教育产出原创性理论成果的基本抓手，而从哲学学科的研究生教育来看，截止到2023年，在哲学二级学科招生的611所高校中，马克思主义哲学招生高校192所，逻辑学、宗教学、美学等学科招生高校不足60所，与之相应，哲学学科标志性研究成果在各二级学科领域的分布悬殊，在通过融合研究关切社会发展重大理论问题方面的贡献不明显。中国式现代化得到国际社会的广泛认可，中国马克思主义哲学研究为人类文明发展贡献了中国智慧，使得有必要重视中国马克思主义哲学范式在重大理论问题融合研究中的基础性作用。本文关注马克思主义哲学理论创新与应用的良性互动，解析中国马克思主义哲学关切重大理论问题融合研究的方式，给之以哲学范式研究的概括，进而区分理论思维的现实基础和思维方式，论证中国马克思主义哲学范式在重大理论问题融合研究中的引领作用。

一、范式研究：中国马克思主义哲学关切重大理论问题融合研究的方式

对一个学科的评价往往从课程与教学、师资队伍、科研与学术交流、教学评价与社会服务等方面展开，对于哲学学科的评价也应当如此。但是，对于哲学学科的评价不仅要完成教育评价的规定动作，从遵循教育规律的角度推进学科发展，而且要突出哲学思维在人类文明进阶中的独有价值或不可替代性，重视哲学学科的思想引领作用。在思想引

---

① 钱梦旦、唐正东：《哲学学科十年发展综述及评价（2009—2018年）——基于人文社科综合指数的分析》，载《南京大学学报（哲学·人文科学·社会科学）》，2022年第3期。

领之维，关于马克思主义哲学学科评价的问题集中于学术探究和理论应用两个方面：其一，该学科何以在教学中通过不断提出和解决问题，以此彰显马克思主义哲学不可替代的精神文化价值？其二，如何发挥马克思主义哲学课程教学的辐射影响，使之能够更为系统地阐释和指导当代中国社会的高质量发展？肯定中国马克思主义哲学的范式意义，则可以沿着哲学"求知"理论旨趣回应这两个问题，其努力既是引导公众坚定"四个自信"的基本要求，也是中国马克思主义哲学在重大理论问题融合研究中发挥引领作用的起点。

在学术探究之维，中国马克思主义哲学注重将"出世"的反思与"入世"的情怀结合起来，可以较为系统、全面地回应时代发展的需要。与之相应，如何为人类社会由蒙昧走向文明提供精神文化的指引，是发挥中国马克思主义哲学范式引领重大理论问题融合研究所需面对的基本问题。哲学各二级学科各有其实践旨趣。例如，伦理学关注社会的应然法则，可以帮助个体形成价值判断，以合乎道德要求的方式融入工作与生活之中；政治哲学探讨政治理论和制度，可以帮助个体更好地理解社会结构和动态；社会哲学关注社会现象和社会关系的本质，可以帮助人们深入了解社会规则、社会正义、个人与群体的关系；心灵哲学注重反思自我，可以帮助人们通过理解其内心世界更好地应对压力或焦虑等等。相比之下，中国马克思主义哲学将注重实践作为彰显哲学"爱智"精神的入口，中国马克思主义哲学范式的形成立足于中国道路的伟大实践，它因此可以从结合理论创新和应用的角度引领重大理论问题的融合研究。

哲学注重对思想前提的反思，以中国马克思主义哲学范式引领重大理论问题的融合研究，关键在于解释思想前提的反思何以驱动高质量发展。从中国特色社会主义建设道路（以下简称"中国道路"）的建设历程来看，无论哪个阶段的努力都离不开马克思主义哲学理论应用研究的介入和出场，其中"马克思唯物辩证法是一种蕴含了反思性、实践性、历史性的哲学逻辑，是一种重视真理与价值的认知逻辑"①，不论法学、社会学、政治学等其他学科的理论创新多么重要，它们都不能替代哲学思维在推出原创性理论成果方面的价值。重大理论问题终归是关于人的发展的问题，可以就此将中国道路的基本特征归于人的生活方式和生存方式两个方面，以哲学反思的方式表达生活方式和生存方式，不仅是完善中国马克思主义哲学研究的切入点，而且是中国马克思主义哲学范式在重大理论问题融合研究中发挥引领作用的优势所在。

在理论应用之维，全球高校不断出现文科"关停"的现象，不免引发对哲学学科发展与社会贡献的担忧，导致学科发展问题的直接原因在于高校接受市场化的就业机制，即单单将就业视为学科"投入"的"产出"回报，而从中国马克思主义哲学范式研究的角度看，这一问题在很大程度上是学科对于实践的方法论前提重视不够所致。马克思主义哲学学科具有同时重视研究和教学的传统，但是，对理论应用的研究仍然存在值得深入拓展之处。为此，在研究或借鉴西方哲学经典思想和传承古代中国哲学智慧之际，必须坚持马克思主义哲学着力于实践"改造世界"的理论指向，推进中国马克思主义哲学的理论创新，以及由此通过应用研究为中国道路的高质量发展提高思想引领，不仅需要深化对马克思主义哲学经典思想的阐发，以更为有效的方式发挥其引领时代思想共鸣的理论作用，而且需要深化中国马克思主义哲学范式驱动实践创新的努力，形成理论创新与应用研究的良性互动。

中国马克思主义哲学范式研究涉及自我理解、生活基础、思维方式及研究内容等多个彼此关联的方面，那么，在关切重大理论问题融合研究之维，中国马克思主义哲学范式实现理论创新与应用良性互动的着力点何在？哲学的问题域可见于本体论、认识论、价值论、政治哲学、美学等理论层面，不同历史时期的哲学家各有其理论研究的偏好或侧重，

---

① 曹典顺：《马克思社会建设逻辑——唯物辩证法视域中的马克思社会建设思想研究》，北京：中央编译出版社 2020 年版，第 35 页。

但是，比之其他理论层面的研究，本体论和认识论的研究始终是两个相对基础的领域。本体论的研究主要回答"何物存在"，以解释"世界的本源"为基本主题，认识论的研究关乎认识的来源、存在及辩护，但有其本体论预设，而关于正确认识的探究离不开思维，因而，着力于本体论和认识论探究中国马克思主义哲学范式，可以从现实基础和思维方式入手，追问其引领重大理论问题融合研究的基础作用。

就现实基础而言，对于哲学自身的省察离不开现实生活，中国马克思主义哲学范式承袭哲学研究的传统，尤其注重关注和指导人的现实生活。"只有从哲学的生活基础出发去理解反思的哲学思维及其生活意义，才能在更深刻的层次上实现哲学的自我理解，即在更深刻的层次上回答'哲学究竟是什么'。"[1] 在其他领域，难免有部分学者认为哲学远离现实生活，他们据此否定哲学的现实意义或价值，甚至产生对中国马克思主义哲学的误读。这种误读是不理解马克思主义哲学注重实践的理论旨趣所致，其实质是误读哲学的现实基础。殊不知，"哲学研究是为了求知，不是为了实用"[2]，这里的"不是为了实用"不是说哲学研究与"实用"无涉，而是说对哲学研究目的理解不可停留于为"实用"服务。只有在"求知"这个相对概括层面获得关于"实用"的知识，马克思主义哲学才能够更好地服务于人类的求知诉求，中国马克思主义哲学范式才能在重大理论问题融合研究中发挥引领作用。

之所以部分学者忽视中国马克思主义哲学范式的"实用"理论旨趣，在很大程度上与其对"乌托邦"式形而上学研究的不舍有关。概言之，形而上学以"第一因""不动的东西"和"何物存在"为基本主题，对"何物存在"的不同回答，导致唯心主义与唯物主义的分野。初取哲学的学者容易将乌托邦思想与哲学等同起来，将哲学的理论旨趣定

---

[1] 孙正聿：《哲学通论》，上海：复旦大学出版社2014年版，第113页。
[2] 《西方哲学原著选读》，北京：商务印书馆2018年版，第119页。

位在求取"彼岸"的真理。殊不知,乌托邦精神是人的根本精神,它深深地根植于现实生活世界。① 而且,忽视马克思主义哲学注重实践的"实用"旨趣,也是哲学话语方式脱离大众话语体系的结果。哲学书籍一般都要受到资助才能得以出版,可在一定程度上说明有的哲学书籍何以缺乏读者,但这不是因为社会不需要哲学,而是因为这些哲学书籍不能以服务"实用"的态度把握哲学的语言、概念与逻辑。尤其是,如同库恩以"不可通约性"论题所揭示的那样,即使同为某个领域问题的马克思主义哲学研究者,对于话语体系范式的不同把握,也会导致彼此难以进行有效的学术沟通,他们随时可能因此陷入自我封闭或盲目自我欣赏的境地。

比之哲学其他二级学科,马克思主义哲学与现实生活世界的关系更为紧密,与之相应,基于中国马克思主义哲学范式推出面向解决重大理论问题的融合研究成果,更应该注重其现实基础。任平教授曾经给出一个著名的比喻:社会学、法学等社会科学与现实生活世界的关系相当于3米跳台跳水,哲学与现实生活世界的关系则相当于10米跳台跳水。正是由于认识到哲学研究必须根植于现实生活世界,马克思深刻地指出,"任何真正的哲学都是自己时代精神上的精华。"② 准确地表征中国道路,是中国马克思主义哲学研究的时代使命,对于中国马克思主义哲学范式引领重大理论问题的融合研究而言,重新审视哲学的现实基础,应当是中国马克思主义哲学研究树立理论自信的出发点和落脚点。

就思维方式而言,以中国马克思主义哲学范式引领重大理论问题的融合研究,必须面对思维方式习惯的完善问题。中华文化具有注重求同思维的认知传统,人们习惯于运用常识思维或知性思维,使得部分学者忽视哲学通过论证思维改善个体生存状况的功用,甚至将哲学思维与形形色色的心灵鸡汤等同起来。这种认知误区的存在与传统教科书对哲学

---

① 贺来:《现实生活世界:乌托邦精神的真实根基》,长春:吉林教育出版社1998年版,第83页。

② 《马克思恩格斯全集》第1卷,北京:人民出版社1995年版,第220页。

的概括有关，主要是对于辩证法的庸俗理解所致。传统哲学教科书倾向于将哲学解释为对自然知识、社会知识和思维知识的概括和总结，可能导致一个错误信念，那就是，只要具有自然知识、社会知识和思维知识，就可以具有哲学思维。将哲学视为对各类知识的概括和总结，并不是没有道理，但更为确切地讲，哲学应该是对这些知识的思想界说。在理解辩证法之维，对辩证法的庸俗理解是说，将辩证法应用于"具象"，由此断定辩证法只能给出"既对又错"这样的结论。逻辑以思维的形式结构为研究对象，是一种区分"好的论证与坏的论证"的理论①，在此意义上，以中国马克思主义哲学范式引领重大理论问题的融合研究，必须遵循辩证逻辑的基本规律，通过系统把握概念、判断、推理等思维要素及其结合方式，避免将辩证法理解为诡辩的方法。

哲学思维在不同时代有着不同的内涵，某个时代的哲学思维方式是反思和批判前人哲学思维方式的结果，它标志着该时代的哲学发展水平。中国马克思主义哲学思维方式水平必然要与中国当代社会发展研究的理论水平相适应。由此看去，中国马克思主义哲学范式具有为中国道路理论及实践服务的时代意义，从思维方式的角度发挥中国马克思主义哲学范式引领重大理论问题融合研究的作用，需要进一步明确其现实基础。

二、中国道路：中国马克思主义哲学范式引领重大理论问题融合研究的现实基础

将人类的生活实践纳入哲学视界，以此检视理论探究所需的现实基础，是古今中外哲学研究实现理论突破的一个基本环节。在古代中国，文化的传承与发展始终具有注重现实和实用的特点，与之相应的哲学主要是关于现实生活的智慧；在古代西方，哲学深深扎根于现实生活世

---

① Copi I M. and Cahen C. *Introduction to logic*. Englewood Cliffsp: Printice Hall, 1994: 1.

界，苏格拉底被称为"行动中的哲学家"，中世纪经院哲学企图用哲学麻痹此岸世界的苦难，经历"认识论转向"，哲学研究形成一个严重依赖形式逻辑的理路，而在哲学研究发生"语言学转向"之际，当代哲学家纷纷尝试以哲学的语言分析掩饰哲学对现实生活世界的应有责任。在当代，随着近现代形形色色的"加字哲学"（如"物理哲学""数学哲学""生物哲学""语言哲学"与"实验哲学"）的出现，如何认识和说清哲学研究的现实基础，已经成为哲学家必须面对的一个基本问题。在这个整体背景下，深化中国马克思主义哲学范式引领重大理论问题的融合研究，必须首先澄清其现实基础。

回顾新中国建设和发展的历史，党和国家一向重视运用马克思主义哲学的思维智慧指导生活实践，正是对现实基础的持续关注，中国马克思主义哲学不断在与时代的对话中获得营养与启示。尤其是，自改革开放以来，学界在积极参与研究改革开放的社会实践中，创新发展了马克思主义关于发展哲学、政治哲学等领域的理论，贡献出可以体现中国价值的社会哲学。正是由于坚守哲学扎根现实生活世界的初衷，中国马克思主义哲学得到长足发展，但是，中国道路建设日新月异，我们必须跟上时代发展步伐，不断提升马克思主义哲学应用于实践的成效。因此，必须重视中国道路的阐释与研究，以中国道路为基本面向，深刻把握中国马克思主义哲学范式引领重大理论问题融合研究的基础性作用。

按照中国马克思主义哲学范式，关于中国道路的阐释与研究集中于社会存在与社会意识两个方面，可以从这两个方面发现马克思主义哲学对其现实基础的话语抽象。这种抽象不同于通过罗列社会现象得出社会映像，而是对生存意义的自我意识，"思想对时代的把握，既不是'表述'时代状况的经验事实，也不是'表达'对时代的情感和意愿，而是'表征'人类对时代生存意义的自我意识。"① 在如此生存意义的"自我意识"之维，中国马克思主义哲学范式引领重大理论问题融合研究的现

---

① 孙正聿:《哲学通论》，上海：复旦大学出版社2014年版，第140页。

实基础只能是当下中国的生活世界,评价中国马克思主义哲学范式的形成及作用,必须结合中国的实际。学界近年来不断召开以"现代性"为主题的学术研讨会,一个基本目的就在于以中国道路为基本面向,重新审视构筑中国马克思主义哲学范式所需的现实基础,寻求其服务于中国道路实践的前提与路径。

按照哲学建筑术的要求,以中国道路为基本面向把握中国马克思主义哲学范式引领重大理论问题融合研究所需的现实基础,首先要明确那些用以反映现实基础的基本概念。随着"后工业社会"和"信息社会"的到来,形形色色的后现代哲学产生,但是,后现代哲学没有超越马克思主义哲学对现代性的批判。后现代哲学依然将资本逻辑视为世界的基本现实基础。就马克思主义哲学引领重大理论问题的融合研究而言,给现代性以唯物辩证法的审视,则可以发现,现代性依然能够被表征为当下中国的哲学话语,但这种话语表征不同于简单的概念标注,而是有其概念意义的演进。相应地,面向中国道路研究中国马克思主义哲学范式关于现代性的立场,以及由此认识中国马克思主义哲学范式的引领作用,必须对现代性做出理论前提的清理,明确现代性的承载边界。

现代性是动态概念还是静态概念?或者说,现代性是不变的,还是可选择的?在论及现代性之际,人们往往首先想到笛卡尔哲学和资本主义制度,将现代性视为现代哲学和资本主义制度的代名词。照此理解,现代性早已被新的哲学表达所取代,原因不仅在于后现代哲学已经对资本主义制度进行了彻底的清算,还在于马克思主义哲学引入"自由人联合体"的共产主义制度,已经否定了资本主义制度。马克思提出关于现代性"多元一体"的辩证立场,马克思主义哲学因此具有足够的思想张力,可以为理解和阐释现代性提供广阔的空间。[①] 如此看去,对现代性

---

① 贺来:《马克思哲学与"现代性"课题》,载《吉林大学社会科学学报》,2000年第3期。

承载边界的设立应该是宽泛的,现代性应该是动态的和可选择的,我们甚至可以将现代性的可选择性表述为流动性,接受对现代性历程的多样化概括,"在不同的实体国家之间,最为恰当的表征还应该是可选择现代性。"①

就理解中国马克思主义哲学范式引领重大理论问题的融合研究而言,接受上述关于现代性可选择性的论断,以及将这种选择性表述为流动性,都需要界定前现代性、现代性与后现代性所表征的时代边界。黑格尔、马克思、哈贝马斯等曾经关注现代性的界定问题,或许是因为哲学大师的关注,也或许是出于诸多其他原因,现代性问题始终是哲学研究热点,但就现代性的时空边界问题而言,学界集中于现代性的历史起点,对于现代性发展阶段的界分却莫衷一是。尽管如此,根据具体社会体制运行机制的存续状况,仍然可以认为现代性各个阶段的哲学表达具有共同的现实基础,只不过,前现代性阶段的现代性特征不够充分,后现代性阶段从属于现代性阶段,但没有超越现代性阶段对现实生活世界的判断。

肯定现代性各阶段的哲学表达具有共同的现实基础,则不应该将生活世界的需要视为把握中国马克思主义哲学范式的唯一依据。仍然以研究生教育为例。在我国当代,高校和家庭都容易接受的一个关于学科专业的错误观念是,如果某个专业招不到研究生或者研究生毕业找不到工作,这个专业的存续就是有问题的。对于马克思主义哲学学科专业的判断也是如此,似乎招生和就业情况不佳就是接受这门学科被边缘化的理由。殊不知,中国道路思想的界定、贯彻、传播及检验均涉及对现实基础的理解,都离不开基于哲学思维的省察。担心招不到学生或者毕业生不能高质量就业,以此为由压缩招生指标,实则是割裂中国马克思主义哲学范式与发挥其引领作用所需现实基础的联系。

---

① 曹典顺:《可选择现代性与中国新现代性:中国道路哲学逻辑之论》,载《江苏师范大学学报(哲学社会科学版)》,2014年第6期。

将中国马克思主义哲学范式引领重大问题融合研究的现实基础定位在中国道路,必须警惕理论研究与生活世界的疏离,着力构筑应用马克思主义哲学思维方式的实践体制机制。对于解释或研究中国道路而言,中国马克思主义哲学范式引领重大理论问题融合研究的现实基础没有发生整体性改变,但这并不意味着现实基础的某个方面不会发生局部的改变。运用马克思主义哲学思维方式,发现和揭示这种改变的规律,以此为中国道路建设提供世界观和方法论的支持,应当是中国马克思主义哲学范式引领重大理论问题融合研究的时代意义所在。

将中国马克思主义哲学范式引领重大问题融合研究的现实基础定位在中国道路,不能以降低对马克思主义哲学教学科研眼界或深度的要求为代价,而是要着力创新学术研究与人才培养的互动,形成以科研引领学科建设、以学科建设带动专业发展的思路。结合当代中国社会发展的实际,是从源头上驱动马克思主义哲学专业发展的动力所在,也是中国马克思主义哲学为中国道路思想提供智力支持的必由之路。因此,解决中国马克思主义哲学范式引领重大理论问题融合研究的问题,不仅需要紧扣马克思主义哲学增进人类智识方面的不可替代性,推出原创性的理论成果,而且需要沿着科研关切现实的思路推进科研成果的应用转化,增进理论与实践的互动。

三、世界眼光:中国马克思主义哲学范式引领重大理论问题融合研究的基本视域

中国道路的形成与发展涉及人类社会生活与历史的各个领域,发挥中国马克思主义哲学范式引领重大理论问题融合研究的作用,需要基于贯穿多学科领域的努力,以确保研究的整体性、系统性与连贯性。哲学研究注重抽象的反思,反思是哲学遵循认知规律实现理论创新及应用的基本形式,也是哲学各二级学科构筑理论的思维方式共性,因而,面向中国道路的发展实际认识和发挥中国马克思主义哲学范式的引领作用,

需要关注哲学思维方式作用的场域。对哲学思维方式作用场域的廓清，既是马克思主义哲学自身理论发展的前提，也是对中国马克思主义哲学范式引领重大理论问题融合研究所需基本视域的表达。

在思维方式之维，承袭哲学注重反思的研究传统，马克思主义哲学不断拓展其对哲学基本概念和命题的理解，中国马克思主义哲学范式的形成，则深深地得益于这种自觉检视思维前提的认知态度。这种认知态度饱含着对概念、命题及其关联方式的创新性理解，其中既有对理论演绎必然性的自觉遵循，也有突破传统思维模式的原创性思考。包括马克思主义哲学在内的任何哲学理论的突破都需要基于类似的认知态度。如怀特海所言，"哲学并不满足于一切有感觉的人都会回答的惯常的假定。如果人们满足于原始概念、原始命题，那他们就不再是哲学家。"① 个体的认知态度由其情绪及行动倾向给以解释，理解认知态度的关键在于把握与之相应的思维方式偏好②，而思维有其关于思维对象的预设，一个哲学思维方式的形成总是负载着丰富的关于思维对象的思想内容，它因此具有思维模式的意义③，因而，进一步认识中国马克思主义哲学范式引领重大理论问题融合研究的基本视域，需要考察其关于时代发展思想内容的概括。

概言之，在概括时代发展思想内容之维，中国马克思主义哲学范式以世界眼光为基本表征，世界眼光是中国马克思主义哲学范式引领重大理论问题融合研究的基本视域。人类不断形成关于世界的信念，相信这些信念为真，哲学家则致力于证明这些信念"何以为真"，哲学家接受相同的概念、命题及论证方式，由此形成哲学范式共同体，他们注重以论证的方式"求真"。这种以论证为特色的思维方式深蕴在不同文化传

---

① 怀特海：《思维方式》，北京：商务印书馆 2004 年版，第 149 页。
② Breckler R. and Steven J. "Empirical validation of affect, behavior, and cognition as distinct components of attitude." *Journal of Personality & Social Psychology* 47.6(1984): 1191-205.
③ 邵强进：《逻辑与思维方式》，上海：复旦大学出版社 2010 年版，第 3 页。

统之中,具有维系社会稳定发展的作用。① 由此看去,中国马克思主义哲学坚持"实践是检验真理的标准",确立了基于实践真理观的思维方式,为中国特色社会主义道路的合法性和合理性找到了理论根据。如果说基于实践真理观的思维方式开启了中国道路的新征程,那么,深化中国马克思主义哲学关于当代中国道路的阐释与研究,必然要保证思维方式充分契合时代发展的要求,而这就需要以世界眼光为基本视域把握中国马克思主义哲学范式的引领作用。

在数字时代,以世界眼光为基本视域认识和发挥马克思主义哲学引领重大理论问题融合研究的作用,需要坚持依托实践真理观的思维方式,更需要反思哲学思维方式应用场域的改变。中华民族曾经基于世界眼光把握民族命运(如古丝绸之路的开启),但其哲学思维方式以注重求同思维为基本特征,注重应用求同思维的思维方式习惯仍然没有发生实质性的改变。② 当代中国道路的重大战略之一在于确立"丝绸之路经济带"和"21世纪海上丝绸之路"的"一带一路"思想,其核心理念在于以世界眼光把握人类社会的发展。数字信息传播改变了人类理解和表达知识的习惯,不同族类文化之间的冲突与交融日趋复杂,作为负责任的大国,中国应当以世界眼光融入世界大家庭之中。相应地,无论中国马克思主义哲学范式的构筑还是其应用,都需要以世界眼光为基本视域,以此推进中国式现代化建设,并为其他国家社会历史的健康发展贡献出中国智慧。

以世界眼光把握中国马克思主义哲学范式引领重大理论问题融合研究的作用,需要遵循哲学理论的建构规律,真正将世界眼光融入理论创新之中。在世界眼光的视域下把握中国马克思主义哲学的理论创新,实质是从研究视角的角度完善哲学对新发展理念的表达,其努力遵循哲学关联内容与形式的理论探究模式,但是更加注重选择和解答关切时代发

---

① 孙利天:《论辩证法的思维方式》,长春:吉林人民出版社2006年版,第37页。
② Machery E. et al. Semantics, cross-cultural style. *Cognition*, 2004, 92(3): B1-B12.

展的重大理论问题。就中国马克思主义哲学范式研究而言,这既是批判地理解和转换国外前沿理论的需要,也是在跨文化交流背景下马克思主义哲学与哲学其他二级学科领域对话进而实现融合研究的应然选择。

以世界眼光把握中国马克思主义哲学范式引领重大理论问题融合研究的作用,需要加强具有世界眼光的实践研究。中国道路建设本身就是马克思主义哲学指导下的社会实践,当代中国之所以不断取得举世瞩目的建设成就,是因为世界眼光已经深深融入社会建设之中。由此看去,当代中国外贸进出口总值连年攀升,经济体制、政治体制、文化体制、社会体制的运行取得与国际接轨的良好局面,国际影响力持续高位上升,凡此种种,都与全面接受基于世界眼光的改革创新理念有关。顺应时代发展的趋势,从中奉献中国马克思主义哲学的理论智慧,需要在相应的努力增强实践研究的研究设计中,形成世界眼光的基本视域自觉。

进而言之,从实践研究的角度发挥中国马克思主义哲学范式的引领作用,应当坚持将文化实践视为涵养世界眼光的重要渠道。文化实践是民族和国家发展动力系统的重要组成部分,"一个国家或族类的文化实践不仅可以激发其本土文化的内在矛盾,也可以通过文化交流影响文化自身以及整个人类社会的发展。"[①] 通过在哲学探究中引入文化实践活动,哲学工作者可以更为清晰地发现文化传统所蕴含的思维方式习惯及其问题,更为深切地感受到马克思主义哲学思维方式的应用成效。从思想史的角度看,传统的中华文化注重现实和实用,是一种血缘宗亲关系维系的政治伦理文化,其中蕴含的求同思维习惯在"西学东渐"中凸显出来。以世界眼光打破求同思维的束缚,以及由此丰富和拓展文化实践的内涵,成为马克思主义哲学引领中国发展的思维利器。数字时代的哲学工作者能够便利地应用不同领域的知识开展理论与实践研究,但是也

[①] 齐格蒙特·鲍曼:《作为实践的文化》,郑莉译,北京:北京大学出版社2009年版,第285页。

前所未有地需要以世界眼光认识和参与文化实践。以文化实践涵养世界眼光自觉，以此把握马克思主义范式引领重大理论问题的融合研究，已经成为中国马克思主义哲学助力文化自觉、文化自信与文化自强研究的一个重要课题。

四、结语

中国马克思主义哲学具有反映和指导中国道路的理论担当，以中国马克思主义哲学范式引领重大理论问题的融合研究，需要准确把握中国马克思主义哲学范式发挥作用的现实基础和思维方式作用场域，使之能够真正发挥服务社会生活和改善个体生存状况的功用。发挥中国马克思主义哲学范式的引领作用，不仅需要以中国道路为基本面向，反思那些用以反映中国道路的基本概念与命题，接受现代性的可选择性，而且需要完善检验理论创新与实践应用的体制机制，实现理论创新与应用实践的良性互动。以世界眼光把握中国马克思主义哲学范式的引领作用，既是马克思主义哲学对阐释和研究中国道路发展问题的主动响应，也是马克思主义哲学在文化冲突与交融背景下认识和完善中华文化传统所蕴含思维方式习惯的需要。

（作者张存建系江苏师范大学哲学范式研究院教授，主要研究方向为哲学思维与方法）

中国传统自然观三重境界与马克思和习近平自然观的契合与实践

张 景

[摘 要] 人与自然的关系是哲学研究的主题之一，中国优秀传统文化的自然观在功利性的保护自然、道德角度的爱护自然、哲学逻辑论证的人与自然一体三个层面，都与马克思主义的自然观相契合，这就为马克思主义哲学中国化奠定了稳固的思想接受基础。习近平总书记不仅继承并光大了这一人类优秀哲学理念，而且坚定不移地把这一理念全面落实到实践之中。习近平总书记对这一理念的重视与实践不仅裨益于当代，而且也将造福于人类未来。

[关键词] 自然观 功利 道德 物我为一

人是大自然的产物，他们生于斯，长于斯，没于斯，没能须臾脱离大自然的怀抱，因此人与自然的关系就成为中国传统哲学研究的永恒主题之一。中国传统文化中的自然观在功利、道德、哲学三个层面，都能够与马克思主义哲学的自然观相契合，这就为马克思主义自然观的中国化奠定了稳固的思想接受基础。习近平总书记不仅继承并发展了这一人类优秀文化，而且坚定不移地把这一理念落实到实践之中。这一理念的提出与实践不仅裨益于当代，也将造福于人类未来。

一、功利目的之保护自然

《现代汉语词典》对"功利"解释的第一义是:"功效和利益"①,是个中性词。如果加以限定,就有了褒贬之分,如"个人功利主义"显然与自私有染,而"人类功利主义"则超越了"小我",能够为整个人类的生存谋取福佑,是值得提倡的,因为人类要生存。我们这里讲的"功利目的之保护自然"的"功利",指的是后者。

在中国古代,有许多思想家站在功利的角度去主张保护自然,孔孟对此都有论述:

> 子钓而不纲,弋不射宿。②
> 数罟不入于洿池,鱼鳖不可胜食也;斧斤以时入山林,材木不可胜用也。③

2016 年 1 月 18 日,习近平总书记在省部级主要领导干部学习贯彻党的十八届五中全会精神专题研讨班上的讲话中,对孔子的话作了精准解释与补充:"我们的先人们早就认识到了生态环境的重要性。《论语》中说:'子钓而不纲,弋不射宿。'意思是不用大网打鱼,不射夜宿之鸟。荀子说:'草木荣华滋硕之时则斧斤不入山林,不夭其生,不绝其长也;鼋鼍、鱼鳖、鳅鳝孕别之时,罔罟、毒药不入泽,不夭其生,不绝其长也。'《吕氏春秋》中说:'竭泽而渔,岂不获得?而明年无鱼;焚薮而田,岂不获得?而明年无兽。'这些关于对自然要取之以时、取

---

① 中国社会科学院语言研究所词典编辑室编:《现代汉语词典》,北京:商务印书馆1996年版,第438页。
② 《论语·述而》,朱熹:《四书章句集注》,北京:中华书局1983年版,第99页。
③ 《孟子·梁惠王上》,朱熹:《四书章句集注》,北京:中华书局1983年版,第203页。

之有度的思想，有十分重要的现实意义。"① 孟子的话讲得也十分清楚，爱护鱼鳖与林木是为了获取更多的鱼鳖与林木，人类可以通过爱物的途径达到爱己的目的。正因为古人普遍意识到保护大自然的重要性，所以周代人还进一步把这种爱护自然环境的理念落实为具体法令："是月也（孟春之月）……命祀山林川泽，牺牲毋用牝。禁止伐木，毋覆巢，毋杀孩虫、胎、夭、飞鸟。毋麛，毋卵。"②

对于功利思想，马克思作了精辟论述："功利至少有一个优点，即表明了社会的一切现存关系同经济基础之间的联系，与以往的道德理论相比，功利主义不再用神的意志，普遍的宇宙精神来解释道德，也不再从抽象的人的需要和欲望来解释道德，而是把道德的经济内容纳入它的视野之中，注意从人与人之间的经济关系入手去探讨道德同社会经济之间的联系，就这一方面而言，它比以往的道德理论要深刻得多。"③ 马克思还认为任何思想都不能离开利益，"思想一旦离开利益，就一定会使自己出丑"④。由此可见，马克思反对的是自私的功利观，提倡社会利益和个人利益有机统一的全人类功利观。

中国传统文化对待自然的功利理念与马克思、习近平保护自然的目的是一致的。马克思在《1844年经济学哲学手稿》中说："自然界，就它自身不是人的身体而言，是人的无机的身体。人靠自然界生活。这就是说，自然界是人为了不致死亡而必须与之处于持续不断的交互作用过程的、人的身体。"⑤ 习近平总书记重申了这一观点："马克思认为，'人靠自然界生活'，自然不仅给人类提供了生活资料来源，如肥沃的土地、渔产丰富的江河湖海等，而且给人类提供了生产资料来源。自然物

---

① 习近平：《深入理解新发展理念，推进供给侧结构性改革》，《习近平著作选读》，第1卷，北京：人民出版社2023年版，第433—434页。

② 《礼记·月令》，孙希旦：《礼记集解》，北京：中华书局1989年版，上册，第418—419页。

③ 《马克思恩格斯全集》第3卷，北京：人民出版社1960年版，第484页。

④ 《马克思恩格斯全集》第2卷，北京：人民出版社1957年版，第103页。

⑤ 马克思：《1844年经济学哲学手稿》，北京：人民出版社2018年版，第52页。

构成人类生存的自然条件,人类在同自然的互动中生产、生活、发展,人类善待自然,自然也会馈赠人类。"① 人与自然之间是一种"善待"与"馈赠"的温情、公平的功利交换,而不再是人类对自然的单向性掠夺。

大自然对人类是慷慨的,但如果人类用破坏性的手段去榨取大自然,那么大自然就会"不言而善应"②,给予人类以等量甚至是超量的反噬。这就是马克思予以强调的:"如果说人靠科学和创造性天才征服了自然力,那么自然力也对人进行报复。"③ 习近平总书记不仅在理论上阐述保护自然的重要性,还用铁的事实加以印证。他曾列举了发生在中西方的生态灾难:在西方,20世纪发生的"世界八大公害事件"对人类生活造成巨大的负面影响。如洛杉矶光化学烟雾事件先后导致近千人死亡,百分七十五以上的市民患上红眼病。伦敦烟雾事件,一九五二年十二月首次暴发的短短几天内,致死人数高达四千,随后两个月内又有近八千人死于呼吸系统疾病,此后一九五六年、一九五七年、一九六二年又连续发生多达十二次严重的烟雾事件。在中国,现在植被稀少的黄土高原、渭河流域、太行山脉也曾是森林遍布、山清水秀。由于毁林开荒、乱砍滥伐,这些地方生态环境遭到严重破坏。塔克拉玛干沙漠的蔓延,湮没了盛极一时的丝绸之路。河西走廊沙漠的扩展,毁坏了敦煌古城。科尔沁、毛乌素沙地和乌兰布和沙漠的蚕食,侵占了富饶美丽的蒙古草原。楼兰古城因屯垦开荒、盲目灌溉,导致孔雀河改道而衰落。河北北部的围场,早年树海茫茫、水草丰美,但从同治年间开围放垦,致使千里松林几乎荡然无存,出现了几十万亩的荒山秃岭。总书记反复提

---

① 习近平:《学习和实践马克思主义》,《习近平著作选读》,第2卷,北京:人民出版社2023年版,第165页。
② 《道德经》七十三章,张景:《道德经》,北京:中华书局2021年版,第291页。
③ 《马克思恩格斯选集》第3卷,北京:人民出版社2012年版,第275—276页。

醒：这些深刻教训，我们一定要认真吸取。①

恩格斯也深刻指出："我们不要过分陶醉于我们人类对自然界的胜利。对于每一次这样的胜利，自然界都对我们进行报复。每一次胜利，起初确实取得了我们预期的结果，但是往后和再往后却发生完全不同的、出乎预料的影响，常常把最初的结果又消除了。"② 时至今日，人与自然的关系越发紧张，莱斯特·R. 布朗在《崩溃边缘的世界：如何拯救我们的生态和经济环境》中指出："威胁人类未来的不是武装侵略，而是气候变化、人口增长、水资源短缺、贫困加剧、食物价格上涨和国家失能。"③ 莱斯特·R. 布朗认为，主要由生态环境的恶化，导致世界已处于"崩溃的边缘"。

就是在这种恶劣的生态环境的威胁下，习近平总书记继承并光大了中华民族、马克思主义关于这一问题的思想精华，提出了振聋发聩的"绿水青山就是金山银山"④ 的"两山论"。可以说"两山论"提出的人与自然和谐共生思想是整个人类数千年智慧的结晶，总书记用最为简洁通俗而不失深刻的语言，为人类发展中有关长期利益与短期效益的矛盾寻找到了一个两者兼顾的平衡点。

二、道德层面的爱护自然

从全人类功利角度去保护自然，无可厚非，因为生存是人类第一要务。但这种保护还是一种从成本到利益全面考量的、带有交易性质的、居高临下的"保护"。因此，习近平总书记在为人类发展中有关长期利

---

① 见习近平总书记《深入理解新发展理念，推进供给侧结构新改革》，《习近平著作选读》第 1 卷，北京：人民出版社 2023 年版，第 432—433 页。
② 《马克思恩格斯全集》第 26 卷，北京：人民出版社 2014 年版，第 769 页。
③ 莱斯特·R. 布朗：《崩溃边缘的世界：如何拯救我们的生态和经济环境》，林自新、胡晓梅、李康民译，上海：上海科技教育出版社 2011 年版，第 10—11 页。
④ 习近平：《树立"绿水青山就是金山银山"的强烈意识》，《习近平著作选读》第 1 卷，北京：人民出版社 2023 年版，第 535 页。

益与短期效益的矛盾寻找到了一个两者兼顾的平衡点之后，又汲取了中华民族的优秀传统文化与马克思主义理论，把人与自然的关系上升到道德的层面去审视。

中国古代思想家大多是性善论者，因此他们往往上升到道德的层面去探讨人与自然的关系，把"保护自然"推进至"爱护自然"。孟子就是其中的典型例子："今人乍见孺子将入于井，皆有怵惕恻隐之心。非所以内交于孺子之父母也，非所以要誉于乡党朋友也，非恶其声而然也。由是观之，无恻隐之心，非人也。"[①] 孟子认为，人之所以为人，是因为人具有仁爱天性，而且这一天性不带任何功利目的。这一无功利目的的仁爱天性不仅体现在人的身上，还能扩展到鸟兽的身上：

（齐宣王）曰："德何如，则可以王矣？"曰："保民而王，莫之能御也。"曰："若寡人者，可以保民乎哉？"曰："可。"曰："何由知吾可也？"曰："臣闻之胡龁曰，王坐于堂上，有牵牛而过堂下者，王见之，曰：'牛何之？'对曰：'将以衅钟。'王曰：'舍之！吾不忍其觳觫，若无罪而就死地。'……不识有诸？"曰："有之。"[②]

齐宣王不带有任何功利目的地去同情即将被杀的牛，此乃人之常情。这种仁爱之情可以无限延推，于是古人进一步提出仁爱草木的理念。《诗经·大雅·行苇》说："敦彼行苇，牛羊勿践履。"[③] 没有任何功利目的地从爱人，到爱鸟兽，再到爱草木，这种仁德不仅具有巨大的人格魅力，而且还具有惊人的政治感染力。《吕氏春秋·异用》记载："汤见祝网者，置四面，其祝曰：'从天坠者，从地出者，从四方来者，皆离吾网。'汤曰：'嘻！尽之矣。非桀其孰为此也？'汤收其三面，置

[①] 《孟子·公孙丑上》，朱熹：《四书章句集注》，北京：中华书局1983年版，第237页。
[②] 《孟子·梁惠王上》，朱熹：《四书章句集注》，北京：中华书局1983年版，第207页。
[③] 朱熹：《诗集传》，北京：中华书局2017年版，第294页。

其一面，更教祝曰：'昔蛛蝥作网罟，今之人学纾。欲左者左，欲右者右，欲高者高，欲下者下，吾取其犯命者。'汉南之国闻之曰：'汤之德及禽兽矣。'四十国归之。"① 由此可见，从道德的角度爱及鸟兽，不仅具有不可估量的生态意义，还会带来意外的政治收获。

马克思同样赞成这种与万物和谐相处的伦理道德情感。在《1844年经济学哲学手稿》中，马克思提出要用合理的方式"恢复人与土地的温情的关系"②，"温情"属于道德范畴，而纯粹求利的资本从来不会"温情"地对待自然。马克思还认为只有共产主义社会才能解决人与自然的矛盾，因为"共产主义，作为完成了的自然主义，等于人道主义，而作为完成了的人道主义，等于自然主义，它是人和自然界之间、人和人之间的矛盾的真正解决"③。用"温情"替代纯粹的功利交换，用人道主义精神来对待自然，利益关系升华为仁爱关系，"马克思唯物辩证法认识世界、改造世界的社会建设意蕴决定了其在社会建设中的可操作性，同时也体现出其在和谐社会构筑过程中的重要作用。"④

习近平总书记也从道德的角度阐述人与自然的关系，他说："自然是生命之母，人与自然是生命共同体，人类必须敬畏自然、尊重自然、顺应自然、保护自然。"⑤ 自然与人类是母与子的关系，这一比喻，已经饱含着脉脉温情。当然，我们重点要阐明的是总书记的"敬畏自然、尊重自然"之情感内涵。

在远古时代，由于人类实践活动的能动性极为有限，自然成为人类敬畏、崇拜的对象。人只是被动地适应自然和服从自然，人与自然之间

---

① 许维遹：《吕氏春秋校释》，北京：中华书局2017年版，第235页。
② 马克思：《1844年经济学哲学手稿》，北京：人民出版社2018年版，第43页。其他一些版本"温情"后面有"脉脉"二字。
③ 马克思：《1844年经济学哲学手稿》，北京：人民出版社2018年版，第78页。
④ 曹典顺：《马克思社会建设逻辑——唯物辩证法视域中的马克思社会建设思想研究》，北京：中央编译出版社2020年版，第28页。
⑤ 《学习和实践马克思主义》，《习近平著作选读》第2卷，北京：人民出版社2023年版，第165页。

处于一种原始和谐的关系之中。他们不仅虔诚地信仰、祭拜自然神,而且虚心地向自然学习:"夫转蓬漂而车轮成,窊木流而舟楫设,蜘蛛布而罻罗陈,鸟迹见而文字作。"① 古人看到蓬草在地上随风旋转,于是发明了车轮;看到木片在水上漂流,于是发明了舟船;看到蜘蛛结网,于是发明了网罟;看到鸟迹,于是发明了文字。古人不仅在技术层面拜自然为师,而且还把这种效法自然引入政治,如官制,人们很早就以天、地、春、夏、秋、冬这些自然概念来命名官职。周代的天官为百官之长,地官为教育之长,春官掌管礼仪,夏官统领军政,秋官管理刑罚,冬官负责工程。这种以天地四季为官名的制度,时断时续,一直到明代,仍以春夏秋冬四季为官名,被合称为"四辅"②。在一些具体的政治行为中,如刑法的使用,就是古人法天的典型一例。古人多于秋冬处决犯人,称"秋决",那是因为古人认为上天在秋冬季节使万物枯萎,所以人也应该在秋冬处决犯人;因此对于春夏季节判处的一般死刑犯,不能马上处死,而是"斩监候",关在监狱里等待"秋决",因为春夏是上天让万物生长的季节,官府也应尽量少杀人。刑律上还有一条"斩立决",对于犯下十恶大罪之人,可以马上处死,这也可以从大自然中找到依据:春夏之时虽然是万物生长的季节,但也有一些植物死亡,如小麦、荠菜。既然大自然可以在春夏"杀"少量植物,那么在春夏杀少量的人,也没有违背自然法则。到了农业文明时期,随着人类力量的增长,自然权威在人类眼中逐渐降低,于是人们提出"天人不相预""天人交相胜"的观念③。到了工业文明阶段,人类改造自然的能力得以极大提高,于是有人视自然为奴仆,对大自然进行敲骨吸髓、竭泽而渔式

---

① 牟融:《牟子理惑论》,僧祐、道宣:《弘明集 广弘明集》,上海:上海古籍出版社1991年版,第7页。
② 《明史·安然列传》:"建四辅官,以四时为号。"北京:中华书局2000年版,第2621页。
③ 刘禹锡《天论上》:"故余曰:天与人交相胜耳。……天何预乃事邪?唯告虔报本、肆类授时之礼,曰天而已矣。福兮可以善取,祸兮可以恶招,奚预乎天邪?"《刘禹锡集》,北京:中华书局1990年版,上册,第68页。

的掠夺。习近平总书记对这种行为进行了十分严厉的批判，提出了"敬畏自然、尊重自然"的理念。"敬畏""尊重"这些词汇绝对不是主人对奴仆的态度，而是子女、弟子对待父母、老师的饱含情感的敬仰之词。总书记对待大自然的态度，已经不仅是与自然进行能量与利益的交换，而是满怀温情的拥抱。我们回顾人类对待自然的态度，可以梳理出这样一条线索：

敬畏自然、崇拜自然——战胜自然、掠夺自然——敬畏自然、尊重自然

否定之否定规律是哲学基本规律之一，它包含了两次否定、三个阶段，两次否定即对肯定的否定和对否定的否定；三个阶段即肯定、否定和否定之否定。原始人对自然的敬畏与信仰属于第一阶段——"肯定"，此时人类的自然观，相对于人类生产力低下的情况而言，有其合理性的一面；随着人与自然矛盾的展开，人类自然观进入第一次"否定"阶段，在这一阶段，人类极大地提升了自己在自然面前的自信心。但这两个阶段虽然都有自己的合理性，却也存在各自的片面性，于是人类自然观就必然进入第二次否定也即否定之否定阶段，才能够使矛盾得到充分化解。总书记的"敬畏自然、尊重自然"就是否定之否定的成果。否定之否定阶段不是对第一阶段的简单复归，而是既克服了肯定阶段与否定阶段的片面性，又保留了这两个阶段的积极内涵。可以说，这一自然观是整个人类自然观的合理综合。

我们当然更不能忽略总书记讲的"顺应自然"这一重要命题。远在先秦，《道德经》就明确提出"人法地，地法天，天法道，道法自然"①这一效法、顺应自然的理念，以老庄为代表的道家之顺应自然，主要是

---

① 《道德经》二十五章，张景：《道德经》，北京：中华书局2021年版，第99页。习近平总书记在《共同构建人类命运共同体》一文中引用了"道法自然"这句话，见《习近平著作选读》第1卷，北京：人民出版社2023年版，第568页。

被动性地去依顺自然,所以荀子批判他们"蔽于天而不知人"①。总书记讲的"顺应自然",是在充分"知天"与"知人"、对天人关系进行正确判断之后所作出的理性结论,二者的"顺应自然"既有相通的一面,又不可同日而语。

三、哲学境界的"物我为一"

从先秦开始,古人就试图从哲学的高度把自己与大自然融为一体,其代表人物是庄子。庄子认为,包括人在内的万物都是道与气结合的产物。道是万物规律的总称,气是形成万物的细微物质颗粒,气在道的无意识统领下,逐渐演变形成万物。"气"这一概念,在庄子万物生成的理论中,可以说几乎与道同等重要:

> 人之生,气之聚也,聚则为生,散则为死。若死生为徒,吾又何患!故万物一也……故曰"通天下一气耳"。②

所谓"通天下一气耳",就是说天地万物都是由气构成的,当气以某种方式聚集在一起,某种事物就产生了;当这些气离散开去,这种事物也就不存在了。气不停地聚聚散散,人与万物也就不停地生生死死,永无休歇。

庄子的这一哲学观与马克思至少具有两点相通之处:第一,马克思主义认为万物统一于物质,而庄子的"气"就是细微的物质颗粒,万物统一于"气",也即万物统一于物质。第二,马克思主义认为,万物都在运动之中,存在就是运动。庄子同样认为万物生生死死,"效物而动,日夜无隙,而不知其所终"③,万物的运动一刻不停。庄子思想的不足之

---

① 《荀子·解蔽》,王先谦:《荀子集解》,北京:中华书局1988年版,下册,第393页。
② 《庄子·知北游》,王先谦:《庄子集解》,北京:中华书局1987年版,第186页。
③ 《庄子·田子方》,王先谦:《庄子集解》,北京:中华书局1987年版,第178页。

处是，庄子把"道"置于"气"之上，似有把道与气分离的倾向；另外他过分强调万物的运动速度，以至于否认了人类认识客观事物的可能性："夫知有所待而后当，其所待者特未定也，庸讵知吾所谓天之非人乎？所谓人之非天乎？"① 外物在不停地快速变化，因此以外物为认识基础的人类知识是不可靠的。

我们不能苛求两千多年前的庄子具有马克思主义哲学一样的思辨水平，仅就其万物统一于"道""气"这一点来看，对于其后博爱万物的观念，起到了理论奠基作用。我们分别看《吕氏春秋》与张载的观点：

天地万物，一人之身也，此之谓大同。②

乾称父，坤称母；予兹藐焉，乃混然中处。故天地之塞，吾其体；天地之帅，吾其性。民，吾同胞；物，吾与也。③

《吕氏春秋》认为，既然万物同质，那么我与天地也为同质，同质之物，当然可以视为一体。张载依据前人万物生成的理论，提出了民胞物与的观念：包括人在内的天地万物都是大道（又称天理）与阴阳二气和合的产物，在人与万物同质这一理论基础上，可以认定天地是我们的父母，所有人都是我们的同胞，其他万物都是我们的亲友。万物一体理论得到了古代思想家的一致首肯，这就使他们为保护自然、博爱万物找到了最为坚实的哲学基础。

马克思同样认为，人不是自然界的主宰者，而是自然界的一个组成部分："人靠自然界生活。这就是说，自然界是人为了不致死亡而必须与之处于持续不断的交互作用过程的、人的身体。所谓人的肉体生活和精神生活同自然界相联系，不外是说自然界同自身相联系，因为人是自

---

① 《庄子·大宗师》，王先谦：《庄子集解》，北京：中华书局1987年版，第55页。
② 《吕氏春秋·有始》，许维遹：《吕氏春秋集释》，北京：中华书局2017年版，第283页。
③ 张载：《乾称篇》（又称《西铭》），《张载集》，北京：中华书局1978年版，第62页。

然界的一部分。"① 马克思认为"自然界"就是"人的身体",而"人的身体"就是"自然界的一部分"。恩格斯也说:"我们一天天地学会更正确地理解自然规律,学会认识我们对自然界的习常过程所作的干预所引起的较近或较远的后果。……人们就越是不仅再次地感觉到,而且也认识到自身和自然界的一体性,那种关于精神和物质、人类和自然、灵魂和肉体之间的对立的荒谬的、反自然的观点,也就越不可能成立了。"② 恩格斯明确指出,人是自然的一部分,人与自然存在"一体性"。

习近平在《加强生态文明建设必须坚持的原则》一文中,不仅引用了庄子"天地与我并生,而万物与我为一"③的名言,而且站在更高的角度,论证了物我一体、爱护自然的必要性:

> 人与自然是生命共同体。生态环境没有替代品,用之不觉,失之难存。"天地与我并生,而万物与我为一。""天不言而四时行,地不语而百物生。"当人类合理利用、友好保护自然时,自然的回报常常是慷慨的;当人类无序开发、粗暴掠夺自然时,自然的惩罚必然是无情的。人类对大自然的伤害最终会伤及人类自身,这是无法抗拒的规律。④

"人与自然是生命共同体"完美地概括了"物我为一"的哲理,总书记汲取中华优秀传统文化,视大自然与人类为一体。既然大自然与人类为一体,那么伤害大自然就是伤害人类自身,就成为合乎逻辑的必然结论。

如果人类能够做到物我一体,视彼如此,那么世界就会呈现出这样的人间胜景:"故至德之世,其行填填,其视颠颠。……万物群生,连

---

① 马克思:《1844年经济学哲学手稿》,北京:人民出版社2018年版,第52页。
② 《马克思恩格斯选集》第4卷,北京:人民出版社1995年版,第384页。
③ 《庄子·齐物论》,王先谦:《庄子集解》,北京:中华书局1987年版,第19页。
④ 《习近平著作选读》第2卷,北京:人民出版社2023年版,第170—171页。

属其乡；禽兽成群，草木遂长。是故禽兽可系羁而游，乌鹊之巢可攀援而窥。夫至德之世，同与禽兽居，族与万物并。"① 在美好的社会里，不仅人与人关系平等和谐，就连人与鸟兽、草木之间也能和平共处，人与万物如朋似友，他们一起其乐融融地共享大自然的恩赐。

四、人类优秀自然观的理论完善与实践

古人主张人与自然和谐共生的理念无疑是正确的，但在选择达到这一目的之途径以及具体付诸实践时，就显得捉襟见肘，时有偏差与失误。

庄子的物我和谐共生理想是美好的，但其选择的途径却窒碍难行。他为了实现这一理想，要求放弃山水之利，对其进行封闭式的绝对保护以形成"山无蹊隧，泽无舟梁"②的局面；进而要求人们"结绳而用之"③，放弃科技，毁掉诸如桔槔之类的所有机械，因为"有机械者必有机事，有机事者必有机心"④，人一旦有了机心，就会为了个人利益而无法做到顺应自然、爱护自然。道家的美好理想窒息于他们所选择的实施途径上。

在爱物的实践活动中，一些古人也走向极端。《南史・孝义列传上》记载："江泌……性行仁义，衣敝虱多，绵裹置壁上。恐虱饥死，乃复置衣中。……菜不食心，以其有生意，唯食老叶而已。"⑤ 这种爱物几近愚爱了，而这种愚爱却得到不少古人的支持与赞美。如果说江泌的愚爱

---

① 《庄子・马蹄》，王先谦：《庄子集解》，北京：中华书局1987年版，第83页。
② 《庄子・马蹄》，王先谦：《庄子集解》，北京：中华书局1987年版，第83页。
③ 《庄子・胠箧》，王先谦：《庄子集解》，北京：中华书局1987年版，第88页。另外《老子》八十章也提出"使人复结绳而用之"，张景：《道德经》，北京：中华书局2021年版，第310页。
④ 《庄子・天地》，王先谦：《庄子集解》，北京：中华书局1987年版，第106页。
⑤ 《南史・孝义列传上》，北京：中华书局2000年版，第1221页。

仅仅属于个人行为,其影响范围不大,那么还有一些愚爱行为可能会影响整个社会:"哲宗皇帝尝因春筵讲罢,移坐小轩赐茶,自起折一柳枝。程颐为说书,遽起谏曰:'方春万物生荣,不可无故摧折。'哲宗色不平,因掷弃之。温公闻之不乐,谓门人曰:'遂使人主不欲亲近儒生,正为此辈。'太后闻之,叹曰:'怪鬼坏事。'吕晦叔亦不乐其言也,云不须如此。"① 物极必反,在上至君主、下至大臣的厌恶情绪中,程颐的极端爱物行为很可能成为他人爱物的心理障碍。

在现实生活中,古人爱护自然的理念虽然在某些个人层面上得到某种程度的实施,但从整个社会来看,大多还滞留于理论层面,并没有全面得到切实执行。这是因为,古代自然与人类的矛盾还不够明显,再加上交通不便、信息闭塞等原因,保护自然的理念很难在全国得到普遍实施。更为遗憾的是,在长期的古代社会里,代表中华民族思想的道统与代表统治者权力的政统一直处于若即若离的状态,虽然理论上政统应与道统协调一致,但在具体实践当中,由于各种错综复杂的利害关系以及因集苑集枯而形成的见仁见智,往往使政统的代表者——当权者在治理国家时,偏离了道统的代表者——思想家们所制定的爱护自然的理念。简言之,古代的统治者因为一己之私利或睨视之偏见,往往肆意破坏自然,走向了另一个极端:

(秦始皇)乃西南渡淮水,之衡山、南郡。浮江,至湘山祠。逢大风,几不得渡。上问博士曰:"湘君何神?"博士对曰:"闻之,尧女,舜之妻,而葬此。"于是始皇大怒,使刑徒三千人皆伐湘山树,赭其山。②

---

① 丁传靖:《宋人轶事汇编》卷九,北京:中华书局1981年版,上册,第452—453页。
② 《史记·秦始皇本纪》,北京:中华书局2000年版,第176页。

秦始皇巡游天下来到洞庭湖边的湘山时，偶遇大风，使他几乎无法渡江，秦始皇认为这是湘山之神湘君对自己的大不敬。为了惩罚这位湘山之神，秦始皇便发动三千刑徒，把湘山的树木全部砍掉（意味着施湘君以髡刑）以示惩处。秦始皇仅仅为了保全皇家的虚荣，竟然滥发淫威，毁掉了大片林木。还有一些当权者为了自身的实际利益，更是对自然进行大肆破坏：

> 孝武元光中，河决于瓠子，东南注巨野，通于淮、泗。……是时武安侯田蚡为丞相，其奉邑食鄃。鄃居河北，河决而南则鄃无水灾，邑收入多。蚡言于上曰："江河之决皆天事，未易以人力强塞，强塞之未必应天。"而望气用数者亦以为然，是以久不复塞也。①

汉武帝元光年间（前134年—前127年），黄河在瓠子（今河南濮阳西南）一带向南决口，洪水淹没千里，最后注入巨野泽（在今山东巨野、郓城、嘉祥一带）。当时的丞相田蚡的封邑鄃（今山东平原县西南）处于黄河之北，如果黄河向南决口，鄃就会因无水灾而丰收无虞。田蚡为了一己之私利，上奏汉武帝，妄称黄河向南决口乃是天意，不可违逆，一些望气、用数的江湖术士也为了谄媚田蚡而鼓噪附和，以至于黄河南岸水灾持续二十余年，对黄河南岸的自然环境造成严重破坏。杜牧《阿房宫赋》中的"蜀山兀，阿旁出"②虽然不无文人夸张之嫌，但也形象地描绘出君主为了集团或个人利益使自然环境付出惨重代价的场景。

理论上的偏差与实践中的失误，使人与自然和谐共生的正确理念在

---

① 《汉书·沟洫志》，北京：中华书局2000年版，第1335页。
② 《樊川文集》，上海：上海古籍出版社《文渊阁四库全书》1987年影印本，第1081册，第566页。

古代难以得到正确、全面实施，这不能不说是中华民族历史上的一大憾事。

斗转星移，二十一世纪的中华民族终于迎来了自己最为辉煌的时代，人与自然和谐共生理念的实现也因此具备了最为坚实的政治、文化、经济、科技等诸方面的基础与条件。

在政治基础方面，与古代最大的不同，是中国共产党作为执政党，把人民利益与执政者利益水乳般地融为一体，正如习近平总书记在中共十八届中央政治局常委同中外记者见面时说的那样："人民对美好生活的向往，就是我们的奋斗目标。"[①] 这就彻底消除了思想家的理论与政治家的实践之间任何可能存在的隔阂。换言之，以习近平同志为总书记的新一届中央领导集体不仅倡导"人与自然和谐共生"这一理论，同时也执行、实践着这一理论，这就为这一理论的实施提供了强大的理论与政治的双重保证。更重要的是，这一理论不仅符合中华民族的利益，也符合全世界人民的利益；不仅符合当今人类的利益，也符合人类的未来利益，可以说是人心所向。因此这一理念的推行，必将得到全国人民的拥护及世界各民族的响应而畅行无阻，如今逐步呈现在我们面前的绿水青山、蓝天白云已经充分证明了这一点。

在文化基础方面，这一理论不仅继承了马克思主义的自然观，而且特别强调文化自信，给予中国传统文化以前所未有的重视。这种对传统文化的重视，使传统文化中的物我和谐共生理念找到了自己发挥作用的最佳场所，使其在现实生活中能够重新焕发出自己的青春活力。古人在阐述与实践物我和谐共生的理念时，为我们积累了大量的经验与教训，借鉴其经验，汲取其教训，成为我们这些后人义不容辞的责任。2016年1月18日，习近平总书记在省部级主要领导干部学习贯彻党的十八届五

[①] 《人民对美好生活的向往，就是我们的奋斗目标》，《习近平著作选读》，北京：人民出版社2023年版，第60页。

中全会精神专题研讨班发表重要讲话时，就曾引用《论语》中"子钓而不纲……"、《荀子》中"草木荣华滋硕之时则斧斤不入山林……"、《吕氏春秋》中"竭泽而渔，岂不获得？而明年无鱼……"等有关对自然要取之以时、用之有度的生态智慧。在爱护自然的同时，又要注意寻找爱护自然环境与保证人类利益之间的平衡"度"，防止类似某些古人的愚爱行为，协调各阶层、各集团之间的利益矛盾，在实现人与自然和谐共生的奋斗中，求得社会利益的最大公约数。

在经济基础方面，经过四十多年的改革开放，人们的物质生活有了翻天覆地的变化，脱贫任务基本完成，中华民族已经进入数千年以来梦寐以求的小康社会。古人云："仓廪实则知礼节，衣食足则知荣辱。"[①]我们也可以说，仓廪实则知谋远，衣食足则知爱物。经济的发展，为我们实现人与自然和谐共生的美好蓝图奠定了坚实的物质基础。

在科技条件方面，我们也拥有古人难以企及的坚实基础。科技的迅猛发展，使我们在对大自然有了越来越深入理解的同时，对科技发展中所显现出来的利弊也具备了越来越清晰的认识：科技是一种强有力的工具，但科技究竟是给人类带来幸福还是灾难，完全取决于人类如何使用它。这就要求人类有必要对科技的发展进行审慎的反省与筛选，并予以正确使用，尽量发挥科技的正面作用，不断减缩乃至最终彻底消除其负面影响，而不是像老庄那样，为了人与自然的和谐共生而完全抛弃科技。

人与自然和谐共生是中华民族乃至整个人类数千年以来的美好愿望，一直到今天，在以习近平同志为核心的党中央的坚强领导下，才具备了实现这一愿望的坚实精神基础和物质基础。这一愿望的实现不仅为中华民族带来无限的福祉，也是实现人类命运共同体的必备条件。

---

① 《管子·牧民》，黎翔凤：《管子校注》，北京：中华书局2004年版，上册，第2页。

"宇宙只有一个地球，人类共有一个家园。"① 人类共同乘坐着唯一的地球在茫茫太空中反复巡回穿行，犹如乘坐在唯一的一艘大船航行在茫茫大海中一样。当船只因隙缝漏水有可能沉入大海时，对于乘坐者来说，任何"走为上"的策略、"以邻为壑"的伎俩都将变得毫无意义，其唯一拯救办法就是大家摒除彼此偏见，齐心协力堵住船只的隙缝。这就是习近平总书记提出"人类命运共同体"、呼吁人们爱护大自然的伟大意义所在。

（作者张景系江苏师范大学哲学范式研究院副教授，哲学博士；主要研究方向为中国哲学）

---

① 习近平：《共同构建人类命运共同体》，北京：人民出版社2023年版，第1卷，第562页。

五

中国道路

"中国式的现代化"的四个原则

谢江平　顾园园

[摘　要] 邓小平在改革开放的伟大实践中立足中国实际，在深刻总结国内外现代化历史经验的基础上，开创性地提出"中国式的现代化"思想，并在实践中不断深化对中国现代化的原则性认识，形成了"中国式的现代化"的四个原则。邓小平的这一思想以中国所处的历史方位为依据，走符合中国国情的现代化道路，在反对"左"和右的干扰中始终沿着社会主义道路发展，在借鉴先进经验的基础上坚持独立自主、自力更生，始终是和平崛起、安定团结的现代化。

[关键词] 邓小平　四个现代化　中国式的现代化

一、现代化与四个现代化：邓小平的现代化观

邓小平在改革开放的伟大实践中，立足中国国情，以马克思主义理论为指导，创造性地提出了"中国式的现代化"思想。邓小平提出的

---

* 本文系马克思主义理论研究和建设工程重大项目、国家社科基金重大项目"文化自信与文化主体性建设研究"（24&WZD12）的研究成果。

"中国式的现代化"思想,既继承了毛泽东、周恩来等第一代领导人关于"四个现代化"的战略方向,又在改革开放的实践中,为中国共产党持续深化现代化理论,探索符合中国国情的现代化道路提供了理论指南。

"现代"最初只是一种时间概念。从时间维度上讲,现代与古代对立,现代社会与传统社会也是相对的。在历史发展中,现代一词逐渐成为一种具有特定价值色彩和评价意向的文化概念。古代与现代的区别被理解为低级与高级、野蛮与文明、落后与先进的区别,从传统社会向现代社会的过渡被理解为从农业社会向工业社会、从乡村生活向城市生活的转变。与之相应的,现代化指的是人类社会从传统的农业社会转向工业社会,人口逐渐向城市聚集的历史转变过程。现代化意味着经济上的工业化,政治上的民主化,社会生活上的城市化。对落后国家而言,现代化则是落后国家通过科学技术革命在经济上和技术上赶超世界先进水平的过程。

在马克思与恩格斯的论著中,"现代化"往往与工业、机器等先进生产方式联系在一起。恩格斯在1865年致弗里德里希·阿尔伯特·朗格的信中指出,蒸汽机、现代化的机器等因素成为现代资产阶级社会形成的推动力量,这些因素极大地提高了生产力。在《〈论俄国的社会问题〉跋》中,恩格斯指出,在俄国的莫斯科以及波罗的海沿岸边区已经建立了"较现代化的纺织工业"①。在马克思、恩格斯那里,现代化指的是与大生产相关联的先进的生产机器,同时,现代化也被赋予了科学、先进的意涵。

共产党人吸收了马克思与恩格斯有关现代化的论述成果,"新中国建立初期,中国共产党以马克思主义理论为指导,借鉴苏联等国家的社会建设经验,结合国内发展的实际状况,将当时中国社会建设的道路确

---

① 《马克思恩格斯全集》第29卷,北京:人民出版社2020年版,第524页。

立为现代化建设。"① 在抗日战争时期,邓小平就对抗日战争中的军事现代化问题作了论述。在《一二九师文化工作的方针任务及其努力方向》中,邓小平把现代化与先进科学技术联系在一起,主张指战员要学习科学知识,以"创造现代化的正规兵团"②。由于现代与近代一词相近,中国共产党也用近代一词指代现代。在1950年发表的《在西南局城市工作会议上的报告提纲》中,邓小平提出过城市工作要"学会对于工厂、矿山、交通、市政等近代工业的管理"③。随着时间推进,中国共产党人对现代化一词的运用逐渐扩展到军事、经济之外。1945年4月,在《论联合政府》中,毛泽东提出,"中国应该发展成为近代化的国家、丰衣足食的国家、富强的国家"④。新中国成立以后,一穷二白的落后面貌严重制约国家的发展和人民的幸福,中国共产党根据中国国情逐步提出了四个现代化的目标。1954年,毛泽东在领导起草国家宪法时,明确提出了"建设一个伟大的社会主义国家"的总目标和"实现社会主义工业化""实现农业的社会主义化、机械化"的总任务。⑤

四个现代化,指的是工业、农业、国防和科技现代化。1964年12月,周恩来在第三届全国人大一次会议的政府工作报告中,第一次正式完整地提出了四个现代化的任务。中国的社会主义建设,需要建立很多具有先进科学技术水平的工业企业,邓小平将这些先进企业称为"现代化的工业企业"⑥。"四个现代化"的目标是改变中国贫穷落后的面貌,提高人民生活水平,在国际事务中恢复符合自身实力的地位,为人类做出更多贡献。中国共产党人对现代化的认识经历了一个从军事现代化、

---

① 曹典顺:《马克思社会建设逻辑——唯物辩证法视域中的马克思社会建设思想研究》,北京:中央编译出版社2020年版,第3页。
② 《邓小平文选》第1卷,北京:人民出版社1994年版,第25页。
③ 《邓小平文选》第1卷,北京:人民出版社1994年版,第174页。
④ 《毛泽东文集》第3卷,北京:人民出版社1996年版,第432页。
⑤ 《毛泽东文集》第6卷,北京:人民出版社1999年版,第329页。
⑥ 《邓小平文选》第1卷,北京:人民出版社1994年版,第261页。

工业现代化等单一现代化概念到包含多个方面的集合概念的转变，彰显了中国共产党人对现代化认识的逐步深化。

二、中国化原则：符合中国特色的现代化

邓小平强调，四个现代化必须走一条适合中国国情的道路。过去的民主革命，中国共产党认识到外来模式和理论不能直接套用到中国，探索出符合自身国情的革命道路——农村包围城市。同样现代化建设也要以中国特色为基础，走出一条符合中国国情的现代化道路。中国的四个现代化必须"把马克思主义的普遍真理同我国的具体实际结合起来，走自己的道路，建设有中国特色的社会主义"，"必须从中国的实际出发"，"照抄照搬别国经验、别国模式"绝不能得到成功。①

（一）现代化道路不是唯一的

伴随着西方资产阶级革命和大工业革命，资本主义社会进入现代化，掀起了现代化浪潮。现代化浪潮起源于英国的工业革命，包括英国在内的西欧国家工业化进程步入发展轨道，工业生产能力呈现线性增长，世界经济出现爆炸性增长，涌现出美国、法国、德国等主要的资本主义大国，掌握经济发展的主导权。资本主义现代化取得重大成功。但是资本主义现代化道路本质是以资本为中心的现代化道路，包含着血腥与残暴。从内部看，资本主义现代化以少数人的利益为追逐目标，资本无限扩张和贪婪的本性导致无产阶级和广大劳动人民陷入受剥削、压迫的地位，社会贫富差距不断扩大，社会矛盾激增，带来一系列社会问题，资本主义现代化陷入内生性困境。从外部看，资本主义现代化本质上是武力征服、经济掠夺的现代化，西方国家以武力斗争的方式向外扩张、以血腥抢夺不断开阔新的殖民版图，导致世界长期处于对抗性矛盾

---

① 《邓小平文选》第3卷，北京：人民出版社1993年版，第2页。

中，生态危机、经济危机、民族冲突不断凸显，资本主义现代化弊端不断。"资本主义无论如何都不能摆脱百万富翁的超级利润，不能摆脱剥削和掠夺，不能摆脱经济危机，不能形成共同的理想和道德，不能避免各种极端严重的犯罪、堕落、绝望。"①

西方资本主义国家在现代化进程中走在时代前列并塑造了西方现代化模式，它们将西方国家现代化道路作为衡量一切国家现代化的路径标准，发展中国家想要实现现代化，不仅要亦步亦趋模仿西方发展道路，更要全盘复制西方的社会制度和价值观念。然而效仿西方现代化模式的发展中国家现代化之路并不顺利，大部分国家虽然在起步阶段经济出现了中高速发展态势，但是很快便走向了衰败，贫富两极分化、社会问题凸显，不仅没有成功实现现代化，反而陷入各种"陷阱"，甚至丧失来之不易的国家独立性。发展中国家现代化的历程证明模仿、照搬西方现代化模式不能实现民族振兴。"治理一个国家，推动一个国家实现现代化，并不只有西方制度模式这一条道"。②

西方现代化道路并不是人类社会走向高级阶段、走向现代化的唯一道路。近代以来，中华民族奋力追逐现代化进程，从摇摇欲坠的起步阶段逐步迈向独立自主的探索，不断努力从近代化、工业化的追赶中脱颖而出，最终踏上了全面建设现代化的壮丽征程。邓小平始终强调我国现代化道路是具有中国特色的，我国的社会主义建设是符合中国国情的。不同民族迈向现代化道路并不是唯一的，也不是单一的，要在结合本国国情和实际情况中探索出一条适合自身发展规律的现代化道路。中国式现代化道路是在中国共产党领导下，坚持社会主义的发展方向，具有鲜明的中国特色，完成了盲目模范西方现代化模式向独立开拓现代化新形态的历史性转变。

---

① 《邓小平文选》第2卷，北京：人民出版社1994年版，第167页。
② 中共中央文献研究室：《习近平关于社会主义政治建设论述摘编》，北京：中央文献出版社2017年版，第7页。

（二）将马克思主义的普遍原理同中国的具体实际相结合

从四个现代化到中国式现代化，强调的是现代化必须结合中国国情，而中国最大的国情是中国所处的历史方位。邓小平强调，中国作为一个人口众多、国土辽阔、基础薄弱的国家，搞现代化必须从实际出发，一切都要从社会主义初级阶段这个实际出发，不能把目标定得不合实际。在会见日本首相大平正芳时，邓小平将中国的现代化概念与日本的现代化概念做了区分，相较于先进国家对现代化的高标准和高要求，中国的现代化标准相对较大。邓小平曾形象地描述中国现代化的目标——"小康社会""小康之家"。小康语出《诗经》，"民亦劳止，汔可小康"。小康反映的是奴隶制时代先民的一种社会理想，邓小平使用"小康"一词，意指中国的现代化是与社会主义初级阶段相适应的、低标准的。邓小平把四个现代化称为中国式的现代化，一方面是因为现代化不局限于四个方面，另一方面也是出于降低目标和标准的考虑，使其适合中国国情，有利于目标的实现。

邓小平在反思中国式现代化的提出时指出，"我们开了大口，本世纪末实现四个现代化。后来改了个口，叫中国式的现代化，就是把标准放低一点"①。1977 年，我国的人均国民生产总值不到 300 美元，而我们的目标是到二十世纪末达到 1000 美元，解决温饱问题。人均国民生产总值要提高两三倍不是一件容易的事，并且中国虽然在 20 世纪末期四个现代化达到了预期目标，但是相对于当时的国民生产总值和人均水平而言，我国的现代化水平仍然较低。党的十二大把二十世纪末的奋斗目标由先前的实现四个现代化改为实现小康、实现中国式现代化，"翻两番、小康社会、中国式的现代化，这些都是我们的新概念"②。小康社会、中国式现代化"就是降低原来的设想，完成低的目标"③，从战略上

---

① 《邓小平文选》第 2 卷，北京：人民出版社 1994 年版，第 194 页。
② 《邓小平文选》第 3 卷，北京：人民出版社 1993 年版，第 54 页。
③ 《邓小平文选》第 2 卷，北京：人民出版社 1994 年版，第 195 页。

改变过去存在的急于求成的毛病。

党的十三大之前,邓小平对中国所处的历史阶段做了科学论述,中国社会主义目前处于初级阶段,我们必须根据这个实际情况来制定政策。邓小平提出了中国式现代化的三步走战略,"我国经济发展分三步走,本世纪走两步,达到温饱和小康,下个世纪用三十年到五十年时间再走一步,达到中等发达国家的水平"①。改革开放时期,邓小平明确指出"必须从中国特点出发"②,从"'底子薄'和'人口多,耕地少'的现实国情出发"③,勇于承认落后于西方国家的事实,"承认落后就有希望"④,通过改革加快发展生产力,确定了实现社会主义现代化建设的"三步走"战略,以中国式的现代化道路充分展现社会主义的优越性。

三、社会主义原则:中国式的现代化是社会主义的现代化

邓小平强调,社会主义的现代化是我们的目标,而不是其他任何形式的现代化。社会主义现代化所面临的威胁来源于两个方面,一是"左"的威胁,二是右的威胁,它们都会对中国特色的社会主义现代化造成极大的阻碍。自党的十一届三中全会以来,我们着重反对"左"的错误倾向,但是我们也受到"右"的干扰。"所谓右的干扰,就是要全盘西化,不是坚持社会主义,而是把中国引导到资本主义"⑤。

---

① 《邓小平文选》第3卷,北京:人民出版社1993年版,第251页。
② 《邓小平文选》第2卷,北京:人民出版社1994年版,第64页。
③ 《邓小平文选》第2卷,北京:人民出版社1994年版,第163—164页。
④ 中共中央文献研究室:《邓小平年谱》(1975—1997)上,北京:中央文献出版社2004年版,第211页。
⑤ 《邓小平文选》第3卷,北京:人民出版社1993年版,第225页。

（一）反对"左"的干扰：贫穷不是社会主义

所谓"左"，就是违反客观规律、过于激进、经济上急于求成、政治上搞阶级斗争扩大化，这是中国社会主义革命和建设最容易犯的急性病。"左"的思想尽管出发点是好的，但是实践中违背了经济规律，容易带来灾难性的后果。苏联作为世界上第一个社会主义国家，在社会主义建设中形成了第一个社会主义现代化建设方案，即苏联模式。苏联的社会主义曾经显示出优于资本主义的景象，相比与资本主义国家的经济危机和萧条阶段，苏联工业发展速度高于资本主义国家，国民经济得到快速发展。但是随着时代主题的转变，曾经在特定历史条件下形成的苏联模式出现缺陷和弊端。它颠倒了生产力与生产关系的关系，从马克思主义文本出发，将马克思主义教条化，固守单一制的经济观念，片面强调重工业的发展，经济结构失衡，并将苏联的经济发展模式作为一般原则指导其他社会主义国家。中国作为新生的社会主义国家，以苏为师，照搬苏联社会主义建设模式。社会主义的第一任务就是解放和发展生产力。1949年，中华人民共和国的成立极大地解放了生产力，但是解放了生产力之后，如何发展生产力却长期受到左的思潮、苏联模式的干扰。1958年出现了人民公社"大跃进"，虽然1962年经济逐步得到恢复，但左的思想并没有被纠正克服，接着是长达十年的"文化大革命"，错失了发展经济的良机。1985年，邓小平在会见坦桑尼亚联合共和国副总统姆维尼时谈道，姆维尼在1973年访华时中国正处"文化大革命"阶段，"那个时候'左'得要命。'左'的结果是社会经济发展很慢"[①]。

违背经济规律、急于求成是"左"在经济上的表现，除此之外，"左"的错误还在于思想上对社会主义的实质和任务作了错误理解。探索社会主义建设的规律是一项长期事业，受到社会主义运动历史、社会主义国家的历史的短暂性等多重因素的制约。虽然马克思、恩格斯、列

---

① 《邓小平文选》第3卷，北京：人民出版社1993年版，第115页。

宁、斯大林的著作为我国的社会主义建设事业提供了理论基础和原则性指导，却不能为社会主义建设提供现成答案。有人对马克思、恩格斯、列宁、斯大林论著中的某些观点做了教条化的理解，加上种种脱离实际的主观主义，社会主义本质和规律被曲解。在"文化大革命"当中，发展生产力被驳斥为修正主义，出现了"宁要社会主义的草，不要资本主义的苗"[1] 等口号。总的来说，这一时期采取的对内对外政策，脱离了发展生产力的轨道，忽视了社会主义初级阶段的基本国情。邓小平指出，"社会主义制度优越性的根本表现，就是能够允许社会生产力以旧社会所没有的速度迅速发展"。[2] 社会主义的根本目的在于发展社会生产力，不断改善人民的生活水平，最终实现全体人民共同富裕。1978 年，"实践是检验真理的唯一标准"的讨论打破了左倾思想的限制。同年 12 月，党的十一届三中全会高度评价了关于真理标准问题的大讨论，纠正了党的思想路线的错误偏差，重新确立了马克思主义的思想路线，将经济建设重新确定为党和国家的工作重心和中心。

（二）反对右的干扰：坚持四项基本原则

中国式现代化的另一个威胁是右的干扰。西方资本主义国家对社会主义国家以军事力量为后盾，以渗透为主要手段，达到颠覆社会主义制度的目的。早在 20 世纪 50 年代初期，毛泽东同志对西方的"和平演变"政策高度警觉，采取了一系列防止和平演变的措施。邓小平坚持发展了毛泽东关于防止和平演变的思想，指出"西方国家正在打一场没有硝烟的第三次世界大战。所谓没有硝烟，就是要社会主义和平演变"[3]，保持对事关社会主义历史命运问题的警惕性。同时，世界上存在两种根本对立的社会制度和思想文化体系，邓小平充分认识到了社会主义社会阶级斗争的长期性。阶级斗争的集中表现是四项基本原则同资产阶级自

---

[1] 《邓小平文选》第 3 卷，北京：人民出版社 1993 年版，第 91 页。
[2] 《邓小平文选》第 2 卷，北京：人民出版社 1994 年版，第 128 页。
[3] 《邓小平文选》第 3 卷，北京：人民出版社 1993 年版，第 344 页。

由化的对立。这种对立是客观存在的,只有我们承认它,才能保持在政治上的清醒。早在1979年3月党的理论工作务虚会上,邓小平就告诫领导干部,当前社会上存在着一股怀疑思潮。这些人以解放思想为名,大肆散布资本主义的价值观念,公开反对党的领导、社会主义制度,试图以改革之名动摇社会主义制度。邓小平揭露了这种"改革"的本质是资产阶级自由化。资产阶级自由化思潮不仅反对共产党的领导和社会主义制度,而且还试图全面西化,将西方资本主义制度搬到中国。邓小平在解放思想的专题会议讲话中指出,我们讲解放思想,是指"在马克思主义指导下打破习惯势力和主观偏见的束缚,研究新情况,解决新问题"①。解放思想主要是防止左,而不是转向右来攻击、否定社会主义制度。乘着改革开放的东风,汲取发展生产力必不可少的资金、科学技术和管理经验,但改革过程中资本主义的腐朽思想不可避免地趁机而入,拜金主义、享乐主义伺机而动。资产阶级自由化思潮蔓延导致腐败滋生,如果不加以反对,必然会形成充斥腐败现象的世界。更严重的是,如果按照他们的要求走资本主义道路,按照以往的经验,可能会产生一批百万富翁,形成一个新的资产阶级,许多人仍然生活在贫困之中,无法满足温饱需求,由此带来的后果是,工人阶级的血汗被用来"滋养"资产阶级,而在中国这样人口众多、社会生产力水平相对较低的国家,只能让大部分人重新陷入极度贫困的境地,无法改善自身的生活状况。邓小平指出了中国走资本主义道路的后果是这种资本主义只能回到原始的、买办式的资本主义,中国人民将再度沦为外国资本和本国剥削阶级的双重奴隶。大量人口的长期贫困必然会导致社会革命,"如果中国搞资产阶级自由化,那末肯定会有动乱,使我们什么事情也干不成"②,四个现代化当然也无从实现。

邓小平强调指出,"中国搞现代化,只能靠社会主义,不能靠资本

---

① 《邓小平文选》第2卷,北京:人民出版社1994年版,第279页。
② 《邓小平文选》第3卷,北京:人民出版社1993年版,第358页。

主义"①。实现四个现代化必须坚持社会主义原则，这是我们追求社会主义现代化的核心要义。邓小平在1987年会见加蓬总统邦戈时，强调了现代化的原则和方向问题。我们所讲的四化是指社会主义的四化，是中国发展道路的方向。邓小平在宏观政策层面对四个现代化做出了深入思考和设计，特别强调了社会主义有两个非常重要的方面："一是以公有制为主体，二是不搞两极分化"②，并把公有制和共同富裕作为改革的两大根本原则，贯穿改革的全过程。在会见美国记者华莱士的时候，邓小平又强调，人民是社会财富的创造者，也是财富的共享者。

邓小平对社会主义两个原则的阐述是基于唯物史观这一基本原理得出的科学结论。唯物史观认为，上层建筑是由经济基础决定的，社会形态是特定历史阶段的经济基础和上层建筑的统一体，经济基础作为一定社会发展阶段的占统治地位的生产关系的总和，可以确定社会形态的性质。所有制形式和分配形式，作为经济基础的重要组成部分，对一定社会形态的性质起着决定性的作用。中国式现代化的社会主义性质是由公有制、按劳分配、共同富裕决定的。邓小平强调，只有坚持社会主义的根本原则，才能确保改革开放和社会主义现代化建设的方向始终朝着社会主义方向发展。两条根本原则的放弃和动摇会使中国的现代化走向邪路。

四、独立自主原则：独立自主、自力更生的现代化

邓小平强调了学习和借鉴外国经验在中国式现代化建设中的重要性，但是"照抄照搬别国经验、别国模式，从来不能得到成功"③。不同国家的历史、文化和国情都是不同的，不能简单地照搬他国的经验和模式，必须根据自身情况进行创新和改进。

---

① 《邓小平文选》第3卷，北京：人民出版社1993年版，第229页。
② 《邓小平文选》第3卷，北京：人民出版社1993年版，第138页。
③ 《邓小平文选》第3卷，北京：人民出版社1993年版，第2页。

（一）努力借鉴先进经验，但不照抄照搬

独立自主是中国共产党在新民主主义革命过程中获得的一条根本经验，与"实事求是""群众路线"一起构成毛泽东思想的活的灵魂。独立自主贯穿新民主主义革命、社会主义革命和社会主义建设时期，涵盖政治、经济、外交等多个方面。邓小平在总结社会主义革命和建设的历史经验教训的基础上，对毛泽东思想中的独立自主的根本原则进行了深入发展。外交领域，独立自主体现在中国的领土主权不容侵犯和以独立自主的方式处理国内和国际事务。邓小平丰富和践行了独立自主的外交政策，曾多次强调捍卫国家的主权和独立。经济领域，独立自主体现在自力更生发展经济。经济条件不管是在革命战争年代还是和平年代都占据重要地位。在革命战争年代，我们依靠艰苦奋斗的精神解决战后经济困难的局面。在和平年代，邓小平一以贯之坚持独立自主精神，开创有中国特色的社会主义道路，勇于作出改革开放的伟大决策，创造出中国经济新的辉煌。

独立自主并不是排斥开放。为了实现国家的政治独立，必须致力于摆脱贫困。只有解决了贫困问题，才能更好地做到自立自强。邓小平强调："搞四个现代化，最主要的是搞经济建设，发展国民经济，发展社会生产力。"① 经济如果上不去，政治独立就会较为困难。把国民经济搞上去，实现社会主义四个现代化是决定国家前途、命运的关键问题，也是巩固我国独立自主的政治地位的物质基础。

改革开放，学习外国不能邯郸学步，照搬照抄。盲目地照搬照抄他国的经济和政治制度，往往会给国家的前途和命运带来灾难性的后果。邓小平认为，改革开放是我们了解世界经济与技术发展的最佳途径，也是学习和掌握世界先进技术、先进装备、先进管理的唯一途径。对外开

---

① 中共中央文献研究室：《邓小平思想年编：1975～1997》，北京：中央文献出版社 2011 年版，第 293 页。

放对于国家的发展具有重要意义，必须加强国际交流，借鉴发达国家的先进经验、科学技术。实现四个现代化，必须采取正确的开放对外政策；但另一方面，在学习外国技术和管理经验时，必须坚持抵制对资本主义的盲目崇拜，捍卫本国的民族自豪感和民族自信心。学习外国不是盲目照搬西方的发展模式，放弃独立自主的发展道路。20世纪80年代末、90年代初，苏联和东欧一些社会主义国家纷纷转向资本主义，乞求所谓的灵丹妙药，滥用"休克疗法"，其结果是政局动荡、经济低迷、社会萧条、人民生活水平大幅下降。邓小平指出了独立自主的必要性，中国改革决"不能搬用西方的那一套，要搬那一套，非乱不可"①。唯有独立自主，深入本国实践，探索适合本国国情的制度，才能最可靠、最有效地推动国家的发展。

（二）主要靠自己发展，绝不成为他国附庸

"我们实现四个现代化主要依靠自己的努力，自己的资源，自己的基础"②。邓小平指出，搞社会主义现代化，要善于利用外部资源，但要坚持自力更生。在会见利比亚元首多伊时说："我们一方面实行开放政策，另一方面仍坚持建国以来毛泽东主席一贯倡导的自力更生为主的方针。"③ 从50年代中期到70年代，中国在几乎没有外援的情况下，自力更生、奋发图强，搞出了原子弹、氢弹、导弹，发射了人造卫星，做了很多惊天动地的大事。在发展过程中从发达国家取得资金和技术并不容易，不少资本主义发达国家还有着老殖民主义者的头脑，他们不希望发展中国家得到发展，霸权主义和帝国主义总是对包括非洲国家在内的发展中国家进行欺凌，干涉这些国家为摆脱控制、推动经济发展、争取政治独立与自主的努力，更何况中国与西方国家在制度和意识形态等方面有着极大差别。我们在学习西方先进技术的同时，一定要清楚地认识

---

① 《邓小平文选》第3卷，北京：人民出版社1993年版，第196页。
② 《邓小平文选》第2卷，北京：人民出版社1994年版，第233页。
③ 《邓小平文选》第2卷，北京：人民出版社1994年版，第406页。

到，西方国家不喜欢中国顺利实现现代化，相反，他们希望中国"和平演变"，把中国变成国际垄断资本的从属和附庸。当前的全球化是由西方发达国家主导的，我们不能期望这些国家的慷慨施舍，相反，他们动不动就制裁威胁。实现现代化的唯一途径是靠我们自己发奋图强，实现超越。历史充分证明，我们必须自力更生，依靠自身的实力和努力，才能摆脱贫困状态，迈向更高的发展阶段。基于这些认识，邓小平在总结我国经济建设的历史经验时谈道："中国的经验第一条就是自力更生为主。"①

五、和平发展原则：和平崛起、安定团结的现代化

（一）和平崛起的现代化

二十世纪七十年代，邓小平以实际情况为依据，对国际形势和世界战略格局进行了深入分析，并作出判断，二十世纪上半叶的两次世界大战及其后的战争和革命形势已经过去，世界战争并非迫在眉睫。邓小平指出，"战争是可以避免的"②，维护世界和平是有希望的，在相当长的时期内，大规模的世界战争不会爆发。后来他又指出，争取二十年和平环境是完全可能的。邓小平在1985年会见日本商工会议所访华团时指出，现在世界上真正大的问题是和平问题和经济问题。和平与发展是当今世界的两大主题，代表了中国共产党人对时代特征的新认识。这一判断为全党全国工作重点的转移和社会主义现代化建设提供了客观依据。

和平的国际环境是社会主义现代化建设的必要条件。中国要发展自己，只有在和平的环境下才能实现，"以便聚精会神地搞国内建设"③。为了争取世界的和平与发展，邓小平在八十年代的中国外交中将反对霸

---

① 《邓小平文选》第2卷，北京：人民出版社1994年版，第406页。
② 《邓小平文选》第3卷，北京：人民出版社1993年版，第233页。
③ 《邓小平文选》第3卷，北京：人民出版社1993年版，第50页。

权主义和强权政治作为三大任务之一,其核心是服务于国内经济建设。党的十一届三中全会以后,党展现出外交领域的战略眼光和能力,依据时代主题的深刻变化,将外交战略调整为"不结盟"战略。我们秉持独立自主的正确外交路线和政策,高举维护世界和平的旗帜,坚决反对霸权主义。邓小平指出,从八十年代开始直到二十一世纪,中国在和平共处五项原则的基础上建立国际政治经济新秩序,致力于反对霸权主义,维护世界和平。

和平发展不仅对于中国自身发展具有重要意义,同时也是制约世界战争的重要力量。"中国发展得越强大,世界和平越靠得住"①,中国在世界、亚太地区都扮演着"维护世界和平和稳定的力量"的重要角色。中国的现代化是和平崛起的现代化,要树立"稳定、和平、制约战争"的国际形象,以实际行动践行这一承诺。正如邓小平在联合国第六届特别会议上的讲话中指出的,如果有一天中国变得称霸世界、欺凌他人、侵略他人,那么世界人民应该控诉中国是帝国主义国家,并与中国人民一道打倒它。②邓小平将"反对霸权主义、维护世界和平"确定为"中国的国策",即伴随中国现代化建设全过程的长期战略。中国的和平发展战略树立了中国良好的国际形象,为中国的发展营造了良好的外部环境。

(二)安定团结的现代化

中国要实现现代化,在国际上需要一个和平的环境,在国内"必须有一个安定团结的政治局面"③。在1980年中共中央召集的干部会议上,邓小平高度把握中国的国情和战略,他强调中国人口众多、国情复杂,

---

① 《邓小平文选》第3卷,北京:人民出版社1993年版,第104页。
② 参见《中华人民共和国代表团团长邓小平在联大特别会议上的发言》,载《人民日报》,1974年4月11日,第1版。
③ 《邓小平文选》第3卷,北京:人民出版社1993年版,第208页。

需要一个稳定团结的政治环境。他进一步强调了中国实现四个现代化必须具备的四个前提，其中第二个前提就是"要有一个安定团结的政治局面"①。过去帝国主义之所以欺负我们，主要是因为政治局面不安定。如果没有政治稳定，"搞得乱七八糟、一盘散沙，那还有什么希望？"②邓小平同时说明了稳定本身不是目的，强调稳定压倒一切，是为了更好地发展经济，进而实现四个现代化建设。

邓小平将国家的政局稳定作为政治体制、政治结构和政策正确的标准。在领导中国现代化建设的过程中，基于对社会稳定制约因素的分析，邓小平提出了实现安定团结的根本原则就是坚持党的基本路线不动摇，"党的基本路线要管一百年，要长治久安，就要靠这一条"③。维护安定团结的政治局面最根本的还是要靠经济。从中国本身发展的经验来看，贫穷落后是产生政治不稳定的最终根源，要实现国家的长治久安，最重要的是要把经济搞上去，不断提高人们生活水平，并发挥社会主义制度的优越性，防止两极分化，逐步实现共同富裕。邓小平强调保持一定的经济增速的必要性，经济发展是人民幸福生活的基础，是衡量人民生活水平的重要指标。经济发展要保持较高速度发展，否则政治上的安定团结难以实现。从政治上来说，要维护安定团结的政治局面就是要保持国家政权、国家根本制度、国家基本政策的连续性和稳定性。四个现代化的实现必须把坚持四项基本原则作为根本前提，放弃了四项基本原则，就等同于放弃了共产党的领导，偏离社会主义道路，安定团结的政治局面根本就不可能实现。四项基本原则是国家基本政策连续性和稳定性的根本保证，也是维护安定团结政治大局的根本保证。

党的十三大报告科学分析了党在初级阶段的基本路线。在中国共产党领导下，社会主义经过30多年的发展，"我国……以生产资料公有制

---

① 《邓小平文选》第2卷，北京：人民出版社1994年版，第251页。
② 《邓小平文选》第3卷，北京：人民出版社1993年版，第197页。
③ 《邓小平文选》第3卷，北京：人民出版社1993年版，第380页。

为基础的社会主义经济制度、人民民主专政的社会主义政治制度和马克思主义在意识形态领域中的指导地位已经确立。"① 四项基本原则作为一个中心两个基本点的内容，作为党的历史成就累积在党的社会主义初级阶段的路线之中。邓小平指出，党的十三大报告"一个字都不能动"②，动摇这四项基本原则中的任何一项，关乎整个社会主义事业，整个现代化建设事业的安全。

改革开放以来，中国共产党坚持把马克思主义基本原理同中国具体实际相结合、同中华优秀传统文化相结合，借鉴吸收人类一切先进文明与文化成果，不断探索中国现代化建设的道路和规律，不断推进对社会主义现代化的理论认识，中国特色社会主义现代化建设事业取得历史性成就。习近平总书记在主持二十届中共中央政治局第一次集体学习时强调："要全面把握中国式现代化的中国特色、本质要求和必须牢牢把握的重大原则"。邓小平有关中国式现代化基本原则的论述，对中国式现代化的目标、道路、方向和路径做了具体规定，为实现中国式现代化提供了政治保障和价值立场，对于全面推进中国式现代化实现中华民族伟大复兴具有重要理论和实践意义。

（作者谢江平系上海师范大学马克思主义学院教授，教育部重点研究基地高校中国共产党伟大建党精神研究中心上师大分中心研究员，上海师范大学21世纪马克思主义研究中心执行主任，主要研究方向为马克思主义理论；作者顾园园系上海师范大学马克思主义学院研究生）

---

① 中共中央文献研究室：《十三大以来重要文献选编（上）》，北京：中央文献出版社1991年版，第10页。
② 《邓小平文选》第3卷，北京：人民出版社1993年版，第44页。

现代性的话语纷争及其叙事创新[*]

——基于中国式现代化的视角

覃世艳

[摘　要] 明晰现代性话语内涵有利于建构中国式现代化的学理化叙事体系。现代性话语的模糊性和流变性滋生了现代性话语纷争现象，我国近现代历史中出现了对西方现代性话语的接纳与拒绝的反复。中国式现代化实践需要回应这三个问题：现代性是一种西方意识形态话语吗？如果不是，那么现代性话语如何进行本土化转化呢？现代性的本土化实践如何提炼为系统化叙事呢？现代性是现代化的本质和根据，现代化是现代性的展开和实现，中国式现代化蕴含了现代性的中国叙事创新。中国式现代化实践坚持现代性叙事的主体性自觉和本土转化方法，厚植人民情怀，拓宽了现代性的传统议题，破解了西方现代性发展困境，走出了物质与精神、现代与传统、发展与安全、人与自然等矛盾关系的二元对立，擘画了人类美好生活的光明前景，继而丰富了现代性的理论内涵，打破了对西方现代性逻辑的迷思，展示了别样现代性逻辑的可能，开创了人类文明新形态。

---

[*] 基金项目情况：本论文系四川省社会科学重点研究基地李白文化研究中心"李白诗融入思政课教学的路径研究"（LB24-A06）和中共成都市委党校"校（院）学术研究重点项目"（E-2024-010）的阶段性成果。

[**关键词**] 现代性　阐释　话语纷争　叙事　中国式现代化　西方现代化　马克思的现代性理论　期许未来的新现代性

中国式现代化作为当代中国马克思主义的标识性概念,如何"被确证",并"建立在科学严谨的论证基础上"①?这一问题的回答离不开现代性概念的澄清。"现代性"话语本来是用来探寻现代化本质和指导现代化实践的,伴随着西方现代性困境和全球现代化模式的多样化,现代性这一概念变得斑驳和不好辨认,"它的那些主要特性却仍然在黑箱之中藏而不露。"② 阐释的开放性使得"现代性"概念陷入持续性话语纷争。中国式现代化实践立足中华文明和中国人民福祉,同时胸怀天下,蕴含了新的现代性话语阐释,开创了人类文明新形态。

一、现代性的话语纷争

跟"现代化"一样,"现代性"这一概念也源起于西方,起初是西方学者用来在总体性上反思现代社会生产、交往、生存和思维方式及其蕴含的思想观念,进而为寻求一条发展的再生之路而提出的一个核心概念。③ 社会存在决定社会意识,社会意识是对社会存在的反映。作为现代化实践的哲学反思,"现代性"的内涵不断流变。比如,批判现代性几乎是西方思想家的主旨,然而从卢梭、黑格尔开始的现代性批判反而加强了现代性。④

按照德国古典哲学家黑格尔的说法,在根本上,现代并不单纯是一种历史分期的概念或者时间的概念,更是一种时代精神的体现,

---

① 任仲文:《何为中国式现代化》,北京:人民日报出版社2022年版,第250页。
② 安东尼·吉登斯:《现代性的后果》,南京:译林出版社2000年版,第1页。
③ 韩庆祥:《现代性的本质、矛盾及其时空分析》,载《中国社会科学》,2016年第2期。
④ 张汝伦:《我们需要什么样的文明》,北京:商务印书馆2017年版,第385—386页。

一个"自我确证的问题",只要"现代……意识到自身",就"会产生自我确证的要求",黑格尔称这种要求为"对哲学的要求"①。也就是说,现代哲学面临着这样一项使命,即从思维的角度把握时代。对黑格尔、马克思、马克斯·韦伯、吉登斯、福柯等人而言,这个时代即是现代。

从发生学的角度来看,西方的近代即是现代,二者是同一个词(英文为 Modern),表示"新的""摩登""时髦"之义,是西方全新时代的到来,从而与中世纪罗马教皇神权时代截然区分。现代性即是这一全新时代的特性,它是西方航海大冒险时代以来科学技术进步的产物,倡导人的自由、平等、博爱和人权,以科技理性代替宗教神性,以人的主体性否定封建等级特性。借助文艺复兴、启蒙运动特别是工业革命的推动,西方现代性进一步勾勒出对理想社会的愿景,这一愿景涵盖了现代政治、经济、文化、社会以及个体人的各个层面。这是一次现代与传统的大断裂(吉登斯语),给现代人带来极大的震撼。

然而,西方现代性通过以人的新生取代上帝之死的方式,并未真正实现人的荣耀。相反,现代科学技术的工具化倾向愈发严重,工具理性不断侵蚀人的意义空间,现代个体日益感觉到"无家可归""加速异化"和"不受掌控"。西方学者率先展开了对西方现代性的内在批评。他们深刻地指出,西方现代化出现越来越严重的全球生态、可持续发展、人类交往诚信、世界公平正义等问题。人类向何处去的问题已然浮出水面,亟待全球团结一心解决这一关系人类共同命运的世界性大问题。尽管现代性问题发轫于西方,但随着全球化进程的步履加快,它已跨越了民族国家的界限而成为一种世界现象。西方现代性内涵也并非一成不变。总体上看,人类对现代性的认识不断深入,经历了好几个阶段,比如启蒙现代性、经典现代性、后现代性、欧美新现代性等,这些都属于

---

① 于尔根·哈贝马斯:《现代性的哲学话语》,南京:译林出版社 2004 年版,第 19 页。

西方现代性。

西方现代性、后现代性、新现代性走马灯式上演并非是西方人思考明晰的表现,相反,是西方人认为现代性概念越来越"不可捉摸"的折射。英国学者吉登斯在《现代性的后果》一文中指出:"现代性指社会生活或组织模式……到目前为止,它的那些主要特性却仍然在黑箱之中藏而不露。"① 英国学者鲍曼也认为现代性是一种"流动的特性,不确定性"。美国学者詹姆逊则认为,"现代性是一系列的问题和答案,它们标志着未完成或部分完成的现代化的境遇的特征"②。全球现代化实践证明,源起似乎反而成为了一个麻烦,欧美国家的现代化模式越来越凸显为内涵的单一化,实践的困难重重,西方现代性范式日益示微。正如德国学者贝克在《风险社会》中指出的,现代性是一个自反性概念,它内蕴着对自身的否定性。③

实际上,现时代并非是一个完美的时代,现代性也并非一个完美自足的概念。法国学者安托瓦纳·贡巴尼翁在《现代性的五个悖论》中指出,"现代性"一词并不具有同一意义,"并不指向清楚、明晰的观念,也不指向封闭性的概念"④,其意义具有模糊性、不确定性、变动性。现代性有五个悖论,"新之迷信、未来教、理论癖、对大众文化的呼唤和否定的激情"⑤。现代性似乎成为了口号,而不再具有哲学思辨的深度,也越来越远离现代化实践,经不起现代化实践检验。由于缺乏对资本主义基本矛盾的深刻洞见,越来越多的西方学者在现代性批评中迷失方向,出现了现代性批评无力、现代性批评与现代化实践两张皮的现象。我国学者一针见血地指出:"现代性到了资本主义这一历史时期,到了

---

① 安东尼·吉登斯:《现代性的后果》,南京:译林出版社2000年版,第1页。
② 詹姆逊:《现代性、后现代性和全球化》,王逢振主编:《詹姆逊文集》(第4卷),北京:中国人民大学出版社2004年版,第10页。
③ 贝克:《风险社会:朝向一种新的现代性》,张文杰、何博闻译,南京:译林出版社2018年版。
④ 安托瓦纳·贡巴尼翁:《现代性的五个悖论》,北京:商务印书馆2005年版,第7页。
⑤ 安托瓦纳·贡巴尼翁:《现代性的五个悖论》,北京:商务印书馆2005年版,第5页。

以现代化的不断发展为行为方式的现代，人类精神的形而上追求在一定程度上已经被物质利益、经济发展、社会效能、科学进步等取而代之，人类的精神追求被物质追求湮没。"①

可见，跟现代化理论一样，现代性话题研讨也是从西方开始的，并且从一出场就带有反思性特征，是对西方现代化的反思。当前西方现代性范式日益示微。法国学者利奥塔不无深刻地指出，资本主义甚至成为现代性的名称之一。② 西方的现代性范式越来越多地遭到质疑。人类发展俨然走到了危机存亡的十字路口，不能继续照搬西方现代化发展老路，而是另辟蹊径寻找一条新路。这一共识俨然成为当前全球发展突出的时代最强音。然而，囿于马克思主义理论素养的欠缺，大多数西方学者并不能揭示西方现代性危机的本质。从全球来看，西方现代化实践的困境日益深重，难以自拔。西方现代性理论与现代化实践之间越来越不一致，西方现代性理论越来越不能引领人类发展方向，人类现代性概念需要重新审视和丰富发展。比如，现代性的本质特征到底是什么？如何科学地把握现代的物质维度和精神维度？现代性本质与人的现代化发展之间是什么关系？实际上，从20世纪60年代开始，包括世界体系论的马克思主义在内的国外马克思主义、后现代主义等已经进行了一些批判性思考，但他们往往只是好的批判大师，并不能提出好的建构方案。

"批判现代性几乎是西方哲学家的思想主旨"③。然而，西方现代性话语总体表现为批判性有余而建构性不足，其内涵也往往具有较大程度的流变性、模糊性。西方现代性话语的模糊性导致了全球现代性话语的纷争现象。西方的现代性话语纷争主要体现在以下三个方面。第一，现代性的"遗产"之争。人类社会进入后现代社会了吗？当今时代特性是现代性还是后现代性（利奥塔）？现代性终结了吗？抑或现代性是未完

---

① 韩秋红等：《现代性的迷思与真相》，北京：人民出版社2013年版，第129页。
② 利奥塔：《后现代性与公正游戏——利奥塔访谈、书信录》，谈瀛洲译，上海：上海人民出版社1997年版，第147页。
③ 张汝伦：《我们需要什么样的文明》，北京：商务印书馆2017年版，第385—386页。

成的事业（哈贝马斯语）？第二，现代性的特征之争。西方现代性具有普遍性吗？还是只有特殊性？现代性逻辑是一种"（西方）中心—外围"框架（沃勒斯坦等），还是各国（包括中西方）之间的竞合模式（德里克）？第三，现代性的形态之争。现代性是静态的、一成不变的，还是动态的、不断生成的？

西方现代性话语的纷争在一定程度上也影响了我国学界的研究。实际上，我国近现代历史中出现了对西方现代性话语的接纳与拒绝的反复。① 西方学者很早就发出警告，建议慎谈现代性，因为资本主义是现代性的名称之一。② 有学者研究认为，批判现代性几乎是西方哲学家的思想主旨，然而从卢梭、黑格尔开始的现代性批判反而加强了现代性。③ 国内有些学者强调现代性成为了西方意识形态霸权的政治工具，制约着世界多元现代化道路的生成与发展④；继而认为欧美现代性是毒化他国发展的一针毒剂，是规定他者的工具，是美国巩固自身全球霸权的手段。⑤ 也有学者指出，现代性是西方学者用来在总体性上反思现代社会生产、交往、生存和思维方式及其蕴含的思想观念，进而为寻求一条发展的再生之路而提出的一个核心概念。⑥ 这些研究凸显了现代化与现代性的哲学关系问题，特别是中国式现代化的现代性之间的内涵界定问题的重要性。

国内学界关于现代性叙事的纷争主要体现在以下三个方面。第一，

---

① 黄宗智：《国家—市场—社会：中西国力现代化路径的不同》，载《探索与争鸣》，2019年第11期。
② 利奥塔：《后现代性与公正游戏——利奥塔访谈、书信录》，谈瀛洲译，上海：上海人民出版社1997年版，第147页。
③ 张汝伦：《我们需要什么样的文明》，北京：商务印书馆2017年版，第385—386页。
④ 康凤云、麦中坚：《中国式现代化新叙事：对西方现代性的批判与超越》，载《江汉论坛》，2023年第6期。
⑤ 柳亦博：《现代性的再现代化——国家治理体系和治理能力现代化的政治哲学本质》，载《浙江学刊》，2022年第1期。
⑥ 韩庆祥：《现代性的本质、矛盾及其时空分析》，载《中国社会科学》，2016年第2期。

"现代性"话语的有无之争,即建构中国式现代化叙事是否需要现代性话语。这一纷争的实质是质询"现代性"话语的意识形态属性,即"现代性"是西方话语吗?如果是,中国式现代化叙事体系应摒弃这一话语;如不是,应明晰这一话语。通过学术梳理,作为现代化的本质根据,"现代性"这一概念对于学理化阐释中国式现代化是极其重要的。第二,"现代性"话语的中国叙事路径之争。这一纷争的实质是"现代性"话语是否存在路径依赖?比如说,是否存在西方路径依赖?如果是,中国的现代性叙事应照搬西方理论;如不是,中国的现代性叙事应进行本土化转化。中国式现代化实践证明充分挖掘本土化现代性资源是极其重要的,当前立足于中国式现代化实践的"现代性"本体化叙事还不够充分。第三,"现代性"话语的中国叙事方法之争。这一纷争的实质是现代性的本土化叙事如何上升为系统化阐释。经验的具体不能代替理论的具体,而从具体的经验上升到具体的理论,除了借助抽象的思辨力之外,没有别的办法。本土的现代性话语亟需凝炼提升为世界性叙事。当前立足于在地化的"现代性"系统性阐释还不够丰富。

可见,中西方现代性话语纷争各有特点,它既是对不同现代化实践的学理回应,也是对现代性话语权的争夺,它们主要聚焦为以下三个问题,即现代性是一种西方意识形态话语吗?现代性话语如何进行本土化转化呢?现代性的本土化实践如何提炼为系统化叙事呢?实际上,中国式现代化实践蕴含了有别于西方的新型现代性话语叙事,是一种新的人类文明形态。

二、中国式现代化的现代性内涵

波德莱尔曾说,"必须绝对地现代"。然则,只有搞清楚何谓现代才有可能绝对地现代。作为现代化的本质规定,西方语境中的现代性话语越来越模糊和悲观。然而,有一点是明确的,那就是现代性是一种现代精神气质,是现时代的自我确证,是一种把握现时代的哲学反思。马克思和黑格尔都有过类似的表达,比如"哲学是时代精神的精华"。现代性既是对现代化这个人类历史发展过程总体性特征的揭示,也是对无数现代个体特定心理体验的描述;既是对不同于传统的现时代精神气质的独特凝炼,也是对现代化自我确证的本质规定。在根本上,中国式现代化的哲学根据是马克思主义现代性批判理论,既遵循马克思主义资本现代性批判逻辑,又遵循马克思主义人的现代性建构逻辑。

现代性批判是马克思学说的重要核心主题,几乎贯穿马克思论述始终。因为要面对物质利益发表意见这一难事,在恩格斯《国民经济学批判大纲》《英国工人阶级状况》等著作思想的启发下,马克思在1845年前后决绝地告别启蒙理性的现代性话语,认识到现代化作为人类社会发展的不可避免性和历史阶段性。他立足于人类历史长河,超越了狭隘的西方现代性立场,最终成长为一名彻底批判西欧现代性的历史唯物主义者。马克思对西欧发达国家现代化发展模式展开了各种形式的实践批判、政治经济学批判、资本批判和意识形态批判等。他在揭示资本主义现代化本质的基础上,提出了"两个必然"和"两个决不会"的历史结论。马克思的现代性批判是随着思考的成熟越来越深刻和系统的,并非只有否定性维度,也包含肯定性维度,在剖析资本主义现代化内嵌的掠夺、剥削和伪善的本质的同时,也肯定了其现代性的文明面。"资本的文明面之一是,它榨取这种剩余劳动的方式和条件,同以前的奴隶制、农奴制等形式相比,都更有利于生产力的发展,有利于社会关系的发展,有利于更高级的新形态的各种要素的创造。"①

马克思批判继承了康德"批判"思想的遗产,在综合的层面使用"批判"一词,既有否定、解构,也有肯定、建构,是肯定、建构维度和否定、解构维度的辩证统一。不过,马克思超越康德的批判思想的地方在于他解决了康德现代性思想中的"物自体"悖论。马克思并没有像康德那样将物自体作为不可知之物留给信仰或者宗教地盘,而是坚信深

---

① 《资本论》第三卷,北京:人民出版社2018年版,第927—928页。

陷实践困境和理论困境的西欧现代化现象是暂时的、而非永恒的，终将被共产主义社会所取代。"共产主义对我们来说不是应当确立的状况，不是现实应当与之相适应的理想。我们所称为共产主义的是那种消灭现存状况的现实的运动。这个运动的条件是由现有的前提产生的。"① 人类美好世界这一"物自体"并不是脱离实际的抽象物，不是一动不动地处于彼岸世界等待着人类去发现它，它是生成的现实的运动，处于人类不断改变现实处境的社会运动之中。超越西方现代性境况的共产主义这一美好世界一定会到来，而不是遥不可及。可见，马克思既否定了现代性的永恒说，指出人类现代化现象的阶段性和暂时性，也肯定了人的发展和社会发展的规律论，为人类社会指明了光明的未来和实现理想的路径。

马克思在《关于费尔巴哈的提纲》一文中，指出了西方现代性的立足点，也是旧唯物主义的立足点，即"市民社会"，而马克思主义新的现代性的立足点，也是新唯物主义的立足点，是"人类社会或社会化的人类"。市民社会是由原子化个体组成的世俗社会，这是马克思对西方现代性的群体性画像，这些原子化个体源于理性人或者经济人假设，聚合为以物质利益为核心的松散的社会群体，立足于此岸世界的眼前利益，而非人类发展的长远利益，是马克思现代性批判的解构对象。市民社会随着商人和城市的出现而逐渐形成，顺应了资本主义政治经济文化发展的需要，客观上推进了西方资本主义现代化进程，推动了启蒙运动以来主体性、理性、自由、平等、人权等现代性价值观念的普及。市民社会有利于实证科学的繁荣兴盛，却不利于反思科学和人的长远发展。在整体上而言，市民社会遵循资本逻辑，而不是人的发展逻辑，总体上缺乏系统批判能力和辩证反思能力。人类社会或者社会化的人类是马克思主义新现代性的新主体，源于共同体（自由人的联合体）的主体假设，是共产主义制度才会形成的拥有共同价值观的社会群体，科学统筹

---

① 《马克思恩格斯选集》第1卷，北京：人民出版社2012年版，第166页。

个人的眼前利益和共同体的长远利益，是马克思现代性批判的建构主体。马克思基于对人类社会发展规律而提出的新现代性的立足点，是现实共产主义运动的必然的逻辑主体，是实践唯物主义的本质要求，"对实践的唯物主义者即共产主义者来说，全部问题都在于使现存世界革命化，实际地反对并改变现存的事物"①。

值得一提的是，跟众多的国外马克思主义者的现代性批判研究结论不一样，马克思的现代性批判并非为了批判而批判，而是建立在科学的实践唯物主义基础之上，批判只是为了更好地建设和实现现代化，继而为实现自由人的联合体做好准备。正如马克思所指出："批判的武器当然不能代替武器的批判，物质力量只能用物质力量来摧毁。"② 同时，与国外马克思主义的现代性批判理论不一样的地方还在于，马克思主义现代性批判理论并不一味地强调全球现代性的共同特征，而是在强调共性的同时也凸显各国现代化的特殊性和个性。马克思主义辩证法告诉我们，共性与个性是辩证统一的，从发生学的角度来讲，个性优先于共性，所谓的共性只是不同个性相互比较的共识，而并不必然享有逻辑在先这一地位；相反，现代化实际进程中，我们要尽量离开共性这一哲学基地，避免犯先入为主、教条主义的错误。基于历史传统和现实环境等原因，各国的具体现代化发展往往差异很大，马克思的现代性批判理论在应用到各国现实发展时，往往需要"脱下外国服装"，换上本民族的服装，同各国的具体实际和传统文化相结合，体现各国现代化发展的民族特性。所以，马克思主义的现代性理论既具有各国现代性的共同属性，也具有各国现代性的民族特性。

此外，历史唯物主义基本原理告诉我们，作为现代化的本质规定，现代性是现代化的根本属性，是对现代化特征的本质反映，被现代化所决定。因此，并不存在既成的现代性，也不存在放之四海皆准的现代

---

① 《马克思恩格斯选集》第1卷，北京：人民出版社2012年版，第155页。
② 《马克思恩格斯选集》第1卷，北京：人民出版社2012年版，第9页。

性。现代性的首要特征是发展性，而不是西方启蒙现代性的所谓理性、民主、人权等特性。西方启蒙现代性主张现代性首先是一种理性，在历史上曾经发挥了反对封建主义神权至上的重要进步作用，然而正如康德、福柯以及法兰克福学派接续反思"何谓启蒙"所揭示的，启蒙理性过于抽象，已经走向了其对立面，成为类似神权至上的新的神话。与其停留于抽象的思辨和文字游戏，不如回到现实生活世界，首先肯定人的发展性诉求，承认人的合理需求，主张发展是第一要务。其次，马克思主义新现代性的本质特征是人民性。发展本身并不是目的，发展是为了人本身，人才是目的。西方现代化曾经的凯歌行进遮蔽了现代性的本质内涵，导致了资本逻辑至上和人的价值被掩盖的社会现实，特别是片面地将现代性理解为理性，尤其是工具理性、科技理性，西方现代化滋生了人与人、人与自然之间关系的异化，以及西方染指不发达国家现代化发展的霸权主义行径。西方现代性越来越不能引领人类社会走向光明的未来。可见，明晰现代性内涵重要的是首先肯定人类的发展性诉求以及现代化发展的价值性维度，这也是区分马克思的新的现代性与西欧现代性的根本要点。

中国式现代化实践正是对这一新现代性理论的实践证明，并重构了现代性话语内涵。为什么要对现代性话语进行概念内涵重构呢？直接原因是启蒙现代性、经典现代性、后现代性已然穷途末路，不能引领人类文明进步；重要原因是这一重构是沿着马克思主义现代性批判理论继续前进。马克思恩格斯只是提供了超越西方现代性的逻辑论证和共产主义擘画，各国实际的超越路径需要具体问题具体分析。总体而言，建构中国式现代化叙事体系应厘清现代性话语这一基本概念。现代性是现代化的本质规定，是现代较之于传统所独有的时代精神气质。一方面，较之于传统社会的发展特点，现代性是工业文明以来才逐渐形成的人类社会发展的一般特性，它并不为某些国家或地区所专属，而是代表着人类文明前行的目标和方向。另一方面，人类历史往往是延续与断裂的辩证统一，现代性又是综合的、具体的，各个国家在推进本国现代化进程中往往携带着传统文化的基因,成功的现代化往往不能完全割裂历史的惯性,在体现世界现代化共同特性的同时,又具有本国本民族文化传统的特殊属性。究其原因,在于现代性的内涵是开放的而不是既成的,是具体的而不是抽象的,需要在实践中不断得到丰富和发展。

党的二十大报告指出,中国式现代化既有各国现代化的共同特征,更有基于自己国情的中国特色,具体包括五大特色,即中国式现代化是人口规模巨大的现代化,全体人民共同富裕的现代化,物质文明和精神文明相协调的现代化,人与自然和谐共生的现代化,走和平发展道路的现代化。[①] 同时,现代性是现代化的本质规定,基于中国式现代化的五大特色,中国式现代化的现代性内涵突出体现为以下几大特性。第一,生成性。马克思主义从来不是现成的教条,而只是供进一步研究的方法论,中国式现代性尚未完成,需要在中国式现代化实践中进一步丰富和发展。第二,政党主导和人民中心的双主体特性。实际上,中国式现代化蕴含的现代性不是别的什么现代性,就是社会主义的现代性,是马克思主义的现代性,具有马克思主义的规定性,这是其本质规定,决定了中国式现代化的人民特征和中国共产党全面领导的政党特性。中国式现代化是人口规模巨大的现代化,中国共产党庄严承诺中国式现代化将是全体中国人民的现代化,一个也不能落下,这一人口规模已经超出目前发达国家现代化人口总数之和。中国人民正是中国式现代化的践行者,也是实际受益者。人民性是中国式现代化的本质特性。此外,中国共产党的领导这一政党主导是中国式现代化的鲜明特性。中国共产党人没有自己的特殊利益,中国共产党的党性与中国人民的人民性是一致的,不懂得这一点,也不能把握中国式现代化的现代性内涵。第三,物质富有和精神富足的全面发展特性。只有物质富有而没有精神富足,或者反之,只有精神富足,没有物质富有,都不是完整的中国式现代化。西方

---

① 习近平:《高举中国特色社会主义伟大旗帜 为全面建设社会主义现代化国家而团结奋斗——在中国共产党第二十次全国代表大会上的报告》,北京:人民出版社2022年版,第22—23页。

式现代化不能根本性解决人类的和平与发展的问题,甚至在现代化已充分发展的二十世纪还爆发了惨无人道的两次世界大战,中国人民也深受其害。只有物质富有和精神富足相结合,中国式现代化才有生命力,才能体现出较之于西方现代化的优越性。第四,主张美美与共的和平发展特性。与欧美国强必霸的现代性逻辑不同,中国式现代化体现了唯物史观的中国新现代性逻辑,内蕴着上下五千年中华民族优秀文化基因,诸如"以和为贵""人不犯我,我不犯人""和实生物""天人合一"等已经深入国家和民族的文化血脉。总之,面对百年未有之大变局,全球现代性发展动力不足,现代性内涵深受考验。中国式现代化遵循人口演化规律、人类社会发展规律,以及人与自然和谐相处之道,提出并实施了一系列新命题新方案,代表了一种不同于西方现代性的新型文明范式,给人类走出现代性困境提供了新的选择。

三、现代性的中国叙事创新

现代性话语纷争催生了全球现代性的多样化叙事,"当今世界是一个大家竞相声称现代性的世界"①。意大利学者艾伯特·马蒂内利认为中国式现代化的世界历史意义在于证明了"存在多种通往现代性的不同路线"②。党的二十大报告指出:"中国式现代化为人类实现现代化提供了新的选择,中国共产党和中国人民为解放人类面临的共同问题提供更多更好的中国智慧、中国方案、中国力量,为人类和平与发展崇高事业作出新的更大的贡献!"③ 与看不到希望的西方现代性相比,中国式现代化

---

① 阿里夫·德里克:《全球现代性:全球资本主义时代的现代性》,胡大平、付清松译,南京:南京大学出版社2012年版,前言第1页。

② 艾伯特·马蒂内利:《全球现代化:重思现代性事业》,李国武译,北京:商务印书馆2010年版,第22页。

③ 习近平:《高举中国特色社会主义伟大旗帜 为全面建设社会主义现代化现代化国家而团结奋斗——在中国共产党第二十次全国代表大会上的报告》,北京:人民出版社2022年版,第16页。

实现了现代性的中国叙事创新，蕴含着期许未来的新现代性。

现代性是现代化的本质和根据，现代化是现代性的展开和实现。现代性话语创新有利于现代化实践开展，反过来现代化的实践创新也有利于现代性的理论凝炼。中国式现代化的实践创新蕴含了有别于西方的现代性话语创新。这一创新既是对西方现代性话语纷争的回应，也是对中国式现代化实践的哲学概括和理论创新。厘清现代性的中国逻辑有利于完善中国式现代化的叙事体系，"现在是共产党人向全世界公开说明自己的观点、自己的目的、自己的意图并且拿党自己的宣言来反驳关于共产主义幽灵的神话的时候了。"① 中国现代性叙事创新具体体现在以下几个方面。第一，坚持现代性叙事的主体性自觉。虽然现代性叙事源起于西方，然而现代性话语内涵却一直处于模糊、变动和纷争之中。为什么是中国而不是其他国家打破了西方对现代性的话语阐释的垄断行为？中国为什么能够对现代性话语进行创新？这些问题的答案，关键在于我们坚持现代性叙事的主体性自觉，化被动为主动，积极做出我们自己的学术化阐释。正如习近平所指出："在解读中国实践、构建中国理论上，我们应该最有发言权。"②

第二，坚持现代性叙事的本土转化方法。马克思主义从来不是现成的教条，而只是立场、观点和方法，要依据具体情况进行具体转化。这也正是马克思主义理论保持旺盛生命力的秘密。现代性叙事的本土转化创新体现了两个结合。其一是与中国实际相结合，其二是与中华优秀传统文化相结合。实际上，马克思主义的现代性理论自从漂洋过海来到中国，就脱下了它的外国服装，而与中国实际和中华优秀传统文化紧密地结合起来，中国式现代化正是马克思主义现代性理论的中国实践，也是世界现代性探索的中国回响。这一现代性在对马克思主义现代性理论守正创新的基础之上，不断回应中国现代化进展中的现实问题，回应了中

---

① 《马克思恩格斯选集》第1卷，北京：人民出版社2012年版，第399页。
② 《习近平著作选读》第1卷，北京：人民出版社2023年版，第486页。

国人在现代化进程中的现实需求。

第三，坚持现代性叙事的人民性立场。人民性是马克思主义最鲜明的品格。中国式现代化，是人口规模巨大的现代化，是全体人民共同富裕的现代化，这体现了中国现代性叙事的人民性立场。它不仅关注经济增长，更关注人民福祉，致力于实现社会公平和正义。在中国现代性叙事中，人民是历史的创造者，是现代化的主体，也是现代化的受益者。这一叙事强调，现代化不是少数人的特权，而是全体人民的共同追求。因此，中国现代性叙事的人民性立场，不仅为中国现代化提供了价值导向，也为全球现代化提供了新的视角和思路。

第四，体现现代性叙事的科学性。科学性是现代性的重要基石，也是中国现代性叙事不可或缺的一部分。叙事的科学性源自实践的科学性。在中国式现代化的进程中，坚持现代性叙事的科学性，意味着要遵循科学规律，尊重事实真相，以科学的态度和方法来推动现代化进程。这一叙事强调，现代化不是盲目追求速度和规模，而是要在科学规划、合理布局、可持续发展的基础上进行。因此，中国现代性叙事的科学性立场，不仅为中国现代化提供了坚实的理论基础，也为全球现代化提供了可借鉴的科学路径。

第五，体现现代性叙事的系统性。系统性是现代性叙事的重要结构性特点，它强调现代化是一个复杂而多元的过程，需要全面、协调、可持续地推进。在中国式现代化的进程中，坚持现代性叙事的系统性，意味着要把握现代化的整体性和关联性，注重物质与精神、人与自然等各个领域、各个层面之间的协调和配合。这一叙事强调，现代化不是孤立进行的，而是要在经济、政治、文化、社会、生态等多个方面相互支撑、相互促进的基础上实现。因此，中国现代性叙事的系统性立场，不仅为中国式现代化提供了全面的战略思考，也为全球现代化提供了可借鉴的系统性框架。

建构中国式现代化叙事体系离不开现代性话语，西方现代化之殇的根子在于现代性话语的模糊。现代性话语纷争的实质是现代性话语权的争夺。当前我们仍然需要推进现代化，在中国式现代化实践创新中不断推进现代性的中国叙事创新，同时反哺现代实践。中国现代性叙事不仅破解了西方现代性发展困境，走出了物质与精神、现代与传统、发展与安全、人与自然等矛盾关系的二元对立，跳出了西方现代性陷阱，比如发展依附性陷阱、中等收入陷阱、修昔底德陷阱等，也拓宽了现代性的传统议题，擘画了人类美好生活的光明前景，继而丰富了现代性的理论内涵，打破了对西方现代性逻辑的迷思，展示了别样现代性逻辑的可能，开创了人类文明新形态。

（作者覃世艳系西南交通大学马克思主义学院副教授，主要研究方向为马克思主义哲学）

《当代中国马克思主义哲学研究》
编辑部征稿启事

  《当代中国马克思主义哲学研究》是江苏师范大学当代马克思主义哲学范式创新研究中心与中共中央编译局江苏师范大学发展理论研究中心共同主办的学术刊物，以国内著名马克思主义哲学研究专家江苏师范大学校长任平教授领衔组成编委会，每年出版一期。本刊的办刊主旨是全面介绍、客观评价、深入研究当代中国马克思主义哲学研究的状况及相关热点问题，进一步推动马克思主义哲学的繁荣和发展。

  本刊诚挚欢迎广大马克思主义哲学研究的专家、学者，围绕本刊的主旨给予投稿。稿件一经采用，即付稿酬。

  投稿内容不限，但对于所投稿件本刊编辑部有删减（非修改）的权力。如不同意修改，请在投稿时注明。因篇幅等原因，对不同意删减的文章一般不予采用。

  编辑部地址：江苏省徐州市铜山区上海路 101 号 江苏师范大学《当代中国马克思主义哲学研究》编辑部

  邮 编：221116

  联系人：卞伟伟

  邮 箱：bww998@126.com

图书在版编目（CIP）数据

当代中国马克思主义哲学研究. 2024 / 曹典顺主编.
北京：中央编译出版社，2025.8. -- ISBN 978-7-5117-5012-9
Ⅰ．B0-0
中国国家版本馆CIP数据核字第2025RG9798号

当代中国马克思主义哲学研究. 2024

责任编辑	李媛媛
责任印制	李　颖
出版发行	中央编译出版社
网　　址	www.cctpcm.com
地　　址	北京市海淀区北四环西路69号（100080）
电　　话	（010）55627391（总编室）　（010）55627310（编辑室）
	（010）55627320（发行部）　（010）55627377（新技术部）
经　　销	全国新华书店
印　　刷	北京印刷集团有限责任公司
开　　本	710毫米×1000毫米　1/16
字　　数	333千字
印　　张	22.25
版　　次	2025年8月第1版
印　　次	2025年8月第1次印刷
定　　价	90.00元

新浪微博　@中央编译出版社　　　　　微　信　中央编译出版社（ID：cctphome）
淘宝店铺　中央编译出版社直销店（http://shop108367160.taobao.com）　（010）55627331

本社常年法律顾问　北京市吴栾赵阎律师事务所律师　闫军　梁勤
凡有印装质量问题，本社负责调换。电话：（010）55627320